高等职业教育财会类专业系列规划教材

U0677137

主 编◎黄 娟
副主编◎兰 娟 童小春 王 竞

CAIWU GUANLI

# 财务管理

重庆大学出版社

## 内容提要

本书从我国高等职业技术教育的现状和发展要求出发,充分体现了高职教育"理论适度、够用,注重实际操作"的特色。全书共10章,分别为财务管理总论、资金时间价值与风险分析、筹资管理、项目投资、证券投资、流动资产管理、利润分配管理、财务预算、财务控制、财务分析。全书重点突出,内容新颖,理论阐述言简意赅,通俗易懂;布局合理,体系清晰,每章都结合相关案例对重点内容进行讲解,并加入知识目标、能力目标、重点难点、本章小结等内容,以培养学生的分析能力和创新能力。在讲解过程中,与实务工作紧密结合,以增强学生理论与实务相结合的能力;同时,借助图形、表格等方式进行讲解,便于学生理解与掌握。

本书可作为高职院校会计专业教材,也可为从事经济管理类工作的专业人员提供学习参考。

**图书在版编目(CIP)数据**

财务管理／黄娟主编.-- 重庆:重庆大学出版社,
2018.3(2021.7重印)
高等职业教育财会类专业系列规划教材
ISBN 978-7-5689-1000-2

Ⅰ.①财… Ⅱ.①黄… Ⅲ.①财务管理—高等职业教
育—教材 Ⅳ.①F275

中国版本图书馆 CIP 数据核字(2018)第 019060 号

## 财务管理

主 编 黄 娟
副主编 兰 娟 童小春 王 竞
策划编辑:顾丽萍

责任编辑:李定群 版式设计:顾丽萍
责任校对:刘志刚 责任印制:张 策

\*

重庆大学出版社出版发行
出版人:饶帮华
社址:重庆市沙坪坝区大学城西路 21 号
邮编:401331
电话:(023) 88617190 88617185(中小学)
传真:(023) 88617186 88617166
网址:http://www.cqup.com.cn
邮箱:fxk@ cqup.com.cn (营销中心)
全国新华书店经销
POD:重庆新生代彩印技术有限公司

\*

开本:787mm×1092mm 1/16 印张:13.5 字数:313 千
2018 年 3 月第 1 版 2021 年 7 月第 2 次印刷
ISBN 978-7-5689-1000-2 定价:33.00 元

# 前 言 PREFACE

　　本书围绕财务管理的基本概念、基本理论和方法展开，注重基本理论与基本实务的联系，以企业的筹资、投资、经营和分配等理财循环为主线，全面、系统、综合地介绍了财务管理的基本理论和方法。根据财务管理的理论体系，教材内容涵盖现代企业生产经营所涉及的资金运动全过程。在编写风格上，注重循序渐进，由浅入深，注重对财务管理基础性内容的阐述和基本方法的应用，学生能够根据每章的重点和难点提示，了解和掌握各章的基本内容和方法。

　　本书从我国普通高等教育的现状和发展要求出发，充分体现了高等职业技术教育"理论适度、够用，注重实际操作"的特色。全书共 10 章，分别为财务管理总论、资金时间价值与风险分析、筹资管理、项目投资、证券投资、流动资产管理、利润分配管理、财务预算、财务控制、财务分析。全书重点突出，内容新颖，理论阐述言简意赅，通俗易懂；布局合理，体系清晰，每章都结合相关案例对重点内容进行讲解，并加入知识目标、能力目标、重点难点、本章小结等内容，以培养学生的分析能力和创新能力。在讲解过程中，与实务工作紧密结合，以增强学生理论与实务相结合的能力；同时，借助图形、表格等方式进行讲解，便于学生理解与掌握。本书可作为高职院校会计专业的教材，也可为从事经济管理类工作的专业人员提供学习参考。

　　本书由湖南软件职业学院黄娟任主编，兰娟、童小春、王竞任副主编。在本书的编写过程中，参考了大量的相关著作，并得到有关专家和本书责任编辑的大力支持，在此一并致以诚挚的谢意。

　　本书的编写先后经过多次讨论研究，力求内容编排合理，避免错误，但由于作者水平有限，书中难免存在考虑不周、表达不妥的地方，敬请各位专家和广大读者批评指正，以便在修订时不断完善。

编者

2017 年 9 月

# 目 录 CONTENTS

参考文献 …………………………………………………………………………… 205

# 第1章 财务管理总论

【知识目标】

1. 了解财务管理的基本知识。
2. 把握财务管理的目标、方法。
3. 熟悉影响财务管理环境的相关因素。

【能力目标】

1. 初步懂得财务管理的基本方法。
2. 能够识记影响财务管理环境的各种因素。
3. 能运用所学的财务管理方法和观念分析和解决一些现实问题。

【重点难点】

1. 主要财务关系。
2. 财务管理的目标和方法。
3. 财务管理的原则。

【案例导入】

安徽有两种瓜子在全国很有名气:一种是早在20世纪80年代就享誉大江南北的芜湖傻子瓜子;另一种是目前正香遍神州大地的合肥洽洽瓜子。别小瞧了,小小瓜子可折射着时代的发展。目前,这两种瓜子却走上两种截然不同的发展之路:傻子瓜子由于仍然采取传统作坊式生产、家族式经营,尽管其香脆可口,但其市场却日渐萎缩;而洽洽瓜子由于采用现代化生产、引进高级管理人才、充分运用先进理财理念,一年做出了十几亿元的销售额。

## 1.1 财务管理基本概念

财务,简单地讲就是理财的事务,或指企业、机关、事业单位和其他经济组织的资金及其运动。财务管理,本质上就是资金管理。它是关于资金的筹集、运用和分配等所有管理工作的总称。从企业管理角度看,财务管理是指企业组织财务活动,处理财务关系的一项经济管理工作。因此,要理解财务管理的基本概念,还必须先分析财务活动及财务关系。

### 1.1.1 企业财务活动

#### 1)筹资活动

企业组织商品运动必须以一定的资金为前提。也就是说,企业从各种渠道以各种形式筹集资金,是资金运动的起点。所谓筹资,是指企业为了满足投资和用资的需要,筹措和集中所需资金的过程。在筹资过程中,企业一方面要确定筹资的总规模,以保证投资所需要的资金;另一方面要通过筹资渠道、筹资方式或工具的选择,合理确定筹资结构,以降低筹资成本和风险。

从整体上看,任何企业都可从两方面筹资并形成两种性质的资金来源:一是企业自有资金,它是企业通过向投资者吸收直接投资、发行股票、企业内部留存收益等方式取得,其投资者包括国家、法人、个人等;二是企业债务资金,它是企业通过向银行借款、发行债券、应付款项等方式取得。企业筹集资金,表现为企业资金的流入;企业偿还借款、支付利息、股利以及付出各种筹资费用等,则表现为企业资金的流出。这种因为资金筹集而产生的资金收支,便是由企业筹资而引起的财务活动,是企业财务管理的主要内容之一。

### 2) 投资活动

企业取得资金后,必须将资金投入使用,以谋求最大的经济效益,否则筹资就失去了目的和效用。企业投资可分为广义投资和狭义投资两种。广义的投资,是指企业将筹集的资金投入使用的过程,包括企业内部使用资金的过程(如购置流动资产、固定资产、无形资产等)以及对外投放资金的过程(如投资购买其他企业的股票、债券或与其他企业联营等);狭义的投资,仅指对外投资。无论企业购买内部所需资产,还是购买各种证券,都需要支付资金。而当企业变卖其对内投资形成的各种资产或收回其对外投资时,则会产生资金的收入。这种因企业投资而产生的资金的收付,便是由投资而引起的财务活动。

另外,企业在投资过程中,必须考虑投资的规模,也就是在怎样的投资规模下,企业的经济效益最佳。同时,企业也必须通过投资方向和投资方式的选择,确定合理的投资结构,以提高投资效益、降低投资风险。所有这些投资活动都是财务管理的内容。

### 3) 资金营运活动

企业在日常生产经营过程中,会发生一系列的资金收付。首先,企业要采购材料或商品,以便从事生产和销售活动,同时还要支付工资和其他营业费用;其次,当企业把产品或商品售出后,便可取得收入,收回资金;最后,如果企业现有资金不能满足企业经营需要时,还要采取短期借款方式来筹集所需资金。上述各方面都会产生企业资金的收付。这就是因企业经营而引起的财务活动,也称资金营运活动。

企业的营运资金主要是为满足企业日常营业活动的需要而垫支的资金。营运资金的周转与生产经营周期具有一致性。在一定时期内,资金周转越快,就越是可以利用相同数量的资金,生产出更多的产品,取得更多的收入,获得更多的利润。因此,如何加速资金周转、提高资金利用效率,也是财务管理的主要内容之一。

### 4) 分配活动

企业通过投资(或资金营运活动)应当取得收入,并相应实现资金的增值。分配总是作为投资的结果而出现的,它是对投资成果的分配。投资成果表现为取得各种收入,并在扣除各种成本费用后获得利润。因此,广义地说,分配是指对投资收入(如销售收入)和利润进行分割和分派的过程;而狭义的分配仅指对利润的分配。

企业通过投资取得的收入如销售收入,首先要用以弥补生产经营耗费,缴纳流转税,其余部分为企业的营业利润。营业利润和投资净收益、营业外收支净额等构成企业的利润总额。利润总额首先要按国家规定缴纳所得税,净利润要提取公积金和公益金,分别用于扩大积累、弥补亏损和改善职工集体福利设施,其余利润作为投资者的收益分配给投资者或暂时留存企业或作为投资者的追加投资。值得说明的是:企业筹集的资金归结为所有者权益和负债两个方面。在对这两种资金分配报酬时,前者是通过利润分配的形式进行的,属于税后分配;后者是通过将利息等计入成本费用的形式进行分配的,属于税前分配。

另外,随着分配过程的进行,资金或者退出或者留存企业,它必然会影响企业的资金运动,这不仅表现在资金运动的规模上,而且表现在资金运动的结构上,如筹资结构。因此,在依据一定的法律原则的情况下,如何合理确定分配规模和分配方式,以使企业的长期利益最大,也是财务管理的主要内容之一。

上述财务活动的 4 个方面,不是相互割裂、互不相关的,而是相互联系、相互依存的。正是上述互相联系又有一定区别的 4 个方面,构成了完整的企业财务活动,这 4 个方面也就是企业财务管理的基本内容。

## 1.1.2　企业财务关系

企业的财务活动是以企业为主体来进行的,企业作为法人在组织财务活动过程中,必然与企业内外部有关各方发生广泛的经济利益关系,这就是企业的财务关系。企业的财务关系可概括为以下 7 个方面:

### 1) 企业与国家行政管理者之间的财务关系

国家的行政管理者——政府,担负着维护社会正常的秩序、保卫国家安全、组织和管理社会活动等任务。政府为完成这一任务,必然无偿参与企业利润的分配。企业则必然按照国家税法规定缴纳各种税款,包括所得税、流转税和计入成本的税金。这种关系体现为一种强制和无偿的分配关系。

### 2) 企业与投资者之间的财务关系

这主要是指企业的所有者向企业投入资本形成的所有权关系,企业的所有者主要有国家、个人和法人单位,它具体表现为独资、控股和参股关系。企业作为独立的经营实体,独立经营,自负盈亏,实现所有者资本的保值与增值。所有者以出资人的身份,参与企业税后利润的分配,体现为所有权性质的投资与受资的关系。

### 3) 企业与债权人之间的财务关系

这主要是指债权人向企业贷放资金,企业按借款合同的规定按时支付利息和归还本金所形成的经济关系,企业的债权人主要有金融机构、企业和个人。企业除利用权益资金进行经营活动外,还要借入一定数量的资金,以便扩大企业经营规模、降低资金成本。企业同债权人的财务关系在性质上属于债务与债权关系。在这种关系中,债权人不像资本投资者那样有权直接参与企业经营管理,对企业的重大活动不享有表决权,也不参与剩余收益的分配,但在企业破产清算时享有优先求偿权。因此,债权人投资的风险相对较小,收益也较低。

**4）企业与受资者之间的财务关系**

这主要是指企业以购买股票或直接投资的形式向其他企业投资所形成的经济关系。随着市场经济的不断深入发展，企业经营规模和经营范围的不断扩大，这种关系将会越来越广泛。企业与受资方的财务关系体现为所有权性质的投资与受资的关系。企业向其他单位投资，依其出资额，可形成独资、控股和参股情况，并根据其出资份额参与受资方的重大决策和利润分配。企业投资最终目的是取得收益，但预期收益能否实现，也存在一定的投资风险。

**5）企业与债务人之间的财务关系**

这主要是指企业以将资金购买债券、提供借款或商业信用等形式出借给其他单位所形成的经济关系。企业将资金借出后，有权要求其债务人按约定的条件支付利息和归还本金。企业同其他债务人的关系体现为债权与债务关系。企业在提供信用的过程中，一方面会产生直接的信用收入，另一方面也会发生相应的机会成本和坏账损失的风险，企业必须考虑两者的对称性。

**6）企业内部各单位之间的财务关系**

这主要是指企业内部各单位之间在生产经营各环节中相互提供产品或劳务所形成的经济关系。企业内部实行责任预算与责任考核与评价的情况下，企业内部各责任中心之间相互提供产品与劳务，应以内部转移价格进行核算。这种在企业内部形成的资金结算关系，体现了企业内部各单位之间的利益均衡关系。

**7）企业与职工之间的财务关系**

这主要是指企业向职工支付劳动报酬过程中所形成的经济关系。职工是企业的劳动者，他们以自身提供的劳动作为参加企业分配的依据。企业根据劳动者的劳动情况，用其收入向职工支付工资、津贴和奖金，并按规定提取公益金等，体现着职工个人和集体在劳动成果上的分配关系。

### 1.1.3 财务管理的内容

根据以上分析，财务管理是基于企业再生产过程中客观存在的财务活动和财务关系而产生的，是企业组织财务活动、处理与各方面财务关系的一项经济管理工作。企业筹资、投资和利润分配构成了完整的企业财务活动，与此对应的，企业筹资管理、投资管理和利润分配管理便成为企业财务管理的基本内容。

**1）筹资管理**

筹资管理是企业财务管理的首要环节，是企业投资活动的基础。事实上，在企业发展过程中，筹资及筹资管理是贯穿始终的。无论在企业创立之时，还是在企业成长过程中追求规模扩张，甚至日常经营周转过程中，都可能需要筹措资金。可见，筹资是指企业为了满足投资和用资的需要，筹措和集中所需资金的过程。在筹资过程中，企业一方面要确定筹资的总规模，以保证投资所需要的资金；另一方面要选择筹资方式，降低筹资的代价和筹资风险。企业的资金来源按产权关系，可分为权益资金和负债资金。一般来说，企业完全通过权益资金筹资是不明智的，不能得到负债经营的好处。但负债的比例大则风险也大，企业随时可能陷入财务危机。因此,筹资决策的一个重要内容是确定最佳的资本结构。

　　企业资金来源按使用的期限,可分为长期资金和短期资金。长期资金和短期资金的筹资速度、筹资成本、筹资风险以及借款时企业所受到的限制不同。因此,筹资决策要解决的另一个重要内容是安排长期资金与短期资金的比例关系。

### 2)投资管理

　　投资是指企业资金的运用,是为了获得收益或避免风险而进行的资金投放活动。在投资过程中,企业必须考虑投资规模;同时,企业还必须通过投资方向和投资方式的选择,确定合理的投资结构,以提高投资效益、降低投资风险。投资是企业财务管理的重要环节。投资决策的失败对企业未来经营成败具有根本性的影响。

　　投资按其方式,可分为直接投资和间接投资。直接投资是指将资金投放在生产经营性资产上,以便获得利润的投资,如购买设备、兴建厂房、开办商店等;间接投资又称证券投资,是指将资金投放在金融商品上,以便获得利息或股利收入的投资,如购买政府债券、购买企业债券和企业股票等。

　　按投资影响的期限长短,可分为长期投资和短期投资。长期投资是指其影响超过一年以上的投资,如固定资产投资和长期证券投资,前者又称资本性投资;短期投资是指其影响和回收期限在一年以内的投资,如应收账款、存货和短期证券投资,短期投资又称流动资产投资或营运资金投资。由于长期投资涉及的时间长、风险大,直接决定着企业的生存和发展,因此,在决策分析时更重视资金时间价值和投资风险价值。

　　按其投资的范围,可分为对内投资和对外投资。对内投资是对企业自身生产经营活动的投资,如购置流动资产、固定资产、无形资产等;对外投资是以企业合法资产对其他单位或对金融资产进行投资,如企业与其他企业联营,购买其他企业的股票、债券等。

### 3)利润(股利)分配管理

　　企业通过投资必然会取得收入,获得资金的增值。分配总是作为投资的结果而出现的,它是对投资成果的分配。投资成果表现为取得各种收入,并在扣除各种成本费用后获得利润。因此,广义地说,分配是指对投资收入(如销售收入)和利润进行分割和分派的过程,而狭义的分配仅指对利润的分配。利润(股利)分配管理就是要解决,在交纳所得税后的企业获得的税后利润中,有多少分配给投资者,有多少留在企业作为再投资之用。如果利润发放过多,会影响企业再投资能力,使未来收益减少,不利于企业长期发展;如果利润分配过少,可能引起投资者不满。因此,利润(股利)决策的关键是确定利润(股利)的支付率。影响企业股利决策的因素很多,企业必须根据具体情况,制定出企业最佳的利润(股利)政策。

## 1.1.4　财务管理的特点

### 1)涉及面广

　　首先就企业内部而言,财务管理活动涉及企业生产、供应、销售等各个环节。企业内部各个部门与资金不发生联系的现象是不存在的。每个部门也都在合理使用资金、节约资金支出、提高资金使用率方面接受财务的指导,受到财务管理部门的监督和约束。同时,财务管理部门本身为企业生产管理、营销管理、质量管理、人力物资管理等活动提供及时、准确、完整、连续的基础资料。其次,现代企业的财务管理也涉及企业外部的各种关系。在市场经济条件下,企业在市场上进行融资、投资以及收益分配的过程中与各种利益主体发生着千丝万缕的联系,主要包括企业与其股东之间、企业与其债权人之间、企业与政府之间、企业与金融机构之间、企业与其供应商之间、企业与其客户之间及企业与其内部职工之间等。

### 2)综合性强

现代企业制度下的企业管理是一个由生产管理、营销管理、质量管理、技术管理、设备管理、人事管理、财务管理及物资管理等诸多子系统构成的复杂系统。诚然,其他管理都是从某一个方面并大多采用实物计量的方法,对企业在生产经营活动中的某一个部分实施组织、协调、控制,所产生的管理效果只能对企业生产经营的局部起到制约作用,不可能对整个企业的营运实施管理。财务管理则不同,作为一种价值管理,它包括筹资管理、投资管理、权益分配管理及成本管理等,这是一项综合性较强的经济管理活动。正因为是价值管理,所以财务管理通过资金的收付及流动的价值形态,可及时、全面地反映商品物资运行状况,并可通过价值管理形态进行商品管理。也就是说,财务管理渗透在全部经营活动之中,涉及生产、供应、销售每个环节以及人、财、物各个要素,因此,抓企业内部管理,以财务管理为突破口,通过价值管理来协调、促进、控制企业的生产经营活动。

### 3)灵敏度高

在现代企业制度下,企业成为面向市场的独立法人实体和市场竞争主体。企业经营管理的目标为经济效益最大化,这是现代企业制度要求投入资本,实现保值增值所决定的,也是社会主义现代化建设的根本要求所决定的。因为企业要想生存,必须能以收抵支、到期偿债。企业要发展,必须扩大收入。收入增加,意味着人、财、物相应增加,都将以资金流动的形式在企业财务上得到全面的反映,并对财务指标的完成发生重大影响。因此,财务管理是一切管理的基础、管理的中心。抓好财务管理就是抓住了企业管理的关键,管理也就落到了实处。

## 1.2 财务管理目标

根据系统论观点,正确的目标是系统实现良性循环的前提条件。企业的财务目标对企业财务系统的运行也具有同样意义。财务管理的目标又称理财目标,是指企业进行财务活动所要达到的根本目的,它决定着企业财务管理的基本方向。在充分研究财务活动客观规律的基础上,根据实际情况和未来变动趋势,确定财务管理目标,是财务管理主体必须首先解决的一个理论和实践问题。本节通过介绍企业目标、企业目标对财务管理的要求,从而指出企业财务管理的目标是什么。

### 1.2.1 企业目标

企业是以营利为目的的组织,其出发点和归宿是营利。企业一旦成立,就会面临竞争,并始终处于生存和倒闭、发展和萎缩的矛盾之中。企业必须生存下去才能有活力,只有不断发展才能求得生存。因此,企业目标可以具体细分为生存、发展和获利。

**1）生存**

企业只有生存,才可能获利。企业在市场中生存下去的基本条件是以收抵支。企业一方面支付货币资金,从市场上取得所需的实物资产;另一方面提供市场需要的商品或服务,从市场上换回货币。企业从市场上获得的货币至少要等于付出的货币,才能维持经营,这是企业长期存续的基本条件。

企业生存的另一个基本条件是到期偿债。企业为扩大业务规模或满足经营周转的临时需要,可以对外借债。国家为维持市场经济秩序,从法律上保证债权人的利益,要求企业到期必须偿还本金和利息;否则,就可能被债权人接管或被法院判定破产。

**2）发展**

企业是在发展中求生存的。企业的生产经营如"逆水行舟,不进则退"。在科技不断进步的今天,企业只有不断推出更好、更新、更受顾客欢迎的产品,才能在市场中立足。一个企业如不能不断地提高产品或服务的质量,不断地扩大自己的市场份额,就不能得到发展,甚至还有可能产生生存危机,有可能被其他企业挤出市场。

**3）获利**

企业只有获利,才有存在的价值。建立企业的目的就是营利。营利不但是企业的出发点和归宿,而且可以反映其他目标的实现程度,并有助于其他目标的实现。

## 1.2.2　企业目标对财务管理的要求

**1）生存目标对财务管理的要求**

如上所述,企业生存的威胁主要来自两个方面:一是长期亏损,它是企业终止的根本原因;二是不能偿还到期债务,它是企业终止的直接原因。亏损企业为维持运营被迫进行偿债性融资,借新债还旧债。如不能扭亏为盈,迟早会因借不到钱而无法周转,进而不能偿还到期债务。盈利企业也可能出现"赤字破产"的情况,如借款扩大规模,但由于各种原因导致投资失败,为偿债必须出售企业资产,使生产经营无法持续下去。为此,企业应力求保持以收抵支和偿还到期债务的能力,减少破产的风险,使企业能够长期、稳定地生存下去。这是对财务管理的第一个要求。

**2）发展目标对财务管理的要求**

企业的发展集中表现为扩大收入。扩大收入的根本途径是提高产品的质量,扩大销售的数量,这就要求企业不断更新设备,改进技术和工艺,并努力提高各种人员的素质。也就是要投入更多、更好的物质资源和人力资源,并提高技术和管理水平。在市场经济中,各种资源的取得,都需要付出资金,而企业的发展更离不开资金。因此,筹集企业发展所需的资金,这是对财务管理的第二个要求。

**3）获利目标对财务管理的要求**

从财务的角度看,盈利就是使资产获得超过其投资的回报。在市场经济中,没有"免费使用"的资金,资金的每项来源都有其成本,而每项资产都是投资,都应获得相应的报酬。财务人员要对企业正常经营产生的和从外部获得的资金加以有效利用,这是对财务管理的第三个要求。

### 1.2.3 一般财务管理目标

财务管理目标是全部财务活动实现的最终目标。它是企业开展一切财务活动的基础和归宿。从根本上讲,企业财务目标取决于企业生存和发展目标,这两者必须是一致的。以经济效益最大化作为企业目标,是市场经济条件下我国企业所追求的。与此相应,企业财务目标也通常被认为是经济效益最大化,但以此为目标显得较笼统,不直接、不集中。基于这样的理由,一方面必须以经济效益最大化作为确定财务目标的基础;另一方面必须寻找能更直接、更集中反映财务管理特征,体现财务活动规律的财务目标。根据现代企业财务管理理论和实践,最具有代表性的财务管理目标主要有以下 3 种:

#### 1)利润最大化

利润最大化就是假定企业财务管理以实现利润最大化为目标。以利润最大化作为财务管理目标,其主要原因有三点:一是人类从事生产经营活动的目的是为了创造更多的剩余产品,在市场经济条件下,剩余产品的多少可以用利润这个指标来衡量;二是在自由竞争的资本市场中,资本的使用权最终属于获利最多的企业;三是只有每个企业都最大限度地创造利润,整个社会的财富才可能实现最大化,从而带来社会的进步和发展。

利润最大化目标的主要优点是:企业追求利润最大化,就必须讲求经济核算,加强管理,改进技术,提高劳动生产率,降低产品成本。这些措施都有利于企业资源的合理配置,有利于企业整体经济效益的提高。

但是,以利润最大化作为财务管理目标存在以下缺陷:

①利润最大化是一个绝对指标,没有考虑企业的投入与产出之间的关系,难以在不同资本规模的企业或同一企业的不同期间进行比较。

②没有区分不同时期的收益,没有考虑资金的时间价值。投资项目收益现值的大小,不仅取决于其收益将来值总额的大小,还要受取得收益时间的制约。因为早取得收益,就能早进行再投资,进而早获得新的收益,利润最大化目标则忽视了这一点。

③没有考虑风险问题。一般而言,收益越高,风险越大。追求最大利润,有时会增加企业风险,但利润最大化的目标不考虑企业风险的大小。

④利润最大化可能会使企业财务决策带有短期行为,即片面追求利润的增加,不考虑企业长远的发展。

#### 2)资本利润率(每股利润)最大化

资本利润率是利润额与资本额的比率。每股利润也称每股盈余,是利润额与普通股股数的对比数。这里,利润额是税后净利润。所有者或股东是企业的出资者或投资者,他们投资的目标是为了取得资本收益,表现为税后净利润(可以用来分配的利润)与出资或股份数(普通股)的对比关系。其优点是:把企业实现的利润额同投入的资本或股本数进行对比,能够说明企业的盈利率,可在不同资本规模的企业之间进行比较,揭示其盈利水平的差异。但该指标仍然不能避免上述利润最大化中的②、③、④项的缺陷。

### 3）企业价值最大化

企业价值最大化是指企业财务管理行为以实现企业的价值最大化为目标。企业价值可以理解为企业所有者权益的市场价值,或者是企业所能创造的预计未来现金流量的现值。未来现金流量这一概念,包含了资金的时间价值和风险价值两方面的因素。因为未来现金流量的预测包含了不确定性和风险因素,而现金流量的现值是以资金的时间价值为基础对现金流量进行折现计算得出的。

企业价值最大化要求企业通过采用最优的财务政策,充分考虑资金的时间价值和风险与报酬的关系,在保证企业长期稳定发展的基础上使企业总价值达到最大。以企业价值最大化作为财务管理目标,具有以下优点:

①考虑了取得报酬的时间,并用时间价值的原理进行了计量。

②考虑了风险与报酬的关系。

③将企业长期、稳定的发展和持续的获利能力放在首位,能克服企业在追求利润上的短期行为,因为不仅目前利润会影响企业的价值,预期未来的利润对企业价值增加也会产生重大影响。

④用价值代替价格,克服了过多受外界市场因素的干扰,有效地规避了企业的短期行为。

但是,以企业价值最大化作为财务管理目标也存在以下问题:

①企业的价值过于理论化,不易操作。尽管对于上市公司,股票价格的变动在一定程度上揭示了企业价值的变化,但是,股价是多种因素共同作用的结果,特别是在资本市场效率低下的情况下,股票价格很难反映企业的价值。

②对于非上市公司,只有对企业进行专门的评估才能确定其价值,而在评估企业的资产时,由于受评估标准和评估方式的影响,很难做到客观和准确。近年来,随着上市公司数量的增加以及上市公司在国民经济中地位、作用的增强,企业价值最大化目标逐渐得到了广泛认可。

## 1.2.4　具体财务管理目标

财务管理的具体目标取决于财务管理的具体内容。据此,财务管理的具体目标可概括为以下方面:

### 1）不同财务活动的财务目标

（1）企业筹资管理目标

任何企业为了保证生产的正常进行和扩大再生产的需要,都必须有一定数量的资金。企业的资金可从多种渠道、用多种方式来筹集。不同来源的资金,其可使用时间的长短、附加条款的限制、资本成本的大小以及资金的风险等都不相同。因此,企业筹资的目标就是:在满足生产经营需要的情况下,以较低的筹资成本、较小的筹资风险,获取同样多的资金或较多的资金。

（2）企业投资管理目标

投资就是企业资金的投放和使用，包括对企业自身和对外投资两个方面。企业无论对自身和对外投资都是为了获取利润，取得投资收益。但企业在进行投资的同时，也必然会遇到投资可能成功或失败，投资可能收回也可能收不回，投资既可能赚较多的钱，也可能赚较少的钱的情况，也即投资会产生投资风险。因此，企业投资的目标就是：以较低的投资风险与较少的资金投放和使用，获取同样多或较多的投资收益。

（3）企业利润分配管理目标

分配就是将企业取得的收入和利润在企业与相关利益体之间进行分割。这种分割不仅涉及各利益主体的经济利益，而且涉及企业的现金流出量，从而影响企业财务的稳定性和安全性；同时，由于这种分割涉及各利益主体经济利益的多少，因此，不同的分配方案也会影响企业的价值。具体而言，企业当期分配给投资者的利润较高，会提高企业的即期市场评价，但由于利润大部分被分配，企业或者即期现金不够，或者缺乏发展或积累资金，从而就会影响企业未来的市场价值。从以上分析可知，利润分配管理的目标是：企业合理确定利润的留分比例以及分配形式，以提高企业的潜在收益能力，从而提高企业总价值。

### 2）不同发展阶段的财务目标

（1）企业初创阶段的财务目标

当企业处于初创阶段时，所面临的最大风险是市场，包括商品市场、金融市场、人力资源市场及技术市场等。其中，最为关键的是商品市场。企业只有生产出为市场所需要的产品，才能在市场站稳脚跟。因此，配合生产部门，加强生产管理和协作，确定投资方向，并筹措必要的资金就是这一阶段的财务目标。这一阶段主要强调降低风险，稳定收益。

（2）企业发展阶段的财务目标

当企业步入发展阶段后，市场占有率持续上升，企业为了不断扩大市场份额，必然要不断地增加投资，以获取最大的收益。因此，这一阶段主要强调多投资，高收益。

（3）企业成熟阶段的财务目标

当企业所生产的产品在市场上已经饱和且企业的市场份额已经趋于稳定时，企业为了延长成熟期，必然要加强企业内部管理、加速资金周转，因而降低成本、减少资金占用就成为这一阶段的财务目标。这一阶段主要强调降低成本，减少资金占用，相应降低投资风险。

（4）企业进入衰退期的财务目标

当企业进入衰退期、新的替代品出现时，为了不被淘汰，其经营者必然要寻找新的经济增长点，如进行新市场的开发、资本结构的调整等，此时的财务目标就是优化资本结构，实行战略转移。因此，资本经营往往成为这一阶段财务管理的重点。这一阶段主要强调通过优化资本结构来优化资产结构，降低经营风险，谋求更多的收益。

## 1.2.5 不同利益主体财务管理目标的矛盾与协调

企业从事财务管理活动，必然发生企业与各个方面的经济利益关系，在企业财务关系中最为重要的关系是所有者、经营者与债权人之间的关系。企业必须处理、协调好这三者之间的矛盾与利益关系。

### 1）所有者与经营者的矛盾与协调

企业是所有者的企业，企业价值最大化代表了所有者的利益。现代公司制企业所有权与经营权完全分离，经营者不持有公司股票或持部分股票，其经营的积极性就会降低，因为经营者拼命干的所得不能全部归自己所有。此时，他会干得轻松点，不愿意为提高股价而冒险，并想法用企业的钱为自己谋福利，如坐豪华轿车以及奢侈的出差旅行等。因为这些开支可计入企业成本由全体股东分担。甚至蓄意压低股票价格，以自己的名义借款买回，导致股东财富受损，自己从中渔利。由于两者行为目标不同，必然导致经营者利益和股东财富最大化的冲突，即经理个人利益最大化和股东财富最大化的矛盾。为了协调所有者与经营者的矛盾，防止经理背离股东目标，一般有以下 3 种方法：

①监督。经理背离股东目标的条件是：双方的信息不一致。经理掌握企业实际的经营控制权，对企业财务信息的掌握远远多于股东。为了协调这种矛盾，股东除要求经营者定期公布财务报表外，还应尽量获取更多信息，对经理进行必要的监督。但监督只能减少经理违背股东意愿的行为，因为股东是分散的，得不到充分的信息，全面监督实际上做不到，也会受到合理成本的制约。

②接收。如果经营者经营不力，没有让企业价值在市场上有良好体现，该企业就会被其他企业强行接收或吞并，经营者也就会随之失去原有的位置。因此，经营者为了避免企业被接收，就得努力采取积极性措施提高股票的市价。这也体现了利用市场来约束经营者行为的思路。

③激励。激励就是将经理的管理绩效与经理所得的报酬联系起来，使经理分享企业增加的财富，鼓励他们自觉采取符合股东目标的行为。如允许经理在未来某个时期以约定的固定价格购买一定数量的公司股票。股票价格提高后，经理自然获取股票涨价收益；或以每股收益、资产报酬率、净资产收益率以及资产流动性指标等对经理的绩效进行考核，以其增长率为标准，给经理以现金、股票奖励。但激励作用与激励成本相关，报酬太低，不起激励作用；报酬太高，又会加大股东的激励成本，减少股东自身利益。可见，激励也只能减少经理违背股东意愿的行为，不能解决全部问题。

通常情况下，企业采用监督和激励相结合的办法使经理的目标与企业目标协调起来，力求使监督成本、激励成本和经理背离股东目标的损失之和最小。除了企业自身的努力之外，由于外部市场竞争的作用，也促使经理把公司股票价格最高化作为他经营的首要目标。其主要表现在：

①经理人才市场评价。经理人才作为一种人力资源其价值是由市场决定的。来自资本市场的信息反映了经理的经营绩效，公司股价高说明经理经营有方，股东财富增加，同时经理在人才市场上的价值也高，聘用他的公司会向他付出高报酬。此时，经理追求利益最大的愿望便与股东财富最大的目标一致。

②经理被解聘的威胁。现代公司股权的分散使个别股东很难通过投票表决来撤换不称职的总经理。同时，由于经理被授予了很大的权力，他们实际上控制了公司。股东看到他们经营企业不力、业绩欠佳而无能为力。20 世纪 80 年代以来，许多大公司为机构投资者控股，

养老基金、共同基金和保险公司在大企业中占的股份,足以使他们有能力解聘总经理。由于高级经理被解聘的威胁会动摇他们稳固的地位,因而促使他们不断创新、努力经营,为股东的最大利益服务。

③公司被兼并的威胁。当公司经理经营不力或决策错误,导致股票价格下降到应有的水平时,就会有被其他公司兼并的危险。被兼并公司的经理在合并公司的地位一般都会下降或被解雇,这对经理利益的损害是很大的。因此,经理人员为保住自己的地位和已有的权力,会竭尽全力地使公司的股价最高化,这是和股东利益一致的。

### 2)所有者与债权人的矛盾与协调

企业的资本来自股东和债权人。债权人的投资回报是固定的,而股东收益随企业经营效益而变化。当企业经营得好时,债权人所得的固定利息只是企业收益中的一小部分,大部分利润归股东所有。当企业经营状况差陷入财务困境时,债权人承担了资本无法追回的风险。这就可能使所有者的财务目标与债权人渴望实现的目标发生矛盾。首先,所有者可能未经债权人同意,要求经营者投资于比债权人预计风险要高的项目,这会增加负债的风险。若高风险的项目一旦成功,额外利润就会被所有者独享;但若失败,债权人却要与所有者共同负担由此而造成的损失。这对债权人来说风险与收益是不对称的。其次,所有者或股东未征得现有债权人同意,而要求经营者发行新债券或借新债,这增大了企业破产风险,致使旧债券或老债的价值降低,侵犯了债权人的利益。因此,在企业财务拮据时,所有者和债权人之间的利益冲突加剧。

所有者与债权人的上述矛盾协调,一般通过以下方式解决:

(1)限制性借款

它是通过对借款的用途限制、借款的担保条款和借款的信用条件来防止和迫使股东不能利用上述两种方法剥夺债权人的债权价值。

(2)收回借款不再借款

它是当债权人发现公司有侵蚀其债权价值的意图时,采取收回债权和不给予公司重新放款,从而来保护自身的权益。除债权人外,与企业经营者有关的各方都与企业有合同关系,都存在着利益冲突和限制条款。企业经营者若侵犯职工雇员、客户、供应商和所在社区的利益,都将影响企业目标的实现。因此,企业是在一系列限制条件下实现企业价值最大化的。

### 3)企业的社会责任

企业的社会责任包括法定责任和理性责任。企业的社会责任又与财务管理目标密切相关。

(1)法定责任

所谓法定责任,是指国家法律、法规、制度所确定的企业必须履行的社会责任。综观世界各国,对于企业必须履行的社会责任,大都通过制定法律来要求企业承担,如各项税法、环境保护法、反暴利法及消费者权益保护法等。企业的法定责任具有以下3个基本特征:

①明确性。即明确企业应承担哪些社会责任,并对容易引起误解的相关内容作出准确

的解释。

②强制性。即强制企业承担社会责任,并以相应的法律、法规作为强制的依据,有关执法部门有权依法强制执行。

③严肃性。即对企业履行法定责任的情况进行严肃认真的检查和监督,对不履行者或违反者予以追究。

（2）理性责任

人类社会的延续和发展需要社会各界履行必要的社会责任,而这些社会责任不可能完全以法律、法规来加以规范。这时,就需要人们以社会道德准则来规范自身的行为。例如,许多企业勇于承担非法定的社会责任,如接收下岗职工就业、接收残疾人就业、安排军人家属就业等;当某地发生自然灾害时,不少企业也能纷纷向受灾地区伸出援助之手。另外,企业界还为我国贫困地区的经济发展和教育事业出钱出物。从某种意义上讲,企业的理性责任意识往往标志着国家的文明程度,无疑值得大力提倡。

（3）财务管理目标与社会责任的关系

财务管理目标与社会责任的关系应建立在双方协调和统一的原则上。一般情况下,财务管理目标的实现与社会责任的履行是基本一致的。这是因为:

①为了使企业价值最大化,企业必须生产出适销对路的产品,而适销对路的产品既能满足社会需求,也能体现企业价值。

②为了使企业价值最大化,企业必须发展和应用高新技术,提高生产力水平,从而带动社会进步。

③为了使企业价值最大化,企业就要挖掘潜力,增加利润,为国家提供越来越多的税收收入,以壮大国家的财政实力。

但是,企业财务管理目标的实现并不总是与社会责任的履行保持一致,有时也会因承担社会责任而使企业即期利润减少而损伤股东利益,如为了防止环境污染,企业就要付出治理污染和防止环境遭到破坏的代价。另外,社会责任中的理性责任也很难公平、合理地在企业之间进行分配。所有这些都可能使企业与社会发生矛盾,而这些矛盾需要通过商业道德的约束、政府部门的行政监督以及社会公众的舆论监督予以协调和解决。

# 1.3 财务管理工作环节

财务管理工作环节是指财务管理的工作步骤和一般程序。企业财务管理一般包括以下5个环节。

## 1.3.1 财务预测

财务预测是企业根据财务活动的历史资料（如财务分析）,考虑现实条件与要求,运用特定方法对企业未来的财务活动和财务成果作出科学的预计或测算。财务预测是进行财务决策的基础,是编制财务预算的前提。

财务预测所采用的方法主要有以下两种:

**1）定性预测**

定性预测是指企业缺乏完整的历史资料或有关变量之间不存在较为明显的数量关系下，专业人员进行的主观判断与推测。

**2）定量预测**

定量预测是指企业根据比较完备的资料，运用数学方法，建立数学模型，对事物的未来进行的预测。

实际工作中，通常将两者结合起来进行财务预测。

### 1.3.2　财务决策

决策即决定。财务决策是企业财务人员按照企业财务管理目标，利用专门方法对各种备选方案进行比较分析，并从中选出最优方案的过程。它不是拍板决定的瞬间行为，而是提出问题、分析问题和解决问题的全过程。正确的决策可使企业起死回生，错误的决策可导致企业毁于一旦。因此，财务决策是企业财务管理的核心，其成功与否直接关系到企业的兴衰成败。

财务决策过程主要包括以下步骤：

**1）确定决策目标**

由于各种不同的决策目标所需的决策分析资料不同，所采取的决策依据也不相同，因此只有明确决策目标，才能有针对性地做好各个阶段的决策分析工作。

**2）提出备选方案**

根据决策目标，运用一定的预测方法，对所搜集的资料进行进一步的加工、整理，提出实现目标的各种可供选择的方案。

**3）选择最优方案**

备选方案提出后，根据决策目标，通过一定的方法，分析、评价各种方案的经济效益，进行综合权衡，从中选择出最优方案。

### 1.3.3　财务预算

财务预算是指企业运用科学的技术手段和数量方法，对未来财务活动的内容及指标进行综合平衡与协调的具体规划。财务预算是以财务决策确立的方案和财务预测提供的信息为基础编制的，是财务预测和财务决策的具体化，是财务控制和财务分析的依据。它贯穿于企业财务活动的全过程。

### 1.3.4　财务控制

财务控制是在财务管理过程中，利用有关信息和特定手段，对企业财务活动所施加的影响和进行的调节。实行财务控制是落实财务预算、保证预算实现的有效措施，也是绩效考评与奖惩的重要依据。一般而言，财务控制要经过以下步骤：

1）制订控制标准，分解落实责任

按照责权利相结合的原则，将预算任务以标准和指标的形式分解落实到车间、科室、班组乃至个人。这样，企业内部各个单位、每位职工都有明确的工作要求，便于落实责任，检查考核。

2）实施追踪控制，及时调整误差

在日常财务活动中，应采取各种手段对资金的收付、费用的支出、物资的占用等实施事先控制。凡是符合标准的，就予以支持，并给予机动权限；凡是不符合标准的，则加以限制，并进行处理。

在预算执行过程中，还应对结果与目标的差异及时进行调整，以使预算得以顺利执行。在执行过程中，要详细记录预算的执行情况，将实际数与预算数或其他标准数进行对比，考查可能出现的变动趋势，确定差异的程度和性质，明确造成差异的责任归属，随时调节掌握进度，以消除差异，顺利实现预算指标。

3）分析执行差异，进行考核奖惩

企业在一定时期终了时，应对各责任单位的预算执行情况进行分析、评价，考核各项财务指标的执行结果，把财务指标的考核纳入各级岗位责任制，运用激励机制，实行奖优罚劣。

### 1.3.5　财务分析

财务分析是根据企业核算资料，运用特定方法，对企业财务活动过程及其结果进行分析和评价的一项工作。财务分析既是本期财务活动的总结，也是下期财务预测的前提，具有承上启下的作用。通过财务分析，可掌握企业财务预算的完成情况，评价财务状况，研究和掌握企业财务活动的规律，改善财务预测、财务决策、财务预算和财务控制，提高企业财务管理水平。一般而言，财务分析包括以下步骤：

1）占有资料，掌握信息

开展财务分析首先应充分占有相关资料和信息。财务分析所用的资料通常包括财务预算等计划资料、本期财务报表等实际资料、财务历史资料以及市场调查资料。

2）指标对比，揭露矛盾

对比分析是揭露矛盾、发现问题的基本方法。财务分析要在充分占有资料的基础上，通过数量指标的对比来评价企业业绩，发现问题，找出差异。

3）分析原因，明确责任

影响企业财务活动的因素，有生产技术方面的，也有生产组织方面的；有经济管理方面的，也有思想政治工作方面的；有企业内部的，也有企业外部的。这就要求财务人员运用一定的方法从各种因素的相互作用中找出影响财务指标的主要因素，以便分清责任，抓住关键。

4）提出措施，改进工作

财务分析要在掌握大量资料的基础上，去粗取精，去伪存真，由此及彼，由表及里，找出各种财务活动之间以及财务活动同其他经济活动之间的本质联系,然后提出改进措施。措施应当明确具体,切实可行,并通过改进措施的落实,推动企业财务管理的发展。

## 1.4 财务管理环境

财务管理环境是指对企业财务活动和财务管理产生影响作用的企业内外部的各种条件。通过环境分析,提高企业财务行为对环境的适应能力、应变能力和利用能力,以便更好地实现企业财务管理目标。

企业财务管理环境按其存在的空间,可分为内部财务环境和外部财务环境。内部财务环境主要内容包括企业资本实力、生产技术条件、经营管理水平和决策者的素质 4 个方面。由于内部财务环境,存在于企业内部,是企业可从总体上采取一定的措施施加控制和改变的因素。而外部财务环境,由于存在于企业外部,它们对企业财务行为的影响无论是有形的硬环境,还是无形的软环境,企业都难以控制和改变,更多的是适应和因势利导。因此,本章主要介绍外部财务环境。影响企业外部财务环境有多种因素,其中最主要的有法律环境、经济环境和金融市场环境等因素。

### 1.4.1 法律环境

财务管理的法律环境是指企业和外部发生经济关系时所应遵守的各种法律、法规和规章。市场经济是一种法治经济,企业的一切经济活动总是在一定法律规范范围内进行的。一方面,法律提出了企业从事一切经济业务所必须遵守的规范,从而对企业的经济行为进行约束;另一方面,法律也为企业合法从事各项经济活动提供了保护。企业财务管理中应遵循的法律法规主要包括:

#### 1)企业组织法

企业是市场经济的主体,不同组织形式的企业所适用的法律不同。按照国际惯例,企业划分为独资企业、合伙企业和公司制企业。各国均有相应的法律来规范这 3 类企业的行为。因此,不同组织形式的企业在进行财务管理时,必须熟悉其企业组织形式对财务管理的影响,从而作出相应的财务决策。

#### 2)税收法规

税法是税收法律制度的总称,是调整税收征纳关系的法规规范。与企业相关的税种主要有以下 5 种:

(1)所得税类

所得税类包括企业所得税、外商投资企业和外国企业所得税、个人所得税。

(2)流转税类

流转税类包括增值税、消费税和城市维护建设税。

(3)资源税类

资源税类包括资源税、土地使用税和土地增值税。

（4）财产税类

财产税类即财产税。

（5）行为税类

行为税类包括印花税、车船使用税和屠宰税。

3）财务法规

企业财务法规制度是规范企业财务活动,协调企业财务关系的法令文件。我国目前企业财务管理法规制度有企业财务通则、行业财务制度和企业内部财务制度 3 个层次。

4）其他法规

如《证券交易法》《票据法》《银行法》等。

从整体上说,法律环境对企业财务管理的影响和制约主要表现在以下 3 个方面:

①在筹资活动中,国家通过法律规定了筹资的最低规模和结构。例如,《公司法》规定股份有限公司的注册资本的最低限额为人民币 1 000 万元,规定了筹资的前提条件和基本程序,同时对公司发行债券和股票的条件作出了严格的规定。

②在投资活动中,国家通过法律规定了投资的方式和条件。例如,《公司法》规定股份公司的发起人可以用货币资金出资,也可以用实物、工业产权、非专利技术、土地使用权作价出资,规定了投资的基本程序、投资方向和投资者的出资期限及违约责任;又如,企业进行证券投资必须按照《证券法》所规定的程序来进行,企业投资必须符合国家的产业政策,符合公平竞争的原则。

③在分配活动中,国家通过法律(如《税法》《公司法》《企业财务通则》及《企业财务制度》)规定了企业成本开支的范围和标准,企业应缴纳的税种及计算方法,利润分配的前提条件、利润分配的去向、一般程序及重大比例。在生产经营活动中,国家规定的各项法律也会引起财务安排的变动,或者在财务活动中必须予以考虑。

## 1.4.2　经济环境

财务管理作为一种微观管理活动,与其所处的经济管理体制、经济结构、经济发展状况及宏观经济调控政策等经济环境密切相关。

1）经济管理体制

经济管理体制是指在一定的社会制度下,生产关系的具体形式以及组织、管理和调节国民经济的体系、制度、方式和方法的总称。它分为宏观经济管理体制和微观经济管理体制两类。宏观经济管理体制是指整个国家宏观经济的基本经济制度,而微观经济管理体制是指一国的企业体制及企业与政府、企业与所有者的关系。宏观经济体制对企业财务行为的影响主要体现在:企业必须服从和服务于宏观经济管理体制,在财务管理的目标、财务主体、财务管理的手段与方法等方面与宏观经济管理体制的要求相一致。微观经济管理体制对企业财务行为的影响与宏观经济体制相联系,主要体现在如何处理企业与政府、企业与所有者之间的财务关系。

### 2）经济结构

经济结构一般是指从各个角度考查社会生产和再生产的构成。它包括产业结构、地区结构、分配结构及技术结构等。经济结构对企业财务行为的影响主要体现在产业结构上。一方面,产业结构会在一定程度上影响甚至决定财务管理的性质,不同产业所要求的资金规模或投资规模不同,不同产业所要求的资本结构也不一样;另一方面,产业结构的调整和变动要求财务管理做出相应的调整和变动,否则企业日常财务运作艰难,财务目标难以实现。

### 3）经济发展状况

任何国家的经济发展都不可能呈长期的快速增长之势,而总是表现为"波浪式前进,螺旋式上升"的状态。当经济发展处于繁荣时期,经济发展速度较快,市场需求旺盛,销售额大幅度上升。企业为了扩大生产,需要增加投资,与此相适应则需筹集大量的资金,以满足投资扩张的需要。当经济发展处于衰退时期,经济发展速度缓慢,甚至出现负增长,企业的产量和销售量下降,投资锐减,资金时而紧缺、时而闲置,财务运作出现较大困难。另外,经济发展中的通货膨胀也会给企业财务管理带来较大的不利影响,主要表现在:资金占用额迅速增加;利率上升,企业筹资成本加大;证券价格下跌,筹资难度增加;利润虚增,资金流失。

### 4）宏观经济调控政策

政府具有对宏观经济发展进行调控的职能。在一定时期,政府为了协调经济发展,往往通过计划、财税和金融等手段对国民经济总运行机制及子系统提出一些具体的政策措施。这些宏观经济调控政策对企业财务管理的影响是直接的,企业必须按国家政策办事,否则将寸步难行。例如,国家采取收缩的调控政策时,会导致企业的现金流入减少,现金流出增加、资金紧张、投资压缩;反之,当国家采取扩张的调控政策时,企业财务管理则会出现与之相反的情形。

## 1.4.3 金融市场环境

金融市场是指资金筹集的场所。广义的金融市场,是指一切资本流动(包括实物资本和货币资本)的场所,其交易对象为货币借贷、票据承兑和贴现、有价证券的买卖、黄金和外汇买卖、办理国内外保险、生产资料的产权交换等。狭义的金融市场,一般是指有价证券市场,即股票和债券的发行和买卖市场。

### 1）金融市场的分类

①按交易的期限,可分为短期资金市场和长期资金市场。短期资金市场是指期限不超过一年的资金交易市场,因为短期有价证券易于变成货币或作为货币使用,故也称货币市场;长期资金市场是指期限在一年以上的股票和债券交易市场,因为发行股票和债券主要用于固定资产等资本货物的购置,故也称资本市场。

②按交易的性质,可分为发行市场和流通市场。发行市场是指从事新证券和票据等金融工具买卖的转让市场,也称初级市场或一级市场;流通市场是指从事已上市的旧证券或票据等金融工具买卖的转让市场,也称次级市场或二级市场。

③按交易的直接对象,可分为同业拆借市场、国债市场、企业债券市场、股票市场及金融

期货市场等。

④按交割的时间,可分为现货市场和期货市场。现货市场是指买卖双方成交后,当场或几天之内买方付款、卖方交出证券的交易市场;期货市场是指买卖双方成交后,在双方约定的未来某一特定的时日才交割的交易市场。

### 2）金融市场与企业财务活动

企业从事投资活动所需要资金,除了所有者投入以外,主要从金融市场取得。金融政策的变化必然影响企业的筹资与投资。因此,金融市场环境是企业最为主要的环境因素。它对企业财务活动的影响主要有:

(1)金融市场为企业提供了良好的投资和筹资的场所

当企业需要资金时,可在金融市场上选择合适的方式筹资,而当企业有闲置的资金,又可在市场上选择合适的投资方式,为其资金寻找出路。

(2)金融市场为企业的长短期资金相互转化提供方便

企业可通过金融市场将长期资金,如股票、债券,变现转为短期资金,也可通过金融市场购进股票、债券等,将短期资金转化为长期资金。

(3)金融市场为企业财务管理提供有意义的信息

金融市场的利率变动反映资金的供求状况,有价证券市场的行情反映投资人对企业经营状况和盈利水平的评价。这些都是企业生产经营和财务管理的重要依据。

### 3）我国主要的金融机构

(1)中国人民银行

中国人民银行是我国的中央银行,它代表政府管理全国的金融机构和金融活动,经理国库。

(2)政策银行

政策银行是指由政府设立,以贯彻国家产业政策、区域发展政策为目的,不以营利为目的的金融机构。我国目前有 3 家政策银行:国家开发银行、中国进出口银行和中国农业发展银行。

(3)商业银行

商业银行是以经营存款、放款、办理转账结算为主要业务,以营利为主要经营目标的金融企业。我国商业银行有国有独资商业银行、股份制商业银行。

(4)非银行金融机构

我国主要的非银行金融机构有保险公司、信托投资公司、证券机构、财务公司及金融租赁公司。

### 4）金融市场利率

在金融市场上,利率是资金使用权的价格。其计算公式为

$$利率 = 纯利率 + 通货膨胀附加率 + 风险附加率$$

纯利率是指没有风险和通货膨胀情况下的平均利率。在没有通货膨胀时,国库券的利率可视为纯利率。

通货膨胀附加率是由于通货膨胀会降低货币的实际购买力,为弥补其购买力损失而在纯利率的基础上加上通货膨胀附加率。

风险附加率是由于存在违约风险、流动性风险和期限风险而要求在纯利率和通货膨胀之外附加的利率。其中,违约风险附加率是指为了弥补因债务人无法按时还本付息而带来的风险,由债权人要求附加的利率;流动性风险附加率是指为了弥补因债务人资产流动不好而带来的风险,由债权人要求附加的利率;期限风险附加率是指为了弥补因偿债期限较长而带来的风险,由债权人要求附加的利率。

## 1.5 财务管理原则

财务管理原则也称理财原则,是指人们对财务活动的共同的、理性的认识。它是联系理论与实务的纽带。财务管理理论是从科学角度对财务管理进行研究的成果,通常包括假设、概念、原理及原则等。财务管理实务是指人们在财务管理工作中使用的原则、程序和方法。理财原则是财务管理理论和实务的结合部分。对于如何概括理财原则,人们的认识不完全相同。当前,管理学科中最具有代表性的理财原则如下:

### 1.5.1 自利行为原则

自利行为原则是指人们在进行决策时按照自己的财务利益行事,在其他条件相同的情况下人们会选择对自己经济利益最大的行动。自利行为原则的依据是理性的经济人假设。该假设认为,人们对每一项交易都会衡量其代价和利益,并且会选择对自己最有利的方案来行动。自利行为原则假设企业决策人对企业目标具有合理的认识程度,并且对如何达到目标具有合理的理解。在这种假设情况下,企业会采取对自己最有利的行动。自利行为原则并不认为钱是任何人生活中最重要的东西,或者说钱可以代表一切。商业交易的目的是获利,在进行商业交易时人们总是为了自身的利益作出选择,否则他们就不必进行商业交易。自利行为原则也并不认为钱以外的东西都是不重要的,而是说在"其他条件都相同时",因此,所有交易者都会选择自己能获取最大经济利益的行动。

### 1.5.2 双方交易原则

双方交易原则是指每一项交易至少存在两方,在一方根据自己的经济利益决策时,另一方也会按照自己的经济利益决策,并且对方和你一样聪明、勤奋和富有创造力。故你在决策时要正确预见对方的反应。双方交易原则建立的依据是商业交易至少有两方,交易是"零和博弈",以及各方都是自利的。每一项交易都有一个买方和一个卖方,这是不争的事实。无论是买方市场还是卖方市场,在已经成为事实的交易中,买进的资产和卖出的资产总是一样多。例如,在证券市场上你卖出 1 股就一定有人买入 1 股。既然买人的总量与卖出的总量永远一样多,那么一个人的获利只能以另一个人的付出为基础。一个高的价格使购买人受损而卖方受益,一个低的价格使购买人受益而卖方受损,一方得到的与另一方失去的一样多。从总体上看双方收益之和等于零,故称为"零和博弈"。在"零和博弈"中,双方都按自利行为原则行事,谁都想获利而不想吃亏。那么,为什么还会成交呢?这与事实上人们的信息不对称有关。买卖双方由于信息不对称,因而对金融证券产生不同的预期。不同的预期导致高估股票价值的人买进,低估股票价值的人卖出,直到市场价格达到他们一致的预期时交易停止。如果对方不认为对自己有利,他就不会和你交易。因此,在决策时不仅要考虑自利行为原则,还要使对方有利,否则交易就无法实现,除非对方不自利或者很愚蠢,不知道自己的利益是什么。不过,这样估计商业对手无疑是不明智的。

### 1.5.3  信号传递原则

信号传递原则是指行动可以传递信息,并且比公司的声明更有说服力。信号传递原则是自利行为原则的延伸。由于人们或公司是遵循自利行为原则的,因此,一项资产的买进暗示着该资产"物有所值",买进的行为提供了有关决策者对未来的预期或计划的信息。例如,一个公司决定进入一个新领域,反映出管理者对自己公司的实力以及新领域的未来前景充满信心。

信号传递原则要求根据公司的行为判断它未来的收益状况。例如,一个经常用配股的办法找股东要钱的公司,很可能自身产生现金的能力较差;一个大量购买国库券的公司,很可能缺少好的投资机会;内部持股人出售股份,常常是公司盈利能力恶化的重要信号。有时行动比语言更具说服力。这就是通常所说的"不但要听其言,更要观其行"。

### 1.5.4  净增效益原则

净增效益原则是指财务决策建立在净增效益的基础上,一项决策的价值取决于它和替代方案相比所增加的净收益。

一项决策的优劣是与其他可替代方案(包括维持现状而不采取行动)相比较而言的。如果一个方案的净收益大于替代方案,我们就认为它是一个比替代方案好的决策,其价值是增加的净收益。在财务决策中,净收益通常用现金流量计量。一个方案的净收益是指该方案现金流入减去现金流出的差额,也称现金流量净额。一个方案的现金流入是指该方案引起的现金流入量的增加额;一个方案的现金流出是指该方案引起的现金流出量的增加额。方案引起的增加额是指这些现金流量依存于特定方案,如果不采纳该方案就不会产生这些现金流入和流出。

### 1.5.5  风险—报酬权衡原则

风险—报酬权衡原则是指风险和报酬之间存在一个对等关系,投资人必须对报酬和风险作出权衡,为追求较高报酬而承担较大风险,或者为减少风险而接受较低的报酬。所谓对等关系,是指高收益的投资机会必然伴随着高风险,风险小的投资机会必然也只有较低的收益。

在财务交易中,当其他一切条件相同时人们倾向于高报酬和低风险。如果两个投资机会除了报酬不同以外,其他条件(包括风险)都相同,人们会选择报酬较高的投资机会,这是自利行为原则所决定的。如果两个投资机会除了风险不同以外,其他条件(包括报酬)都相同,人们会选择风险小的投资机会,这是风险反感决定的。所谓风险反感,是指人们普遍对风险有反感,认为风险是不利的事情。肯定的1元钱,其经济价值要大于不肯定的1元钱。

如果人们都倾向于高报酬和低风险,而且都在按照自己的经济利益行事,那么,竞争结果就产生了风险和报酬之间的权衡。你不可能在低风险的同时获取高报酬,因为这是每个人都想得到的。即使你最先发现了这样的机会并率先行动,别人也会迅速跟进,竞争会使报酬率降至与风险相当的水平。因此,现实的市场中只有高风险同时高报酬、低风险同时低报酬的投资机会。

如果你想拥有一个获得巨大收益的机会,你就必须冒可能遭受巨大损失的风险,每一个市场参与者都在他的风险和报酬之间作权衡。有的人偏好高风险、高报酬,有的人偏好低风险、低报酬。但是,每个人都要求风险与报酬对等,不会去冒没有价值的风险。

### 1.5.6　货币时间价值原则

货币时间价值原则是指在进行财务计量时要考虑货币时间价值因素。货币的时间价值是指货币在经过一定时间的投资和再投资所增加的价值。

货币时间价值原则的首要应用是现值概念。由于现在的1元货币比将来的1元货币经济价值大,不同时间的货币价值不能直接加减运算,需要进行折算。通常,要把不同时间的货币价值折算到"现在"时点,然后进行运算或比较。把不同时点的货币折算为"现在"时点的过程,称为"折现"。折现使用的百分率,称为"折现率";折现后的价值,称为"现值"。在财务估价中,广泛使用现值计量资产的价值。

货币时间价值的另一个重要应用是"早收晚付"观念。对于不附带利息的货币收支,与其晚收不如早收,与其早付不如晚付。货币在自己手上,可立即用于消费而不必等待将来消费,可投资获利而无损于原来的价值,可用于预料不到的支付。因此,早收、晚付在经济上是有利的。

## 本章小结

1.财务活动是指资金的筹集、运用、耗资、收回及分配等一系列行为。其中,资金的运用、耗资、收回又称投资。因此,筹资活动、投资活动和分配活动构成财务活动的基本内容。

2.财务关系是指企业组织财务活动所发生的企业与各方面的经济利益关系。其内容包括:

①企业与国家行政管理者之间的财务关系。

②企业与投资者之间的财务关系。

③企业与债权人之间的财务关系。

④企业与受资者之间的财务关系。

⑤企业与债务人之间的财务关系。

⑥企业内部各单位之间的财务关系。

⑦企业与职工之间的财务关系。

　　在企业财务关系中最为重要的财务关系是所有者、经营者与债权人之间的关系,企业要处理、协调好所有者与经营者、所有者与债权人之间的矛盾及利益关系。

　　3.企业财务是指企业生产经营过程中的资金运动及其所体现的财务关系。

　　4.财务管理是企业组织企业财务活动,处理财务关系的一项经济管理工作。其基本内容包括筹资管理、投资管理和利润分配管理。

　　5.财务管理目标是企业财务管理工作(尤其是财务决策)所依据的最高准则,是企业财务活动所要达到的最终目标。财务管理目标主要有 3 种观点,即利润最大化、资本利润率(每股利润)最大化和企业价值最大化。

　　6.财务管理工作环节是指财务管理的工作步骤和一般程序。其内容包括财务预测、财务决策、财务预算、财务控制及财务分析等。

　　7.财务管理环境是指对企业财务活动和财务管理产生影响作用的企业内外部的各种条件。它包括内部财务管理环境和外部财务管理环境。了解财务环境的目的在于,使企业在规划财务行为时更合理、更有效,以提高企业财务活动对环境的适应能力、应变能力和利用能力。因此,企业财务管理环境一般是指外部财务环境。影响企业外部财务环境的因素主要包括法律环境、经济环境和金融市场环境等。

# 第2章 资金时间价值与风险分析

**【知识目标】**

1. 理解资金时间价值的概念。
2. 掌握计算时间价值的各种方法。
3. 了解风险的含义及其种类。

**【能力目标】**

1. 能够熟练地计算复利终值与现值。
2. 能够熟练地计算各种年金的终值与现值。
3. 能够计算期望收益率,并能够计算风险程度衡量的相关指标。

**【重点难点】**

1. 资金时间价值的概念和计算。
2. 各种年金终值、现值的计算。
3. 风险衡量与风险价值的计算。

**【案例导入】**

1797 年 3 月,法兰西总统拿破仑在卢森堡第一国立小学演讲时,潇洒地把一束价值 3 美元的玫瑰花送给该校的校长,并且说了这样一番话:"为了答谢贵校对我,尤其是对我夫人约瑟夫的盛情款待,我不仅今天呈献上一束玫瑰花,并且在未来的日子里,只要我们法兰西存在一天,每年的今天我都将派人送给贵校一束价值相等的玫瑰花,作为法兰西与卢森堡友谊的象征。"从此,卢森堡这个小国即对这"欧洲巨人与卢森堡孩子亲切、和蔼相处的一刻"念念不忘,并载入史册。后来,拿破仑穷于应付连绵的战争和此起彼伏的政治事件,并最终因失败而被流放到圣赫勒那岛,自然也把对卢森堡的承诺忘得一干二净。谁都不曾料到,1984年底,卢森堡人竟旧事重提,向法国政府提出这"赠送玫瑰花"的诺言,并且要求索赔。他们要求法国政府:要么从 1798 年起,用 3 个路易作为一束玫瑰花的本金,以 5 厘复利计息全部清偿;要么在法国各大报刊上公开承认拿破仑是个言而无信的小人。法国政府当然不想有损拿破仑的声誉,但计算出来的数字让他们惊呆了:原本 3 路易的许诺,至今本息已高达1 375 596 法郎。最后,法国政府通过冥思苦想,才找到一个使卢森堡比较满意的答复,即"以后无论在精神上还是在物质上,法国始终不渝地对卢森堡大公国的中小学教育事业予以支持与赞助,来兑现我们的拿破仑将军那一诺千金的玫瑰花誓言"。也许拿破仑至死也没想到,自己一时的"即兴"言辞会给法兰西带来这样的困扰。

## 2.1 资金的时间价值

### 2.1.1 资金的时间价值的含义

#### 1）资金的时间价值的概念

资金的时间价值也称货币的时间价值,是指一定量资金在不同时点上价值量的差额。资金在周转过程中会随着时间的推移而发生增值,使资金在投入、收回的不同时点上价值不同,形成价值差额。

在日常生活中,经常会遇到这样一种现象,一定量的资金在不同时点上具有不同价值,现在的一元钱比将来的一元钱更值钱。例如,我们现在有 1 000 元存入银行,银行的年利率为 5% ,1 年后可得到 1 050 元,于是现在 1 000 元与 1 年后的 1 050 元相等。因为这 1 000 元经过 1 年的时间增值了 50 元,这增值的 50 元就是资金经过 1 年时间的价值。同样,企业的资金投到生产经营中,经过生产过程的不断运行,资金的不断运动,随着时间的推移,会创造新的价值,使资金得以增值。因此,一定量的资金投入生产经营或存入银行,会取得一定利润和利息,从而产生资金的时间价值。

资金的时间价值是企业筹资和投资所要考虑的一个重要因素,也是企业估价的基础。

#### 2）资金时间价值产生的条件

资金时间价值产生的条件,是由于商品经济的高度发展和借贷关系的普遍存在,出现了资金使用权与所有权的分离,资金的所有者把资金使用权转让给使用者,使用者必须把资金增值的一部分支付给资金的所有者作为报酬,资金占用的金额越大,使用的时间越长,所有者所要求的报酬就越高。而资金在周转过程中的价值增值是资金时间价值产生的根本源泉。

#### 3）资金时间价值的表示

资金的时间价值可用绝对数(利息)和相对数(利息率)两种形式表示,通常用相对数表示。资金时间价值的实际内容是没有风险和没有通货膨胀条件下的社会平均资金利润率,是企业资金利润率的最低限度,也是使用资金的最低成本率。

由于资金在不同时点上具有不同的价值,不同时点上的资金就不能直接比较,必须换算到相同的时点上,才能比较。因此,掌握资金时间价值的计算就很重要。资金时间价值的计算包括一次性收付款项和非一次性收付款项(年金)的终值、现值。

### 2.1.2 一次性收付款项的终值和现值

一次性收付款项是指在某一特定时点上一次性支出或收入,经过一段时间后再一次性收回或支出的款项。例如,现在将一笔 10 000 元的现金存入银行,2 年后一次性取出本利和 11 025元。

资金时间价值的计算涉及两个重要的概念:现值和终值。现值又称本金,是指未来某一时点上的一定量现金折算到现在的价值。如上文中 2 年后的 11 025 元折合为现在的价值为 10 000 元,这 10 000 元即为现值。终值又称将来值或本利和,是指现在一定量的现金在将来某一时点上的价值。在上文中,2 年后的本利和 11 025 元即为终值。由于终值与现值的计算与利息的计算方法有关,而利息的计算有复利和单利两种。因此,终值与现值的计算也有复利和单利之分。在财务管理中,一般按复利来计算。

### 1)单利的现值和终值

单利是指只对本金计算利息,利息部分不再计息。通常用 $P$ 表示现值,$F$ 表示终值,$i$ 表示利率(贴现率、折现率),$n$ 表示计算利息的期数,$I$ 表示利息。

(1)单利的利息

$$I = P \times i \times n$$

(2)单利的终值

$$F = P \times (1 + i \times n)$$

(3)单利的现值

$$P = F / (1 + i \times n)$$

【例 2.1】 某人将一笔 5 000 元的现金存入银行,银行一年期定期利率为 5%。

要求:计算第一年和第二年的终值、利息(采用单利计息)。

解:$I_1 = P \times i \times n = 5\,000$ 元 $\times 5\% \times 1 = 250$ 元

$I_2 = P \times i \times n = 5\,000$ 元 $\times 5\% \times 2 = 500$ 元

$F_1 = P \times (1 + i \times n) = 5\,000 \times (1 + 5\% \times 1) = 5\,250$ 元

$F_2 = P \times (1 + i \times n) = 5\,000 \times (1 + 5\% \times 2) = 5\,500$ 元

由上述计算可知,第一年的利息在第二年不再计息,只有本金在第二年计息。此外,无特殊说明,给出的利率均为年利率。

【例 2.2】 某人希望 5 年后获得 10 000 元本利和,银行利率为 5%。

要求:单利方式计算条件下,某人现在需存入银行多少资金?

解:$P = F / (1 + i \times n)$

$\quad = 10\,000$ 元 $/ (1 + 5\% \times 5) = 8\,000$ 元

上述求现值的计算也称贴现值的计算。贴现使用的利率称为贴现率。

### 2)复利的现值和终值

资金的时间价值通常是按复利计算的。复利不同于单利,它是指在一定期间(如 1 年)按一定利率将本金所生利息加入本金再计利息,即"利上滚利"。也就是说,复利不仅涉及本金上的利息,也涉及利上所生的利息。

(1)复利的终值

复利的终值是指一定量的本金按复利计算的若干年后的本利和。

【例 2.3】 某人现在将 5 000 元存入银行,银行利率为 5%。

要求:计算第一年和第二年的本利和。

解:第一年的 $F = P \times (1 + i)$

$$=5\ 000\ \text{元} \times 1.05 = 5\ 250\ \text{元}$$

第二年的 $F = P \times (1+i) \times (1+i)$

$$= P \times (1+i)^2$$

$$= 5\ 000 \times 1.102\ 5 = 5\ 512.5\ \text{元}$$

第三年的 $F = P \times (1+i)^2 \times (1+i)$

$$= P \times (1+i)^3$$

$$= 5\ 000\ \text{元} \times 1.157\ 6$$

$$= 5\ 788\ \text{元}$$

同理,复利终值的计算公式为

$$F = P \times (1+i)^n$$

式中,$(1+i)^n$ 称为"复利终值系数",用符号 $(F/P, i, n)$ 表示。其数值可查阅复利终值系数表(见附录中的附表 1)直接获得。

本例 $(F/P, 5\%, 2)$ 表示利率为 5%、期限为 2 年的复利终值系数,在复利终值系数表上,可从横行中找到利息 5%,纵列中找到期数 2 年,纵横相交处,可查到 $(F/P, 5\%, 2) = 1.102\ 5$。该系数表明,在年利率为 5% 的条件下,现在的 1 元与 2 年后的 1.102 5 元相等。

将单利终值与复利终值比较,发现在第一年,单利终值和复利终值是相等的,在第二年,单利终值和复利终值不相等,两者相差 5 512.5 元 − 5 500 元 = 12.5 元,这是因为第一年本金所生的利息在第二年也要计算利息,即 250 元 × 5% = 12.5 元。因此,从第二年开始,单利终值和复利终值是不相等的。

(2)复利现值

复利现值是指在将来某一特定时间取得或支出一定数额的资金。按复利折算到现在的价值。

复利现值的计算公式为

$$P = F/(1+i)^n = F \times (1+i)^{-n}$$

式中,$(1+i)^{-n}$ 称为"复利现值系数",用符号 $(P/F, i, n)$ 表示。其数值可查阅复利现值系数表(见附录中的附表 2)。

【例 2.4】　某人希望 5 年后获得 10 000 元本利,银行利率为 5%。

要求:计算某人现在应存入银行多少资金?

解:$P = F \times (1+i)^{-n}$

$$= F \times (P/F, 5\%, 5)$$

$$= 10\ 000\ \text{元} \times 0.783\ 5$$

$$= 7\ 835\ \text{元}$$

$(P/F, 5\%, 5)$ 表示利率为 5%、期限为 5 年的复利现值系数。同样,在复利现值表上,从横行中找到利率 5%,纵列中找到期限 5 年,两者相交处,可查到 $(P/F, 5\%, 5) = 0.783\ 5$。该系数表明,在年利率为 5% 的条件下,5 年后的 1 元与现在的 0.783 5 元相等。

### 2.1.3　年金的终值和现值(非一次性收付款项的终值和现值)

上面介绍了一次性收付款项,除此之外,在现实经济生活中,还存在一定时期内多次收付的款项,即系列收付款项。一定时期内,每隔相同的时间,收入或支出相同金额的系列款项便称为年金,通常记作 $A$。例如,折旧、租金、等额分期付款、养老金、保险费及零存整取等都属于年金问题。年金具有连续性和等额性特点。连续性要求在一定时间内,间隔相等时间就要发生一次收支业务,中间不得中断,必须形成系列。等额性要求每期收、付款项的金额必须相等。

年金根据每次收付发生的时点不同,可分为普通年金、预付年金、递延年金及永续年金4种。要注意的是,在财务管理中,讲到年金,一般是指普通年金。

### 1)普通年金

普通年金是指在每期的期末,间隔相等时间,收入或支出相等金额的系列款项。每一间隔期,有期初和期末两个时点,由于普通年金是在期末这个时点上发生收付,故称后付年金。

(1)普通年金的终值

普通年金的终值是指每期期末收入或支出的相等款项,犹如零存整取在最后一期所得的本利和。每期期末收入或支出的款项用 $A$ 表示,利率用 $i$ 表示,期数用 $n$ 表示,那么,每期期末收入或支出的款项,折算到第 $n$ 年的终值如图2.1所示。

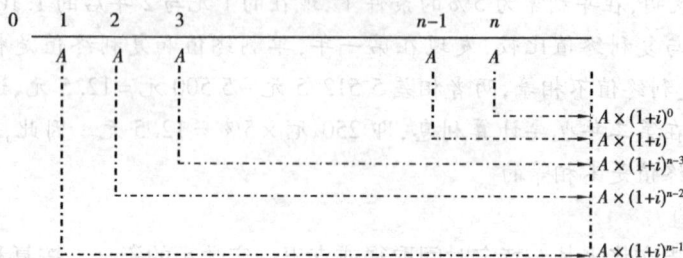

图2.1 第 $n$ 年的终值

第 $n$ 年支付或收入的款项 $A$ 折算到最后一期(第 $n$ 年),其终值为 $A \times (1+i)^0$;

第 $n-1$ 年支付或收入的款项 $A$ 折算到最后一期(第 $n$ 年),其终值为 $A \times (1+i)^1$;

$\vdots$

第3年支付或收入的款项 $A$ 折算到最后一期(第 $n$ 年),其终值为 $A \times (1+i)^{n-3}$;

第2年支付或收入的款项 $A$ 折算到最后一期(第 $n$ 年),其终值为 $A \times (1+i)^{n-2}$;

第1年支付或收入的款项 $A$ 折算到最后一期(第 $n$ 年),其终值为 $A \times (1+i)^{n-1}$。

那么,$n$ 年的年金终值之和为

$$F = A \times (1+i)^0 + A \times (1+i)^1 + \cdots + A \times (1+i)^{n-3} + A \times (1+i)^{n-2} + A \times (1+i)^{n-1}$$

利用等比数列前 $n$ 项求和公式,经整理,得

$$F = A \times \frac{(1+i)^n - 1}{i}$$

式中,$\frac{(1+i)^n - 1}{i}$ 称为"年金终值系数",记为 $(F/A, i, n)$,表示年金为1元、利率为 $i$、经过 $n$ 期的年金终值是多少,可直接查年金终值系数表。

【例2.5】 某人连续5年每年年末存入银行10 000元,利率为5%。

要求：计算第 5 年年末的本利和。

**解**：$F = A \times (F/A, 5\%, 5)$

$= 10\ 000\ 元 \times 5.525\ 6$

$= 55\ 256\ 元$

上述计算表明，每年年末存 10 000 元，连续取 5 年，到第 5 年年末可得 55 256 元。

（2）年偿债基金

计算年金终值，一般是已知年金，然后求终值。有时我们会碰到已知年金终值，反过来求每年支付的年金数额，这是年金终值的逆运算，故把它称为年偿债基金的计算。偿债基金是指为了在约定的未来某一时点清偿某笔债务或积聚一定数额的资金而必须分次等额提取的存款准备金。由于每次提取的等额准备金类似年金存款，因而同样可获得按复利计算的利息，故债务实际上等于年金终值，每次提取的偿债基金等于年金 A。其计算公式为

$$A = F \times \frac{i}{(1+i)^n - 1}$$

式中，$\frac{i}{(1+i)^n - 1}$ 称为"偿债基金系数"，记为 $(A/F, i, n)$，可查偿债基金系数表，也可根据年金终值系数的倒数来得到，即

$$(A/F, i, n) = 1/(F/A, i, n)$$

利用偿债基金系数可把年金终值折算为每年需要支付的年金数额。

**【例 2.6】**　某人在 5 年后要偿还一笔 50 000 元的债务，银行利率为 5%。

要求：为归还这笔债务，每年年末应存入银行多少元。

**解**：$A = F \times (A/F, i, n)$

$= 50\ 000 \times (A/F, 5\%, 5)$

$= 50\ 000 \times [1/(F/A, 5\%, 5)]$

$= 50\ 000\ 元 \times 1/5.525\ 6$

$= 9\ 048.79\ 元$

在银行利率为 5% 时，每年年末存入银行 9 048.79 元，5 年后才能还清债务 50 000 元。

（3）普通年金的现值

普通年金的现值是指一定时期内每期期末等额收支款项的复利现值之和。实际上，就是指为了在每期期末取得或支出相等金额的款项，现在需要一次投入或借入多少金额。其计算如图 2.2 所示。

要将每期期末的收支款项全部折算到时点 0，则：

第 1 年年末的年金 A 折算到时点 0 的现值为 $A \times (1+i)^{-1}$；

第 2 年年末的年金 A 折算到时点 0 的现值为 $A \times (1+i)^{-2}$；

第 3 年年末的年金 A 折算到时点 0 的现值为 $A \times (1+i)^{-3}$；

⋮

第 $(n-1)$ 年年末的年金 A 折算到时点 0 的现值为 $A \times (1+i)^{-(n-1)}$；

第 $n$ 年年末的年金 A 折算到时点 0 的现值为 $A \times (1+i)^{-n}$。

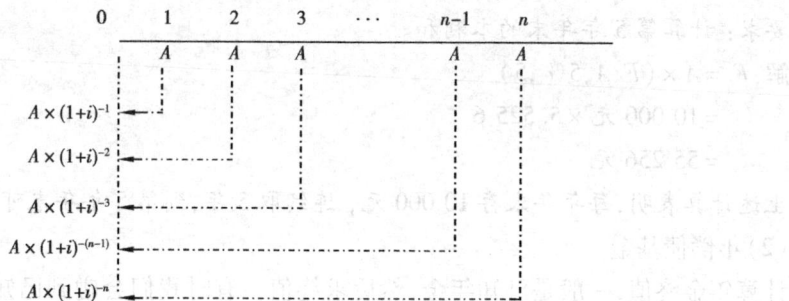

图 2.2　普通年金的计算

那么, $n$ 年的年金现值之和为

$$P = A \times (1+i)^{-1} + A \times (1+i)^{-2} + A \times (1+i)^{-3} + \cdots + A \times (1+i)^{-(n-1)} + A \times (1+i)^{-n}$$

则

$$P = A \times \frac{1 - (1+i)^{-n}}{i}$$

式中, $\dfrac{1-(1+i)^{-n}}{i}$ 称为"年金现值系数"或"1 元年金现值系数", 记作 $(P/A,i,n)$, 表示年金 1 元, 利率为 $i$, 经过 $n$ 期的年金现值是多少, 可查 1 元年金现值表。

【例 2.7】　某人希望每年年末取得 10 000 元, 连续取 5 年, 银行利率为 5%。

要求: 计算第 1 年年初应一次存入多少元。

解: $P = A \times (P/A,i,n)$

　　　$= 10\ 000$ 元 $\times (P/A,5\%,5)$

　　　$= 10\ 000$ 元 $\times 4.329\ 5$

　　　$= 43\ 295$ 元

为了每年年末取得 10 000 元, 第 1 年年初应一次存入 43 295 元。

(4) 年回收额

年资本回收额是指在约定年限内等额回收初始投入或清偿所欠债务的金额。已知年金现值的条件下, 求年金, 这是年金现值的逆运算, 可称为年回收额的计算。其计算公式为

$$A = P \times \frac{i}{1 - (1+i)^{-n}}$$

式中, $\dfrac{i}{1-(1+i)^{-n}}$ 称为"回收系数", 记作 $(A/P,i,n)$, 是年金现值系数的倒数, 可查表获得, 也可利用年金现值系数的倒数来求得。

【例 2.8】　某人购入一套商品房, 需向银行按揭贷款 100 万元, 准备 20 年内于每年年末等额偿还, 银行贷款利率为 5%。

要求: 每年应归还多少元?

解: $A = P \times (A/P,i,n)$

　　　$= 100$ 万元 $\times (A/P,5\%,20)$

　　　$= 100$ 万元 $\times [1/(P/A,5\%,20)]$

　　　$= 100$ 万元 $\times 1/12.462\ 2$

$$= 8.024\ 3\ 万元$$

**2）预付年金**

预付年金是指每期收入或支出相等金额的款项是发生在每期的期初,而不是期末,也称先付年金或即付年金。

预付年金与普通年金的区别在于收付款的时点不同,普通年金在每期的期末收付款项,预付年金在每期的期初收付款项,收付时间如图 2.3 所示

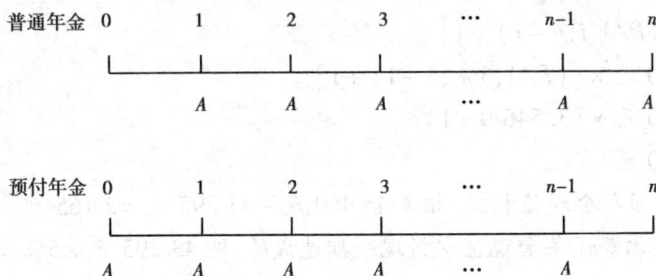

图 2.3　收付时间

由图 2.3 可知,$n$ 期的预付年金与 $n$ 期的普通年金,其收付款次数是一样的,只是收付款时点不一样。如果计算年金终值,预付年金要比普通年金多计一年的利息;如计算年金现值,则预付年金要比普通年金少折现一年。因此,在普通年金的现值、终值的基础上,乘上 $(1+i)$ 便可计算出预付年金的现值与终值。

（1）预付年金的终值

$$F = A \times \frac{(1+i)^n - 1}{i} \times (1+i)$$

$$= A \times \left[ \frac{(1+i)^{n+1} - 1}{i} - 1 \right]$$

式中,$\left[ \dfrac{(1+i)^{n+1} - 1}{i} - 1 \right]$ 称为"预付年金系数",记作 $[(F/A,i,n+1) - 1]$,可利用普通年金终值系数表查得 $(n+1)$ 期的终值,然后减去 1,就可得到预付年金终值。

**【例 2.9】** 将【例 2.5】中收付款的时间改为每年年初,其余条件不变。

要求:第 5 年年末的本利和。

解:$F = A \times [(F/A,i,n+1) - 1]$

$\quad\ = 10\ 000\ 元 \times [(F/A,5\%,5+1) - 1]$

$\quad\ = 10\ 000\ 元 \times (6.801\ 9 - 1)$

$\quad\ = 58\ 019\ 元$

与【例 2.5】的普通年金终值相比,相差 58 019 元 − 55 256 元 = 2 763 元。该差额实际上就是预付年金比普通年金多计一年利息而造成,即 55 256 元 × 5% = 2 762.80 元。

（2）预付年金的现值

$$P = A \times \left[ \frac{1 - (1+i)^{-n}}{i} \right] \times (1+i)$$

$$= A \times \left[ \frac{1 - (1 + i)^{-(n-1)}}{i} + 1 \right]$$

式中，$\left[ \frac{1 - (1 + i)^{-(n-1)}}{i} + 1 \right]$ 称为"预付年金现值系数"，记作 $[(P/A, i, n-1) + 1]$，可利用普通年金现值表查得 $(n-1)$ 期的现值，然后加上 1，就可得到预付年金现值。

【例 2.10】 将【例 2.7】中收付款的时点改在每年年初，其余条件不变。

要求：第 1 年年初应一次存入多少钱。

解：$P = A \times [(P/A, i, n-1) + 1]$

$\quad\quad = 10\ 000\ 元 \times [(P/A, 5\%, 5-1) + 1]$

$\quad\quad = 10\ 000\ 元 \times (3.546\ 0 + 1)$

$\quad\quad = 45\ 460\ 元$

与【例 2.7】普通年金现值相比，相差 45 460 元 − 43 295 元 = 2 165 元。该差额实际上是由于预付年金现值比普通年金现值少折现一期造成的，即 43 295 元 × 5% = 2 164.75 元。

### 3）递延年金

前两种年金的第一次收付时间都发生在整个收付期的第一期，要么在第一期期末，要么在第一期期初。但有时会遇到第一次收付不发生在第一期，而是隔了几期后才在以后的每期期末发生一系列的收支款项，这种年金形式就是递延年金，它是普通年金的特殊形式。因此，凡是不在第一期开始收付的年金，称为递延年金。如图 2.4 和图 2.5 所示为递延年金和普通年金的支付特点。

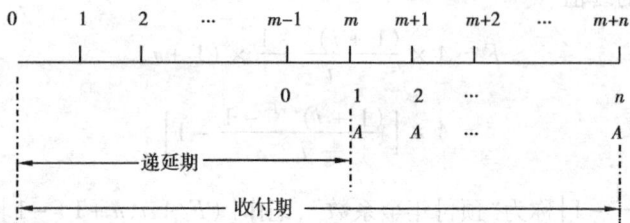

图 2.4 递延年金的支付

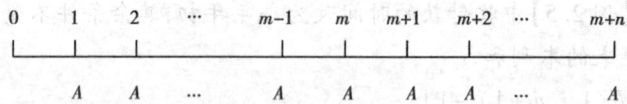

图 2.5 普通年金的支付

由上述可知，递延年金的第一次年金收付没有发生在第 1 期，而是隔了 $m$ 期（这 $m$ 期就是递延期），在第 $m+1$ 的期末才发生第一次收付，并且在以后的 $n$ 期内，每期期末均发生等额的现金收支。与普通年金相比，尽管期限一样，都是 $(m+n)$ 期，但普通年金在 $(m+n)$ 期内，每个期末都要发生收支，而递延年金在 $(m+n)$ 期内，只在后 $n$ 期发生收支，前 $m$ 期无收支发生。

（1）递延年金的终值

在图 2.4 中，先不看递延期，年金一共支付了 $n$ 期。只要将这 $n$ 期年金折算到期末，即可得到递延年金终值。因此，递延年金终值的大小，与递延期无关，只与年金共支付了多少

期有关,它的计算方法与普通年金相同,即

$$F = A \times (F/A, i, n)$$

【例 2.11】 某企业于年初投资一项目,估计从第五年开始至第十年,每年年末可得收益 10 万元,假定年利率为 5%。

要求:计算投资项目年收益的终值。

解:$F = A \times (F/A, i, n)$

$\qquad = 10\ 万元 \times (F/A, 5\%, 6)$

$\qquad = 10\ 万元 \times 6.801\ 9$

$\qquad = 68.019\ 万元$

(2)递延年金的现值

递延年金的现值可用以下 3 种方法来计算:

①把递延年金视为 n 期的普通年金,求出年金在递延期期末 m 点的现值,再将 m 点的现值调整到第一期期初,即

$$P = A \times (P/A, i, n) \times (P/F, i, m)$$

②先假设递延期也发生收支,则变成一个 $(m+n)$ 期的普通年金,算出 $(m+n)$ 期的年金现值,再扣除并未发生年金收支的 m 期递延期的年金现值,就可求得递延年金现值,即

$$P = A \times \left[ (P/A, i, m+n) - (P/A, i, m) \right]$$

③先算出递延年金的终值,再将终值折算到第一期期初,就可求得递延年金的现值,即

$$P = A \times (F/A, i, n) \times (P/F, i, m+n)$$

【例 2.12】 某企业年初投资一项目,希望从第五年开始每年年末取得 10 万元收益,投资期限为 10 年,假定年利率为 5%。

要求:该企业年初最多投资多少元才有利。

解:方法 1:$P = A \times (P/A, i, n) \times (P/F, i, m)$

$\qquad\qquad = 10\ 万元 \times (P/A, 5\%, 6) \times (P/F, 5\%, 4)$

$\qquad\qquad = 10\ 万元 \times 5.075\ 7 \times 0.822\ 7$

$\qquad\qquad = 41.76\ 万元$

方法 2:$P = A \times \left[ (P/A, i, m+n) - (P/A, i, m) \right]$

$\qquad\qquad = 10\ 万元 \times \left[ (P/A, 5\%, 10) - (P/A, 5\%, 4) \right]$

$\qquad\qquad = 10\ 万元 \times (7.721\ 7 - 3.546\ 0)$

$\qquad\qquad = 41.76\ 万元$

方法 3:$P = A \times (F/A, i, n) \times (P/F, i, m+n)$

$\qquad\qquad = 10\ 万元 \times (F/A, 5\%, 6) \times (P/F, 5\%, 10)$

$\qquad\qquad = 10\ 万元 \times 6.801\ 9 \times 0.613\ 9$

$\qquad\qquad = 41.76\ 万元$

从计算中可知,该企业年初的投资额不超过 41.76 万元才合算。

## 4)永续年金

永续年金是指无限期的收入或支出相等金额的年金,也称永久年金。它也是普通年金

的一种特殊形式,由于永续年金的期限趋于无限,没有终止时间,因而也没有终值,只有现值。永续年金的现值计算公式为

$$P = A \times \left[ \frac{1 - (1 + i)^{-n}}{i} \right]$$

当 $n \longrightarrow +\infty$ , $(1 + i)^{-n} \longrightarrow 0, P = A/i$。

【例 2.13】 某企业要建立一项永久性帮困基金,计划每年拿出 5 万元帮助失学儿童,年利率为 5%。

要求:现应筹集多少资金。

解:$P = A/i$

$\qquad$ = 5 万元/5%

$\qquad$ = 100 万元

现应筹集到 100 万元资金,就可每年拿出 5 万元帮助失学的儿童。

## 2.2 风险与报酬

### 2.2.1 风险的含义

风险是指一定条件下、一定时期内,某一项行动具有多种可能但结果不确定。风险产生的原因是由于缺乏信息和决策者不能控制未来事物的发展过程而引起的。风险具有多样性和不确定性,可事先估计采取某种行动可能导致的各种结果,以及每种结果出现的可能性大小,但无法确定最终结果是什么。例如,掷一枚硬币,可事先知道硬币落地时有正面朝上和反面朝上两种结果,并且每种结果出现的可能性各为 50%,但谁也无法事先知道硬币落地时是正面朝上还是反面朝上。

值得注意的是,风险和不确定性是不同的。不确定性是指对于某种行动,人们知道可能出现的各种结果,但不知道每种结果出现的概率,或者可能出现的各种结果及每种结果出现的概率都不知道,只能作出粗略的估计。如购买股票,投资者无法在购买前确定所有可能达到的期望报酬率以及该报酬率出现的概率。而风险问题出现的各种结果的概率一般可事先估计和测算,只是不准确而已。如果对不确定性问题先估计一个大致的概率,则不确定性问题就转化为风险性问题了。在财务管理的实务中,对两者不作严格区分。讲到风险,可能是指一般意义上的风险,也可能指不确定性问题。

风险是客观的、普遍的,广泛地存在于企业的财务活动中,并影响着企业的财务目标。由于企业的财务活动经常是在有风险的情况下进行的,各种难以预料和无法控制的原因,可能使企业遭受风险,蒙受损失。如果只有损失,没人会去冒风险,企业冒着风险投资的最终目的是为了得到额外收益。因此,风险不仅带来预期的损失,而且可带来预期的收益。仔细分析风险,以承担最小的风险来换取最大的收益,就十分必要。

### 2.2.2 风险的类型

企业面临的风险主要有两种:市场风险和企业特有风险。

### 1）市场风险是指影响所有企业的风险

它由企业的外部因素引起,企业无法控制、无法分散,涉及所有的投资对象,又称系统风险或不可分散风险,如战争、自然灾害、利率的变化及经济周期的变化等。

### 2）企业特有风险是指个别企业的特有事件造成的风险

它是随机发生的,只与个别企业和个别投资项目有关,不涉及所有企业和所有项目,可以分散,又称非系统风险和可分散风险,如产品开发失败、销售份额减少、工人罢工等。非系统风险根据风险形成的原因不同,可分为经营风险和财务风险。

（1）经营风险

经营风险是指由于企业生产经营条件的变化对企业收益带来的不确定性,又称商业风险。这些生产经营条件的变化可能来自企业内部的原因,也可能来自企业外部的原因,如顾客购买力发生变化、竞争对手增加、政策变化、产品生产方向不对路、生产组织不合理等。这些内外因素使企业的生产经营产生不确定性,最终引起收益变化。

（2）财务风险

财务风险是指由于企业举债而给财务成果带来的不确定性,又称筹资风险。企业借款虽可解决企业资金短缺的困难、提高自有资金的盈利能力,但也改变了企业的资金结构和自有资金利润率,还须还本付息,并且借入资金所获得的利润是否大于支付的利息额,具有不确定性,故借款就有风险。在全部资金来源中,借入资金所占的比重大,企业的负担就重,风险程度也就增加;借入资金所占的比重小,企业的负担就轻,风险程度也就减轻。因此,必须确定合理的资金结构,既提高资金盈利能力,又防止财务风险加大。

## 2.2.3　风险和报酬

如上所述,企业的财务活动和经营管理活动总是在有风险的状态下进行的,只不过风险有大有小。投资者冒着风险投资,是为了获得更多的报酬。冒的风险越大,要求的报酬就越高。风险和报酬之间存在密切的对应关系,高风险的项目必然有高报酬,低风险的项目必然低报酬。因此,风险报酬是投资报酬的组成部分。

那么,什么是风险报酬呢？它是指投资者冒着风险进行投资而获得的超过货币时间价值的那部分额外收益,是对人们所遇到的风险的一种价值补偿,也称风险价值。它的表现形式可以是风险报酬额或风险报酬率。在实务中一般以风险报酬率来表示。

如果不考虑通货膨胀,投资者冒着风险进行投资所希望得到的投资报酬率是无风险报酬率与风险报酬率之和,即

$$投资报酬率 = 无风险报酬率 + 风险报酬率$$

无风险报酬率就是资金的时间价值,是在没有风险状态下的投资报酬率,是投资者投资某一项目,能够肯定得到的报酬,具有预期报酬的确定性,并且与投资时间的长短有关,可用政府债券利率或存款利率表示。风险报酬率是风险价值,是超过资金时间价值的额外报酬,具有预期报酬的不确定性。它与风险程度和风险报酬斜率的大小有关,并成正比关系。风险报酬斜率可根据历史资料用高低点法、直线回归法或由企业管理人员会同专家根据经验

确定,风险程度用期望值、标准差来确定,即(见图2.6)

$$风险报酬率 = 风险报酬斜率 \times 风险程度$$

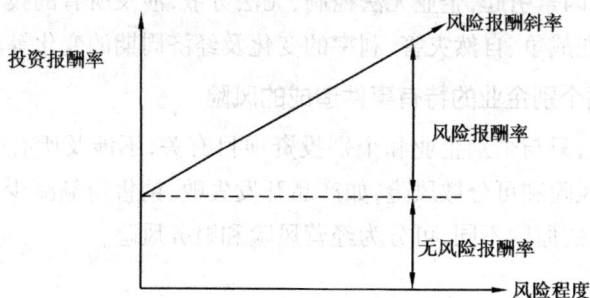

**图2.6 风险程度的表示方法**

【例2.14】 资金的时间价值为5%,某项投资的风险报酬率为10%。

要求:在不考虑通货膨胀时,计算投资报酬率。

解:投资报酬率 = 无风险报酬率 + 风险报酬率

$$= 5\% + 10\% = 15\%$$

## 2.2.4 风险衡量

由于风险具有普遍性和广泛性,故正确地衡量风险就十分重要。既然风险是可能值对期望值的偏离,因此,利用概率分布、期望值和标准差来计算与衡量风险的大小,是一种最常用的方法。

### 1)概率

在完全相同的条件下,某一事件可能发生也可能不发生,可能出现这种结果也可能出现另外一种结果,这类事件称为随机事件。概率就是用来反映随机事件发生的可能性大小的数值,一般用 $X$ 表示随机事件,$X_i$ 表示随机事件的第 $i$ 种结果,$P_i$ 表示第 $i$ 种结果出现的概率。一般随机事件的概率在 0 与 1 之间,即 $0 \leqslant P_i \leqslant 1$,$P_i$ 越大,表示该事件发生的可能性越大;反之,$P_i$ 越小,表示该事件发生的可能性越小。所有可能的结果出现的概率之和一定为1,即 $\sum_{i=1}^{n} P_i = 1$。肯定发生的事件概率为1,肯定不发生的事件概率为0。

【例2.15】 某企业投资生产了一种新产品,在不同市场情况下,各种可能收益及概率见表2.1。

**表2.1 收益及概率**

| 市场情况 | 年收益 $X_i$/万元 | 概率 | $X_i$ |
|---|---|---|---|
| 繁荣 | 200 | 0.3 | |
| 正常 | 100 | 0.5 | |
| 疲软 | 50 | 0.2 | |

由表2.1可知,所有的 $P_i$ 均在0和1之间,且

$$P_1 + P_2 + P_3 = 0.3 + 0.5 + 0.2 = 1$$

如果将该企业年收益的各种可能结果及相应的各种结果出现的概率按一定规则排列出来,构成分布图,则称概率分布。概率分布一般用坐标图来反映,横坐标表示某一事件的结果,纵坐标表示每一结果相应的概率。概率分布有两种类型:一是离散型概率分布,其特点是各种可能结果只有有限个值,概率分布在各个特定点上,是不连续图像,如图 2.7 所示;二是连续型概率分布,其特点是各种可能结果有无数个值,概率分布在连续图像上的两点之间的区间上,如图 2.8 所示。

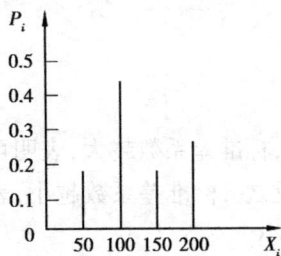

图 2.7  离散型概率分布        图 2.8  连续型概率分布

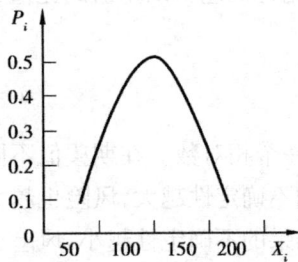

**2)期望值**

期望值是指可能发生的结果与各自概率之积的加权平均值,反映投资者的合理预期,用 $E$ 表示。根据概率统计知识,一个随机变量的期望值为

$$E = \sum_{i=1}^{n} X_i P_i$$

【例 2.16】  利用【例 2.15】中的资料。

要求:计算预期年收益的期望值。

解:$E = 200$ 万元 $\times 0.3 + 100$ 万元 $\times 0.5 + 50$ 万元 $\times 0.2 = 120$ 万元

**3)标准差**

标准差是用来衡量概率分布中各种可能值对期望值的偏离程度,反映风险的大小,标准差用 $\sigma$ 表示。

标准差的计算公式为

$$\sigma = \sqrt{\sum_{i=1}^{n} (X_i - E)^2 \times P_i}$$

标准差用来反映决策方案的风险,是一个绝对数。在 $n$ 个方案的情况下,若期望值相同,则标准差越大,表明各种可能值偏离期望值的幅度越大,结果的不确定性越大,风险也越大;反之,标准差越小,表明各种可能值偏离期望值的幅度越小,结果的不确定越小,则风险也越小。

【例 2.17】  利用【例 2.15】的数据,计算标准差。

解:$\sigma = \sqrt{\sum_{i=1}^{n} (X_i - E)^2 \times P_i}$

$= \sqrt{(200 \text{ 万元} - 120 \text{ 万元})^2 \times 0.3 + (100 \text{ 万元} - 120 \text{ 万元})^2 \times 0.5 + (50 \text{ 万元} - 120 \text{ 万元})^2 \times 0.2}$

=55.68 万元

表明新产品的年收益与期望收益的标准差为 55.68 万元。

### 4）标准差系数

标准差作为反映可能值与期望值偏离程度的一个指标，可用来衡量风险。但是，它只适用于在期望值相同条件下风险程度的比较，对于期望值不同的决策方案，则不适用。于是，引入标准差系数这个概念。

标准差系数是指标准差与期望值的比值，也称离散系数，用 $q$ 表示。其计算公式为

$$q = \frac{\sigma}{E}$$

标准差系数是一个相对数。在期望值不同时，标准差系数越大，表明可能值与期望值偏离程度越大，结果的不确定性越大，风险也越大；反之，标准差系数越小，表明可能值与期望值偏离程度越小，结果的不确定性越小，风险也越小。

【例 2.18】 利用【例 2.16】的数据，计算标准差系数。

解：$q = \dfrac{\sigma}{E} = \dfrac{55.68\ 万元}{120\ 万元} = 0.464$

有了期望值和标准差系数，我们可利用这两个指标来确定方案风险的大小，选择决策方案。对单个方案，可将标准差（系数）与设定的可接受的此项指标最高限值比较。对于多个方案，选择标准差低、期望值高的方案，具体情况还要具体分析。

## 本章小结

1. 资金的时间价值是资金在不同时点上价值量的差额，它有其产生的前提条件。货币的时间价值一般用利率来表示。计算资金时间价值涉及终值和现值两个概念，它们是不同时点的价值。现值也称本金，一般是指现在的价值。终值是指将来的价值。根据收付款项情况不同，可分为一次性收付款项的现值与终值和年金的现值与终值。年金包括普通年金、预付年金、永续年金及递延年金 4 种形式。值得注意的是，现值与终值一般按复利计算。

2. 风险是某项行动结果的不确定性，但风险与不确定性又有区别，财务活动经常是在有风险的条件下进行的。企业面临的主要风险有市场风险和特有风险。对风险可用期望值和标准差来衡量。风险越大，所希望的报酬越高；反之亦然。

# 第3章 筹资管理

**【知识目标】**

1. 掌握企业筹资的目的和要求。

2. 了解企业筹资的渠道和方式。

3. 了解企业筹资的类型。

4. 理解杠杆原理,并掌握相关经营杠杆与系数、财务杠杆与系数和总杠杆与系数。

**【能力目标】**

1. 能够识别吸收直接投资、发行股票和债券筹资的优缺点。

2. 能够计算放弃现金折扣的成本,具备利用现金折扣进行决策分析的能力。

3. 能够计算融资租赁业务的年付租金。

4. 能够计算个别资金成本、综合资金成本和边际资金成本。

5. 能够通过比较资金成本法和每股收益无差别点法计算最佳资本结构。

6. 能够利用杠杆原理计算经营杠杆系数、财务杠杆系数和总杠杆系数。

**【重点难点】**

1. 各种筹资方式的优缺点。

2. 资金成本的概念及各种不同资金成本的计算。

3. 最优资金结构的判别。

4. 经营杠杆、财务杠杆的概念及计算。

**【案例导入】**

### 企业面临的筹资难题

东方汽车制造公司急需1亿元资金用于技术改造项目。生产副总经理提议发行5年期的债券筹资。财务副总经理认为,公司目前资产负债率60%,已经较高了,如果再利用债券筹资,财务风险太大,应当发行普通股或优先股筹集资金。金融专家认为,发行普通股十分困难,并根据当时的利率水平和市场状况测算,如果发行优先股,年股利率不能低于16.5%;如果发行债券,以12%的年利率可顺利发行。技术改造项目投产后,预计税后投资报酬率会达到18%左右。而财务学家认为,以16.5%的年股利率发行优先股不可行,因为发行优先股的筹资费用较高,加上筹资费用后的资本成本将达到19%,高于项目的税后投资报酬率;如果发行债券,由于利息可在税前支付,实际的资本成本大约在9%。财务学家还提出,由于目前正处于通货膨胀时期,利率较高,不宜发行期限长、具有固定负担的债券或优先股,而应向银行筹借1亿元的1年期技术改造贷款,1年后再以较低的股利率发行优先股来替换技术改造贷款。但是,财务副总经理认为,银行贷款的容量有限,在当时的条件下向银行筹借1亿元的1年期技术改造贷款不太现实,而且1年后通货膨胀也未必会消除。

面对复杂多变的金融市场,如何恰当地测算资本成本,权衡资本结构,以及足额、高效地筹集资金,是企业面临的一个非常重要的问题。

# 3.1 筹资管理概述

企业筹资是指企业为了满足其经营活动、投资活动和资本结构调整等需要,运用一定的筹资方式,筹措和获取所需资金的一种行为。资金是企业的血液,是企业设立、生存和发展的物质基础,是企业开展生产经营业务活动的基本前提。任何一个企业,为了形成生产经营能力、保证生产经营正常运行,必须拥有一定数量的资金。

## 3.1.1 企业筹资的分类与意义

### 1)企业筹资的分类

(1)按资金的来源渠道分类

按企业资金的来源渠道不同,企业筹资可分为股权筹资和债务筹资两种类型。这也是企业筹资方式最常见的分类方法。

①股权筹资。

股权筹资形成股权资本,是企业依法长期拥有、能够自主调配运用的资本。股权资本在企业持续经营期间内,投资者不得抽回,故称为企业的自有资本、主权资本或股东权益资本。股权资本是企业从事生产经营活动和偿还债务的本钱,是代表企业基本资信状况的一个主要指标。企业的股权资本通过吸收直接投资、发行股票和内部积累等方式取得。股权资本由于一般不用还本,形成了企业的永久性资本,故财务风险小,但付出的资本成本相对较高。

股权筹资项目包括实收资本(股本)、资本公积金、盈余公积金及未分配利润等。其中,实收资本(股本)和实收资本溢价部分形成的资本公积金是投资者的原始投入部分;盈余公积金、未分配利润和部分资本公积金是原始投入资本在企业持续经营中形成的经营积累。通常,盈余公积金、未分配利润共称为留存收益。股权筹资在经济意义上形成了企业的所有者权益,其金额等于企业资产总额减去负债总额后的余额。

②债务筹资。

债务筹资是企业通过借款、发行债券、融资租赁以及赊购商品或服务等方式取得的资金形成在规定期限内需要清偿的债务。由于债务筹资到期要归还本金和支付利息,对企业的经营状况不承担责任,因而具有较大的财务风险,但付出的资本成本相对较低。从经济意义上来说,债务筹资也是债权人对企业的一种投资,也要依法享有企业使用债务所取得的经济利益,故称为债权人权益。

(2)直接筹资与间接筹资

按其是否以金融机构为媒介,企业筹资可分为直接筹资和间接筹资两种类型。

①直接筹资。

直接筹资是企业直接与资金供应者协商融通资本的一种筹资活动。直接筹资方式主要有吸收直接投资、发行股票和发行债券等。通过直接筹资既可筹集股权资金,也可筹集债务资金。按法律规定,公司股票、公司债券等有价证券的发行需要通过证券公司等中介机构进行,但证券公司所起到的只是承销的作用,资金拥有者并未向证券公司让渡资金使用权。因此,发行股票、债券属于直接向社会筹资。

②间接筹资。

间接筹资是在企业借助银行筹资方式下,银行等金融机构发挥了中介的作用,预先集聚资金,资金拥有者首先向银行等金融机构让渡资金的使用权,然后由银行等金融机构将资金提供给金融机构融通资本的筹资活动。间接筹资的基本方式是向银行借款。此外,还有融资租赁等筹资方式。间接筹资形成的主要是债务资金。它主要用于满足企业资金周转的需要。

(3)内部筹资与外部筹资

按资金的来源范围不同,企业筹资可分为内部筹资和外部筹资两种类型。

①内部筹资。

内部筹资是指企业通过利润留存而形成的筹资来源。内部筹资数额的大小主要取决于企业可分配利润的多少和利润分配政策(股利政策),一般无须花费筹资费用,从而降低了资本成本。

②外部筹资。

外部筹资是指企业向外部筹措资金而形成的筹资来源。处于初创期的企业,内部筹资的可能性是有限的;处于成长期的企业,内部筹资往往难以满足需要。这就需要企业广泛地开展外部筹资,如发行股票、债券,取得商业信用、向银行借款等。企业向外部筹资大多需要花费一定的筹资费用,从而提高了筹资成本。

因此,企业筹资时首先应利用内部筹资,然后再考虑外部筹资。

(4)长期筹资与短期筹资

按所筹集资金的使用期限不同,企业筹资可分为长期筹资和短期筹资两种类型。

①长期筹资。

长期筹资是指企业筹集使用期限在1年以上的资金筹集活动。长期筹资的目的主要在于形成和更新企业的生产和经营能力,或扩大企业的生产经营规模,或为对外投资筹集资金。长期筹资通常采取吸收直接投资、发行股票、发行债券、取得长期借款及融资租赁等方式,所形成的长期资金主要用于购建固定资产、形成无形资产、进行对外长期投资、垫支流动资金、产品和技术研发等。从资金权益性质来看,长期资金可以是股权资金,也可以是债务资金。

②短期筹资。

短期筹资是指企业筹集使用期限在1年以内的资金筹集活动。短期资金主要用于企业的流动资产和日常资金周转,一般在短期内需要偿还。短期筹资经常利用商业信用、短期借款和保理业务等方式来筹集。

## 2)企业筹资的意义

任何一个企业,为了保证生产经营的正常进行,都必须持有一定数量的资金。由于季节性和临时性等原因,或由于扩大生产经营规模的需要,都需要筹集资金。因此,资金筹集既是企业生产经营活动的前提,又是企业再生产顺利进行的保证。同时,筹资也为投资提供了基础和前提,没有资金的筹集,就无法进行资金的投放。从一定意义上来讲,筹资的数量与结构会直接影响企业效益,进而影响企业收益分配。因此,筹资在财务管理中处于极其重要的地位。

企业资金可从多种渠道、用多种方式来筹集,其使用时间的长短、附加条款的限制、财务风险的大小、资本成本的高低都不一样。企业在筹集资金时,要充分考虑各种筹资方式给企业带来的资本成本的高低和财务风险的大小,以便选择最佳筹资方式,实现财务管理总体目标。

### 3.1.2 企业筹资的渠道和方式

企业的筹资活动需要通过一定的渠道并采用一定的方式来完成。

#### 1)筹资渠道

筹资渠道是指筹措资金来源的方向与通道,体现资金的来源与供应量。认识和了解各种筹资渠道及特点,有助于企业充分拓宽和正确选择筹资渠道。概括起来,企业筹集资金的渠道有以下6种:

(1)国家财政资金

国家财政资金是指国家以财政拨款形式投入企业的资本。它是国有企业自有资本的主要来源。从产权关系看,属于国家投入的资金,产权归国家所有。

(2)银行信贷资金

银行对企业的各种贷款是我国目前各类企业最为重要的资金来源。我国银行分为商业银行和政策性银行两类。商业银行是以营利为目的、从事信贷资金投放的金融机构,主要为企业提供各种商业性贷款;政策性银行是为特定企业提供政策性贷款的金融机构。

(3)非银行金融机构资金

非银行金融机构主要是指信托投资公司、租赁公司、证券公司及企业集团所属的财务公司等。它们所提供的各种金融服务,既包括信贷资金投放,也包括物资的融通,还包括为企业承销证券等金融服务。

(4)其他企业资金

企业在生产经营过程中,往往会形成部分暂时闲置的资金,并为一定的目的进行相互的投资。另外,企业间的购销业务可通过商业信用的方式来完成,从而形成企业间的债权债务关系,形成债务人对债权人的短期信用资金占用。企业之间的相互投资和商业信用的存在,使其他企业资金也成为企业资金的重要来源。

(5)居民个人资金

居民个人的结余货币作为游离于银行及非银行金融机构等之外的个人资金,可用于企业投资,形成民间资金来源渠道,为企业所用。

(6)企业自留资金

企业自留资金是指企业内部形成的资金,也称企业内部资金。它主要包括计提折旧、提取盈余公积金和未分配利润等。这些资金的重要特征之一是企业无须通过一定的方式去筹集,而直接由企业内部自动生成或转移。

各种筹资渠道在体现资金供应量的多少时,存在着较大的差别。有些渠道的资金供应量多,如银行信贷资金和非银行金融机构资金等;而有些相对较少,如企业自留资金等。这种资金供应量的多少在一定程度上取决于财务管理环境的变化,特别是宏观经济体制、银行体制和金融市场发展速度等因素。

**2)企业筹资方式**

筹资方式是指企业筹集资金所采用的具体形式。如果筹资渠道属于客观存在,则筹资方式属于企业主观能动行为。企业筹资管理的重要内容是如何针对客观存在的筹资渠道,选择合理的筹资方式进行筹资。认识筹资方式的种类及各种筹资方式的特点,有利于企业选择恰当的筹资方式并有效地进行筹资组合降低筹资成本,提高投资效益。

目前,我国企业筹资方式主要有以下 6 种:①吸收直接投资;②发行股票;③银行借款;④商业信用;⑤发行债券;⑥融资租赁。这些筹资方式的含义及特点,将在本章以后各节中讲述。

**3)筹资渠道与筹资方式的对应关系**

筹资渠道解决的是资金来源问题。筹资方式则解决通过何种方式取得资金的问题,它们之间存在着一定的对应关系。一定的筹资方式可能只适用于某一特定的筹资渠道,但是同一渠道的资金往往可采用不同的方式去取得。它们之间的对应关系可用表 3.1 来表示。

表 3.1 **筹资方式与筹资渠道的对应关系**

| 项 目 | 吸收直接投资 | 发行股票 | 发行债券 | 银行借款 | 融资租赁 | 商业信用 |
|---|---|---|---|---|---|---|
| 国家财政资金 | √ | √ | | | | |
| 银行信贷资金 | | | | √ | | |
| 其他企业资金 | √ | √ | √ | | √ | √ |
| 个人资金 | √ | √ | √ | | | |
| 企业自留资金 | √ | | | | | |

### 3.1.3 筹资管理的原则

企业筹资管理的基本要求是在严格遵守国家法律法规的基础上,分析影响筹资的各种因素,权衡资金的性质、数量、成本及风险,合理选择筹资方式,提高筹集效果。

**1)遵循国家法律法规,合法筹措资金**

不论是直接筹资还是间接筹资,企业最终都通过筹资行为向社会获取资金。企业的筹资活动不仅为自身的生产经营提供资金来源,而且也会影响投资者的经济利益,影响社会经济秩序。企业的筹资行为和筹资活动必须遵循国家的相关法律法规,依法履行法律法规和投资合同约定的责任,合法合规筹资,依法信息披露,维护各方的合法权益。

### 2) 分析生产经营情况，正确预测资金需要量

企业筹集资金，首先要合理预测资金的需要量。筹资规模与资金需要量应匹配一致，既避免因筹资不足，影响生产经营的正常进行，又要防止筹资过多，造成资金闲置。

### 3) 合理安排筹资时间，适时取得资金

企业筹集资金还需要合理预测确定资金需要的时间。要根据资金需求的具体情况，合理安排资金的筹集时间，适时获取所需资金。使筹资与用资在时间上相衔接，既避免过早筹集资金形成的资金投放前闲置，又防止取得资金的时间滞后，错过资金投放的最佳时间。

### 4) 了解各种筹资渠道，选择资金来源

企业所筹集的资金都要付出资本成本的代价。不同的筹资渠道和筹资方式所取得的资金，其资本成本各有差异。企业应在考虑筹资难易程度的基础上，针对不同来源资金的成本进行分析，尽可能选择经济、可行的筹资渠道与方式，力求降低筹资成本。

### 5) 研究各种筹资方式，优化资本结构

企业筹资要综合考虑股权资金与债务资金的关系、长期资金与短期资金的关系、内部筹资与外部筹资的关系，合理安排资本结构，保持适当偿债能力，防范企业财务危机，提高筹资效益。

## 3.2 权益资金筹集

企业的全部资产由以下两部分构成：投资人提供的所有者权益和债权人提供的负债。所有者权益是企业资金的最主要来源，是企业筹集债务资金的前提与基础。所有者权益是指投资人对企业净资产的所有权，包括投资者投入企业的资本金及企业在经营过程中形成的积累，如盈余公积金、资本公积金和未分配利润等。资本金是企业在工商行政管理部门登记的注册资金，是企业设立时的启动资金，资本金的数额不能低于国家规定的开办此类企业的最低资本数额（法定资本金）。企业通过吸收直接投资、发行股票、内部积累等方式筹集的资金都称为权益资金。权益资金不用还本，故称自有资金或主权资金。

### 3.2.1 吸收直接投资

吸收直接投资是指非股份制企业按照"共同投资、共同经营、共担风险、共享利润"的原则直接吸收国家、法人、个人、外商投入资金的一种筹资方式。吸收直接投资不以股票为媒介，无须公开发行证券。吸收直接投资中的出资者都是企业的所有者，他们对企业拥有经营管理权，并按出资比例分享利润、承担损失。

### 1）吸收直接投资的出资方式

吸收直接投资中的投资者可采用现金、实物、无形资产等多种形式出资。主要出资方式如下：

（1）现金投资

现金投资是吸收直接投资中最重要的出资形式。企业有了现金，就可获取所需物资，就

可支付各种费用,具有最大的灵活性。因此,企业要争取投资者尽可能采用现金方式出资。

（2）实物投资

实物投资是指以房屋、建筑物、设备等固定资产和原材料、商品等流动资产所进行的投资。实物投资应符合以下条件:①适合企业生产经营、科研开发等的需要;②技术性能良好;③作价公平合理;④实物不能涉及抵押、担保、诉讼冻结。投资实物的作价除由出资各方协商确定外,也可聘请各方都同意的专业资产评估机构评估确定。

（3）无形资产投资

无形资产投资是指以商标权、专利权、非专利技术、知识产权及土地使用权等所进行的投资。企业在吸收无形资产投资时应持谨慎态度,避免吸收短期内会贬值的无形资产,避免吸收对本企业利益不大及不适宜的无形资产,还应注意符合法定比例,即吸收无形资产的出资额一般不能超过注册资本的20%（不包括土地使用权）,对于高新技术等特殊行业,经有关部门审批最高放宽至30%。

### 2）吸收直接投资的程序

企业吸收直接投资,一般要遵循以下程序:

（1）确定吸收直接投资所需的资金数量

企业新建或扩大经营规模时,应首先确定资金的总需要量及理想的资本结构,然后据以确定吸收直接投资所需的资金数量。

（2）寻求投资单位,商定投资数额和出资方式

吸收直接投资中的双方是双向选择的结果。受资单位要选择相宜的投资者,投资单位要选择收益理想或对自身发展有利的受资者。为此,要做好信息交流工作,企业既要广泛了解有关投资者的财力和意向,又要主动传递自身的经营状况和盈利能力,以利于在较多的投资者中寻求最好的合作者。投资单位确定后,双方便可进行具体的协商,确定投资数额和出资方式。落实现金出资计划及实物、无形资产的评估作价。

（3）签署投资协议

企业与投资者商定投资意向和具体条件后,便可签署投资协议,明确双方的权利和责任。

（4）执行投资协议

企业与投资者按协议约定,做好投资交接及有关手续,并在以后确保投资者参与经营管理的权利及盈利分配权利。

### 3）吸收直接投资的优缺点

（1）吸收直接投资的优点

①筹资方式简便、筹资速度快。吸收直接投资的双方直接接触磋商,没有中间环节。只要双方协商一致,筹资即可成功。

②有利于增强企业信誉。吸收直接投资所筹集的资金属于自有资金,与借入资金比较,能提高企业的信誉和借款能力。

③有利于尽快形成生产能力。吸收直接投资可直接获得现金、先进设备和先进技术,与

通过有价证券间接筹资比较,能尽快地形成生产能力,尽快开拓市场。

④有利于降低财务风险。吸收直接投资可根据企业的经营状况向投资者支付报酬,没有固定的财务负担,比较灵活,故财务风险较小。

(2)吸收直接投资的缺点

①资金成本较高。企业向投资者支付的报酬是根据企业实现的净利润和投资者的出资额计算的,不能减免企业所得税。当企业盈利丰厚时,企业向投资者支付的报酬很大。

②企业控制权分散。吸收直接投资的新投资者享有企业经营管理权,这会造成原有投资者控制权的分散与减弱。

### 3.2.2　发行股票

**1）股票的特征**

股票是股份公司为筹集主权资金而发行的有价证券。它是持股人拥有公司股份的凭证。它表示了持股人在股份公司中拥有的权利和应承担的义务。股票作为一种所有权凭证,代表着股东对发行公司净资产的所有权。本章仅介绍股票与筹资有关的内容,有关股票的其他内容将在证券投资部分介绍。股票具有以下4个特征:

(1)股票是有价证券

有价证券是某种权利的化身,股票的持有者是股份公司的股东,股东拥有以下权利:①对公司董事会选举有表决权;②有按其相应股份取得股息或红利权,对公司的剩余财产有请求权。

股东的上述权利与股票的持有不可分离,权利的大小与占有股份的多少密切相关。

(2)股票属要式证券

股票必须按法定形式记载重要事项:公司名称,设立登记或发行新股变更登记年月日,发行股数及每股金额,特别股票应载明特别事项。

(3)股票具有可转让性

上市股票能在市场进行交易,可随时转让,变现性强。

(4)股票持有者面临较大的风险

股票一经购买,不能退回本金,股票的收益也带有很大的不确定性,公司破产时要承担有限责任。

**2）股票的种类**

(1)按股东享有的权利不同,可分为普通股股票和优先股股票

普通股股票简称普通股,是公司发行的代表着股东享有平等的权利、义务,不加特别限制的,股利不固定的股票。普通股是最基本的股票,股份有限公司通常情况只发行普通股。

优先股股票简称优先股,是公司发行的相对于普通股具有一定优先权的股票。其优先权利主要表现在股利分配优先权和分取剩余财产优先权上。优先股股东在股东大会上无表决权,在参与公司经营管理上受到一定限制,仅对涉及优先股权利的问题有表决权。

（2）按票面有无记名，可分为记名股票和无记名股票

记名股票是在股票票面上记载有股东姓名或将名称记入公司股东名册的股票。无记名股票不登记股东名称，公司只记载股票数量、编号及发行日期。

我国《公司法》规定，公司向发起人、国家授权投资机构、法人发行的股票，为记名股票；向社会公众发行的股票，可以为记名股票，也可以为无记名股票。

（3）按发行对象和上市地点，可分为A股、B股、H股、N股和S股等

A股即人民币普通股票，由我国境内公司发行，境内上市交易，它以人民币标明面值，以人民币认购和交易。B股即人民币特种股票，由我国境内公司发行，境内上市交易，它以人民币标明面值，以外币认购和交易。H股是注册地在内地、上市在香港的股票，以此类推，在纽约和新加坡上市的股票，就分别称为N股和S股。

### 3）股份有限公司的设立、股票的发行与上市

（1）股份有限公司的设立

设立股份有限公司，应当有2人以上200人以下为发起人。其中，须有半数以上的发起人在中国境内有住所。股份有限公司的设立，可采取发起设立或者募集设立的方式。发起设立是指由发起人认购公司应发行的全部股份而设立公司；募集设立是指由发起人认购公司应发行股份的一部分，其余股份向社会公开募集或者向特定对象募集而设立公司。

以发起设立方式设立股份有限公司的，公司全体发起人的首次出资额不得低于注册资本的20%，其余部分由发起人自公司成立之日起2年内缴足（投资公司可在5年内缴足）。

以募集设立方式设立股份有限公司的，发起人认购的股份不得少于公司股份总数的35%；法律、行政法规另有规定的，从其规定。

股份有限公司的发起人应当承担下列责任：①公司不能成立时，发起人对设立行为所产生的债务和费用负连带责任；②公司不能成立时，发起人对认股人已缴纳的股款，负返还股款并加算银行同期存款利息的连带责任；③在公司设立过程中，由于发起人的过失致使公司利益受到损害的，应当对公司承担赔偿责任。

（2）股份有限公司首次发行股票的一般程序

①发起人认足股份、缴付股资。

发起方式设立的公司，发起人认购公司的全部股份；募集方式设立的公司，发起人认购的股份不得少于公司股份总数的35%。发起人可以用货币出资，也可以非货币资产作价出资。在发起设立方式下，发起人缴付全部股资后，应选举董事会、监事会，由董事会办理公司设立的登记事项；在募集设立方式下，发起人认足其应认购的股份并缴付股资后，其余部分向社会公开募集。

②提出公开募集股份的申请。

以募集方式设立的公司，发起人向社会公开募集股份时，必须向国务院证券监督管理部门递交募股申请，并报送批准设立公司的相关文件，包括公司章程、招股说明书等。

③公告招股说明书，签订承销协议。

公开募集股份申请经国家批准后，应公告招股说明书。招股说明书应包括公司的章程、发起人认购的股份数、本次每股票面价值和发行价格、募集资金的用途等。同时，与证券公

司等证券承销机构签订承销协议。

④招认股份，缴纳股款。

发行股票的公司或其承销机构一般用广告或书面通知的办法招募股份。认股者一旦填写了认股书，就要承担认股书中约定的缴纳股款义务。如果认股者的总股数超过发起人拟招募的总股数，可采取抽签的方式确定哪些认股者有权认股。认股者应在规定的期限内向代收股款的银行缴纳股款，同时交付认股书。股款认足后，发起人应委托法定的机构验资，出具验资证明。

⑤召开创立大会，选举董事会、监事会。

发行股份的股款募足后，发起人应在规定期限内（法定 30 天）主持召开创立大会。创立大会由发起人、认股人组成，应有代表股份总数半数以上的认股人出席方可举行。创立大会通过公司章程，选举董事会和监事会成员，并有权对公司的设立费用进行审核，对发起人用于抵作股款的财产作价进行审核。

⑥办理公司设立登记，交割股票。

经创立大会选举的董事会，应在创立大会结束后 30 天内，办理申请公司设立的登记事项。登记成立后，即向股东正式交付股票。

（3）股票上市交易

①股票上市的目的。

股票上市的目的是多方面的，主要包括：

a. 便于筹措新资金。证券市场是资本商品的买卖市场，证券市场上有众多的资金供应者。同时，股票上市经过了政府机构的审查批准并接受严格的管理，执行股票上市和信息披露的规定，容易吸引社会资本投资者。公司上市后，还可通过增发、配股、发行可转换债券等方式进行再融资。

b. 促进股权流通和转让。股票上市后便于投资者购买，提高了股权的流动性和股票的变现力，便于投资者认购和交易。

c. 促进股权分散化。上市公司拥有众多的股东，加之上市股票的流通性强，能够避免公司的股权集中，分散公司的控制权，有利于公司治理结构的完善。

d. 便于确定公司价值。股票上市后，公司股价有市价可循，便于确定公司的价值。对于上市公司来说，即时的股票交易行情，就是对公司价值的市场评价。同时，市场行情也能够为公司收购兼并等资本运作提供询价基础。

但股票上市也有对公司不利的一面，这主要有：上市成本较高，手续复杂严格；公司将负担较高的信息披露成本；信息公开的要求可能会暴露公司的商业机密；股价有时会歪曲公司的实际情况，影响公司声誉；可能会分散公司的控制权，造成管理上的困难。

②股票上市的条件。

公司公开发行的股票进入证券交易所交易，必须受严格的条件限制。我国《证券法》规定，股份有限公司申请股票上市，应当符合下列条件：

a. 股票经国务院证券监督管理机构核准已公开发行；

b. 公司股本总额不少于人民币 3 000 万元；

c. 公开发行的股份达到公司股份总数的 25% 以上；公司股本总额超过人民币 4 亿元的，公开发行股份的比例为 10% 以上；

d. 公司最近 3 年无重大违法行为，财务会计报告无虚假记载。

③股票上市的暂停、终止与特别处理。

当上市公司出现经营情况恶化、存在重大违法违规行为或其他原因导致不符合上市条件时，就可能被暂停或终止上市。

上市公司出现财务状况或其他状况异常的，其股票交易将被交易所"特别处理（ST：special Treatment）"。

"财务状异常"是指以下几种情况：

a. 最近两个会计年度的审计结果显示的净利润为负值；

b. 最近 1 个会计年度的审计结果显示其股东权益低于注册资本；

c. 最近 1 个会计年度经审计的股东权益扣除注册会计师和有关部门不予确认的部分后，低于注册资本；

d. 注册会计师对最近 1 个会计年度的财产报告出具无法表示意见或否定意见的审计报告；

e. 最近一份经审计的财务报告对上年度利润进行调整，导致连续两个会计年度亏损；

f. 经交易所或中国证监会认定为财务状况异常的。

"其他状况异常"是指自然灾害、重大事故等导致生产经营活动基本中止，公司涉及的可能赔偿金额超过公司净资产的诉讼等情况。

在上市公司的股票交易被实行特别处理期间，其股票交易遵循下列规则：

a. 股票报价日涨跌幅限制为 5% ；

b. 股票名称改为原股票名前加"ST"；

c. 上市公司的中期报告必须经过审计。

### 4）普通股筹资的优缺点

（1）普通股筹资的优点

①能增加股份公司的信誉。

普通股筹资能增加股份公司主权资金的比重，较多的主权资金为债务人提供了较大的偿债保障，这有助于增加公司的信誉，有助于增加公司的举债能力。

②能减少股份公司的风险。普通股既无到期日，又无固定的股利负担，因此不存在不能偿付的风险。

③能增强公司经营灵活性。普通股筹资比发行优先股或债券限制少，它的价值较少因通货膨胀而贬值，普通股资金的筹集和使用都较灵活。

（2）普通股筹资的缺点

①资金成本较高。发行普通股的资金成本一般高于债务资金，因为普通股股东期望报酬高，又因为股利要从税后净利润中支付，并且发行费用也高于其他证券。

②新股东的增加，导致分散和削弱原股东对公司控股权。

③稀释每股收益，降低股票价格。当公司增加股票发行时，新股东对公司已积累的盈余

具有分配权,这就会降低普通股的每股收益,从而可能引起普通股市价下跌。

#### 5）优先股筹资

优先股是股份公司发行的具有一定优先权的股票。它既具有普通股的某些特征,又与债券有相似之处。从法律上讲,企业对优先股不承担还本义务,因此,它是企业自有资金的一部分。

（1）优先股的特点

优先股的特点是较普通股有某些优先权利同时也有一定限制。其"优先"表现在:

①优先分配股利权。优先股股利的分配在普通股之前,其股利率是固定的。

②优先分配剩余财产权。当企业清算时,优先股的剩余财产请求权位于债权人之后,但位于普通股之前。

（2）优先股筹资的优缺点

①优先股筹资的优点。

a.没有固定的到期日,不用偿还本金。

b.股利支付率虽然固定,但无约定性。当公司财务状况不佳时,也可暂不支付,不像债券到期无力偿还本息有破产风险。

c.优先股属于自有资金,能增强公司信誉及借款能力,又能保持原普通股股东的控制权。

②优先股筹资的缺点。

a.资金成本高,优先股股利要从税后利润中支付,股利支付虽无约定性且可以延时,但终究是一种较重的财务负担。

b.优先股较普通股限制条款多。

### 3.2.3 留存收益

留存收益也是权益资金的一种,是指企业的盈余公积、未分配利润等。与其他权益资金相比,取得更为主动简便,它不需作筹资活动,又无筹资费用。因此,这种筹资方式既节约了成本,又增强了企业的信誉。留存收益的实质是投资者对企业的再投资。但是,这种筹资方式受制于企业盈利的多寡及企业的分配政策。

#### 1）留存收益的性质

从性质上看,企业通过合法有效地经营所实现的税后净利润,都属于企业的所有者。企业将本年度的利润部分甚至全部留存下来的原因很多,主要包括:

①收益的确认和计量是建立在权责发生制基础上的,企业有利润,但企业不一定有相应的现金净流量增加,因而企业不一定有足够的现金将利润全部或部分派给所有者。

②法律法规从保护债权人利益和要求企业可持续发展等角度出发,限制企业将利润全部分配出去。《公司法》规定,企业每年的税后利润,必须提取10%的法定盈余公积金。

③企业基于自身扩大再生产和筹资的需求,也会将一部分利润留存下来。

2）留存收益的筹资途径

（1）提取盈余公积金

盈余公积金是指有指定用途的留存净利润。盈余公积金是从当期企业净利润中提取的积累资金，其提取基数是本年度的净利润。盈余公积金主要用于企业未来的经营发展，经投资者审议后也可用于转增股本（实收资本）和弥补以前年度经营亏损，但不得用于以后年度的对外利润分配。

（2）未分配利润

未分配利润是指未限定用途的留存净利润。未分配利润有两层含义：

①这部分净利润本年没有分配给公司的股东投资者；

②这部分净利润未指定用途，可用于企业未来的经营发展、转增资本（实收资本）、弥补以前年度的经营亏损及以后年度的利润分配。

3）利用留存收益的筹资特点

（1）不用发生筹资费用

企业从外界筹集长期资本，与普通股筹资相比较，留存收益筹资不需要发生筹资费用，资本成本较低。

（2）维持公司的控制权分布

利用留存收益筹资，不用对外发行新股或吸收新投资者，由此增加的权益资本不会改变公司的股权结构，不会稀释原有股东的控制权。

（3）筹资数额有限

留存收益的最大数额是企业到期的净利润和以前年度未分配利润之和，不像外部筹资一次性可以筹集大量资金。如果企业发生亏损，那么，当年就没有利润留存。另外，股东和投资者从自身期望出发，往往希望企业每年发放一定的利润，保持一定的利润分配比例。

# 3.3  短期负债筹资

负债筹资是指通过负债筹集资金。负债是企业一项重要的资金来源，几乎没有一家企业是只靠自有资本，而不运用负债就能满足资金需要的。负债筹资是与普通股筹资性质不同的筹资方式。与普通股筹资相比，负债筹资的特点表现为：①筹集的资金具有使用上的时间性，需到期偿还；②不论企业经营好坏，需固定支付债务利息，从而形成企业固定的负担；③其资本成本一般比普通股筹资成本低，且不会分散投资者对企业的控制权。

按照所筹资金可使用时间的长短，负债筹资可分为长期负债筹资和短期负债筹资两类。

## 3.3.1  短期负债筹资的特点

短期负债筹资所筹资金的可使用时间较短，一般不超过 1 年。短期负债筹资具有以下特点：

1）筹资速度快，容易取得

长期负债的债权人为了保护自身利益，往往要对债务人进行全面的财务调查，筹资所需时间一般较长,且不易取得;而短期负债在较短时间内即可归还,故债权人顾虑较少,容易取得。

### 2）筹资富有弹性

通过长期负债筹资,债权人或有关方面经常会向债务人提出很多限定性条件或管理规定;而短期负债的限制则相对宽松,使筹资企业的资金使用较为灵活、富有弹性。

### 3）筹资成本较低

一般来讲,短期负债的利率低于长期负债,因此,短期负债筹资的成本也就较低。

### 4）筹资风险高

短期负债需在短期内偿还,因而要求筹资企业在短期内拿出足够的资金偿还债务,若企业届时资金安排不当,就会陷入财务危机。此外,短期负债利率的波动比较大,有时高于长期负债的利率水平也是可能的。

## 3.3.2　短期负债筹资的主要形式

短期负债筹资最主要的形式是短期借款和商业信用。

负债是企业所承担的能以货币计量、需以资产或劳务偿付的债务。企业通过银行借款、发行债券、融资租赁及商业信用等方式筹集的资金属于企业的负债。由于负债要归还本金和利息,故称企业的借入资金或债务资金。

### 1）短期借款

短期借款是指企业根据借款合同向银行或非银行金融机构借入的需要还本付息的款项。

（1）短期借款的种类

我国目前的短期借款按照目的和用途分为若干种,主要有生产周转借款、临时借款和结算借款等。按照国际通行做法,短期借款根据偿还方式的不同,可分为一次性偿还借款和分期偿还借款;根据利息支付方法的不同,可分为收款法借款、贴现法借款和加息法借款;根据有无担保,可分为抵押借款和信用借款,等等。

企业在申请借款时,应根据各种借款的条件和需要加以选择。

（2）短期借款的取得

企业举借短期借款,首先必须提出申请,经审查同意后借贷双方签订借款合同,注明借款的用途、金额、利率、期限、还款方式及违约责任等;然后根据借款合同办理借款手续;最后借款手续完毕,企业取得借款。

（3）短期借款的信用条件

按照国际通行做法,银行发放短期借款往往附带一些信用条件。主要有:

①信贷限额。

信贷限额是银行对借款人规定的无担保贷款的最高额。信贷限额的有效期限通常为一年,但根据情况也可延期 1 年。一般来讲,企业在批准的信贷限额内,可随时使用银行借款,但是,银行并不承担必须提供全部信贷限额的义务。如果企业信誉恶化,即使银行曾同意按信贷限额提供贷款,企业也可能得不到借款。在这种情况下,银行不会承担法律责任。

②周转信贷协定。

周转信贷协定是银行具有法律义务地承诺提供不超过某一最高限额的贷款协定。在协定有效期内,只要企业的借款总额未超过最高限额,银行就必须满足企业任何时候提出的借款要求。企业享用周转信贷协定,通常要就贷款限额的未使用部分付给银行一笔承诺费。

【例3.1】 某企业与银行商定的周转信贷额度为 2 000 万元,承诺费为 1%,该企业年度内实际借款额为 1 600 万元。

要求:计算该企业应向银行支付的承诺费。

**解**:应付承诺费 = (2 000 万元 – 1 600 万元) × 1% = 4 万元

③补偿性余额。

补偿性余额是指银行要求借款企业在银行中保留一定数额的存款余额。它为借款额的 10% ~ 20%。其目的是降低银行贷款风险,但对借款企业来说,加重了利息负担。

【例3.2】 某企业按年利率 9% 向银行借款 100 万元,补偿性余额比例 10%。

要求:计算企业实际借款利率。

**解**:企业实际借款利率 $= \dfrac{名义利率}{1 - 补偿性余额比率}$

$$= \frac{9\%}{1 - 10\%} = 10\%$$

④借款抵押。

银行向财务风险较大的企业或对其信誉难以把握的企业发放贷款,有时需要抵押品担保,以降低自己可能蒙受损失的风险。短期借款的抵押品经常是借款企业的应收账款、存货、股票、债券等。银行接受抵押品后,将根据抵押品的面值决定贷款金额,一般为抵押品面值的 30% ~ 90%。这一比例的高低取决于抵押品的变现能力和银行的风险偏好。抵押借款的成本通常高于非抵押借款,这是因为银行主要向信誉好的客户提供非抵押贷款,而将抵押贷款看成一种风险投资,所以要收取较高的利息。同时,由于银行管理抵押贷款要比管理非抵押贷款更难,因而往往要另收手续费。

对于企业来讲,向贷款人提供抵押品会限制其财产的使用和将来的借款能力。

⑤偿还条件。

贷款的偿还有到期一次偿还和在贷款期内定期(每月、季)等额偿还两种方式。一般来讲,企业不希望采用后一种偿还方式,因为它会提高借款的实际利率;而银行则不希望采用前一种偿还方式,因为它会加重企业的财务负担,增加企业的拒付风险,同时还会降低实际贷款利率。

⑥其他承诺。

银行有时会要求企业为取得贷款而作出其他承诺,如及时提供财务报表、保持适当的财务水平(如特定的流动比率)等。如企业违背所作出的承诺,银行则可要求企业立即偿还全部贷款。

(4)短期借款利率及其支付方法

短期借款的利率多种多样,利息支付方法也不相同,银行将根据借款企业的具体情况选用。

①借款利率。

借款利率一般包括：

a. 优惠利率。这是银行向财力雄厚、经营状况良好的企业贷款时收取的名义利率，为贷款利率的最低限。

b. 浮动优惠利率。这是一种随其他短期利率的变动而浮动的优惠利率，即随市场条件的变化而随时调整变化的利率。

c. 非优惠利率。这是银行贷款给一般企业时收取的高于优惠利率的利率。这种利率经常在优惠利率的基础上加一定的百分比。例如，银行按高于优惠利率1%的利率向某企业贷款，若当时的最优利率为8%，向该企业贷款收取的利率即为9%；若当时的最优利率为7.5%，则向该企业贷款收取的利率就为8.5%。非优惠利率与优惠利率之间差距的大小，由借款企业的信誉、与银行的往来关系及当时的信贷状况所决定。

②借款利息的支付方式。

a. 收款法。收款法是在借款到期时向银行支付利息的方法。银行向工商企业发放的贷款大都采用这种方法收息。

b. 贴现法。贴现法是银行向企业发放贷款时，先从本金中扣除利息部分，而到期时借款企业则要偿还贷款全部本金的一种计息方法。采用这种方法，企业可利用的贷款额只有本金减去利息部分后的差额，因此，贷款的实际利率高于名义利率，即

$$实际利率 = 利息 \div (贷款金额 - 利息) \times 100\%$$

【例3.3】 某企业从银行取得借款500万元，期限1年，名义年利率8%，利息40万元，按贴现法付息，该项贷款的实际利率为

$$贴现贷款实际利率 = \frac{40\ 万元}{500\ 万元 - 40\ 万元} \times 100\% = 8.69\%$$

c. 加息法。加息法是银行发放分期等额偿还贷款时采用的利息收取方法。在分期等额偿还贷款的情况下，银行要将根据名义利率计算的利息加到贷款本金上计算出贷款的本息和，要求企业在贷款期内分期偿还本息之和的金额。由于贷款分期均衡偿还，借款企业实际上只平均使用了贷款本金的半数，而却支付全额利息。这样，企业所负担的实际利率便高于名义利率的大约1倍。

【例3.4】 某企业借入年利率为10%的贷款120 000元，分12个月等额偿还本息。该项贷款的实际利率为

$$实际利率 = \frac{120\ 000 \times 10\%}{120\ 000 \div 2} \times 100\% = 20\%$$

（5）银行借款的优缺点

①银行借款的优点。

a. 筹资速度快。与发行证券相比，不需印刷证券、报请批准等，一般所需时间短，可较快地满足资金的需要。

b. 筹资的成本低。与发行债券相比，借款利率较低，并且不需支付发行费用。

c. 借款灵活性大。企业与银行可以直接接触，商谈借款金额、期限和利率等具体条款。

借款后如情况变化可再次协商。到期还款有困难,如能取得银行谅解,也可延期归还。

②银行借款的缺点。

a. 筹资数额往往不可能很多。

b. 银行会提出对企业不利的限制条款。

### 2) 商业信用

商业信用是指商品交易中的延期付款、预收货款或延期交货而形成的借贷关系。它是企业之间的直接信用行为。商业信用是商品交易中钱与货在时间上的分离。它的表现形式主要是先取货、后付款和先付款、后取货两种,是自然性融资。商业信用产生于银行信用之前,在银行信用出现以后,商业信用依然存在。企业之间商业信用的形式很多,主要有应付账款、应付票据、预收货款。

(1) 应付账款

应付账款即赊购商品形成的欠款,是一种典型的商业信用形式。应付账款是卖方向买方提供信用,允许买方收到商品后不立即付款,可延续一定时间。这样做既解决了买方暂时性的资金短缺困难,又便于卖方推销商品。

a. 利用应付账款进行短期筹资,主要应考虑信用条件和成本。企业在利用商业信用进行筹资时,必须对卖方提供的信用条件加以分析,将其中的现金折扣视为信用成本。如果付款时间超过了可取得现金折扣所规定期限时,这一成本就必然发生。放弃现金折扣的成本可计算为

$$放弃现金折扣成本 = \frac{现金折扣率 \times 360}{(1 - 现金折扣率) \times (信用期 - 折扣期)}$$

卖方在销售中推出信用期限的同时,往往会推出现金折扣条款。如(2/10,n/30)表示信用期为 30 天,允许买方在 30 天内免费占用资金;如买方在 10 天内付款,可以享有 2% 的现金折扣。这时,买方就面临一项应付账款决策——要不要提前在现金折扣期内付款。例如,A 企业向 B 企业购入一批原材料,价款总数为 100 万元,付款约定为(2/10,n/30)。以下分析 A 企业该如何决策:A 企业可以到第 30 天时付款 100 万元,也可以在第 10 天时付款 98 万元,放弃现金折扣,把 98 万元占用 20 天(30 - 10),就需支付"利息"2 万元,放弃现金折扣的成本率为

$$\frac{2\%}{1 - 2\%} \times \frac{360}{30 - 10} = 36.7\%$$

放弃现金折扣的成本是一种机会成本。它是买方该不该放弃现金折扣的决策依据。假定银行贷款利率为 10%,则 A 企业不应该放弃现金折扣,宁可向银行借钱在第 10 天付款 98 万元,享有现金折扣。因为借款 20 天的利息为

$$98 \text{ 万元} \times 10\% \times \frac{20}{360} = 0.54 \text{ 万元}$$

花 0.54 万元省下 2 万元是合算的。当放弃现金折扣成本率大于银行贷款利率时,不应放弃现金折扣。

公式表明,放弃现金折扣的成本与折扣百分比的大小、折扣期的长短同方向变化,与信

用期的长短呈反方向变化。可见,如果买方企业放弃折扣而获得信用,其代价是较高的。然而企业在放弃折扣的情况下,推迟付款的时间越长,其成本便会越小。例如,上例中企业延至 50 天付款,则成本为

$$\frac{2\%}{1-2\%} \times \frac{360}{50-10} = 18.4\%$$

b. 利用现金折扣的决策。在附有信用条件的情况下,由于获得不同信用要付出不同的代价,因而买方企业就要在不同条件的信用之间作出决策。一般来说,如果能以低于放弃折扣的隐含利息成本(实质是一种机会成本)的利率借入资金,便应在现金折扣期内用借入的资金支付货款,享受现金折扣。例如,与上例同期的银行短期借款年利率为 12%,则买方企业应利用更便宜的银行借款在折扣期内偿还应付账款;反之,企业应放弃折扣。

如果在折扣期内将应付账款用于短期投资,所得的投资收益高于放弃折扣的隐含利息成本,则应放弃折扣而去追求更高的收益。当然,即使企业放弃折扣优惠,也应将付款日推迟至信用期内的最后一天(如上例中的第 30 天),以减少放弃折扣的成本。

如果企业因缺乏资金而欲展延付款期(如上例中将付款日推迟到第 50 天),则需在降低了的放弃折扣成本与展延付款带来的损失之间作出选择。展延付款带来的损失主要是指因企业信誉恶化而对供应商乃至其他贷款人丧失信用,或日后须接受苛刻的信用条件。

如果面对两家以上提供不同信用条件的卖方,应通过衡量放弃折扣成本的大小,选择信用成本最小(或所获利益最大)的一家。例如,上例中另有一家供应商提出 1/20,n/30 的信用条件,其放弃折扣的成本为

$$\frac{1\%}{1-1\%} \times \frac{360}{30-20} = 36.4\%$$

与上例中 2/10,n/30 信用条件相比,后者的成本较低。如果买方企业估计拖延付款,那么就应选择第二家供应商。

（2）应付票据

应付票据是企业在对外经济往来中,对应付债务所开出的票据。应付票据主要是商业汇票。商业汇票根据承兑人的不同,可分为商业承兑汇票和银行承兑汇票。商业承兑汇票是由收款人开出,经付款人承兑,或由付款人开出并承兑的汇票;银行承兑汇票是由收款人或承兑申请人开出,由银行审查同意承兑的汇票。商业承兑汇票由付款人承兑,若到期时付款人银行存款账户余额不足支付票款,银行不承担付款责任,只负责将汇票退还收款人,由收款人与付款人自行协商处理;银行承兑汇票由承兑银行承兑,若到期时承兑申请人存款余额不足支付票款,承兑银行应向收款人或贴现银行无条件支付票款,同时对承兑申请人执行扣款,并对未扣回的承兑金额按每天万分之五计收罚息。商业汇票是一种期票,最长期限 6个月,对于买方(即付款人)来说,它是一种短期融资方式。对于卖方(即收款人)来说,也可能产生一种融资行为,就是票据贴现。票据贴现是指持票人把未到期的商业票据转让给银行,贴付一定的利息以取得银行资金的一种借贷行为。它是一种以票据为担保的贷款,是一种银行信用。

（3）预收货款

预收货款是指卖方按照合同或协议的规定,在发出商品之前向买方预收的部分或全部

货款的信用行为。它等于卖方向买方先借一笔款项,再用商品偿还。这种情况中的商品往往是紧俏的,买方乐意预付货款而取得期货,卖方由此筹集到资金。但应防止卖方企业乘机乱收预收货款,不合理地占用其他企业资金。

商业信用筹资的特点:商业信用融资有简单方便、无实际成本、约束和限制少等优点,最大的优越性在于容易取得。首先,对于多数企业来说,商业信用是一种持续性的信贷形式,且无须正式办理筹资手续;其次,如果没有现金折扣或使用不带息票据,则商业信用筹资不负担成本。其缺陷在于期限较短,在放弃现金折扣时的机会成本较高。

## 3.4 长期负债筹资

### 3.4.1 长期负债筹资的特点

长期负债是指期限超过 1 年的负债。筹措长期负债资金,可解决企业长期资金不足的问题,如满足长期性固定资产的需要。另外,由于长期负债的归还期长,债务人可对债务的归还作长期安排,还债压力或风险相对较小。但长期负债筹资一般成本较高,即长期负债的利率一般会高于短期负债利率;负债的限制较多,即债权人经常会向债务人提出一些限制性的条件,以保证其能够及时、足额收回债务本金和利息,从而形成对债务人的种种约束。

### 3.4.2 长期借款筹资

#### 1)长期借款的含义和种类

长期借款是企业向银行等金融机构取得的期限在 1 年以上的借款。它是企业生产经营资金的重要来源,尤其是企业长期资产的重要资金来源。

长期借款按照提供机构,可分为政策性银行贷款、商业性银行贷款和其他金融机构贷款;按照有无抵押,可分为抵押贷款和信用贷款;按照用途,可分为固定资产投资借款、更新改造借款、科技开发和新产品试制借款等。

#### 2)长期借款的保护性条款

银行为了降低贷款风险,在提供贷款的同时往往会提出一些保护性条款。

主要包括以下内容:

①企业须持有一定的现金及其他流动资产,以保持资产的流动性及偿债能力。

②限制支付现金股利和再购入股票,以限制现金外流。

③限制资本性支出的规模,以降低企业日后不得不变卖固定资产以偿还贷款的可能性。

④限制其他长期债务,以防止其他债权人取得对企业资产的优先求偿权。

⑤不准在正常情况下出售较多资产,以保持企业正常的生产经营能力。

⑥不准以任何资产作为其他承诺的担保或抵押,以避免企业有过重的负担。

⑦不准贴现应收票据或出售应收账款,以避免或有负债。

⑧限制租赁固定资产规模,防止企业因承担巨额租金而削弱其偿债能力。

### 3）长期借款筹资的优缺点

（1）长期借款筹资的优点

长期借款筹资的优点主要包括：筹资速度快、弹性好、借款成本低以及可带来财务杠杆利益等。与发行股票、债券相比，以长期借款方式筹集资金的速度较快。在借款时和借款后，企业能就借款金额、偿还时间等方面面对面地与银行协商，筹资弹性好。长期借款利率一般低于债券利率，与股息相比，利息在税前支付，具有抵税作用，筹资费用少，资本成本低。在企业经营状况良好时，借入资金利息率通常会低于企业全部资本报酬率，可以提高自有资金收益水平，增加股东财富。

（2）长期借款筹资的缺点

长期借款筹资的缺点主要有财务风险大、限制性条件多等。长期借款加大了企业负债比重，固定利息和到期的本金支付将加大企业的财务压力和财务风险。长期借款取得时的保护性条款在降低银行风险的同时，使企业在筹资和投资方面受到了极大的限制，降低了企业生产经营的灵活性，影响了企业未来的资金运作。

## 3.4.3  发行债券

债券是企业依照法定程序发行的、承诺按一定利率定期支付利息，并到期偿还本金的有价证券。它是持券人拥有公司债权的凭证。

### 1）债券的种类

（1）按发行主体分类

按发行主体，可分为政府债券、金融债券和企业债券。

①政府债券是由中央政府或地方政府发行的债券。政府债券风险小、流动性强。

②金融债券是银行或其他金融机构发行的债券。金融债券风险不大、流动性较强、利率较高。

③企业债券是由各类企业发行的债券。企业债券风险较大、利率较高、流动性差别较大。

（2）按有无抵押担保分类

按有无抵押担保，可分为信用债券、抵押债券和担保债券。

①信用债券又称无抵押担保债券，是以债券发行者自身的信誉发行的债券。政府债券属于信用债券，信誉良好的企业也可发行信用债券。企业发行信用债券往往有一些限制条件，如不准企业将其财产抵押给其他债权人，不能随意增发企业债券，未清偿债券之前股利不能分得过多等。

②抵押债券是指以一定抵押品作抵押而发行的债券。当企业不能偿还债券时，债权人可将抵押品拍卖以获取债券本息。

③担保债券是指由一定保证人作担保而发行的债券。当企业没有足够资金偿还债券时，债权人可以要求保证人偿还。

（3）按偿还期限分类

按偿还期限，可分为短期债券和长期债券。

①短期债券是指偿还期在 1 年以内的债券。

②长期债券是指偿还期在 1 年以上的债券。

（4）按是否记名分类

按是否记名，可分为记名债券和无记名债券。

①记名债券是券面上和公司债券存根簿上记有持券人的姓名或名称及住所的债券。公司只对记名人偿还本金，持券人凭印鉴支取利息。债券转让要以背书形式或法律法规规定的其他方式进行，并由公司变更存根簿的债券持有人姓名或名称及住所。

②无记名债券是券面上和公司债券存根簿上不记有债券持有人姓名或名称及住所的债券。债券持有人凭债券领取利息、收取本金。无记名债券的转让无须办理过户手续，比较自由、方便。

（5）按计息标准分类

按计息标准，可分为固定利率债券和浮动利率债券。按照利率在发行期内是否可以调整，债券可分为固定利率债券和浮动利率债券。固定利率债券的利率在发行时即已确定并载于债券券面，即使市场利率发生了变化也不予调整；浮动利率债券是利率水平在发行债券之初不固定，在发行期内随某一基准利率（如银行存款利率、政府债券利率）的变动方向进行调整的债券。

（6）一次偿还债券和分期偿还债券

按照债券本金的偿还方式，可将其分为一次偿还债券和分期偿还债券。分期偿还债券可以减轻发行企业偿还债务的压力，降低债权人的风险。

（7）按是否可转换成普通股分类

按照债券能否转换为普通股票，可将其分为可转换债券和不可转换债券。可转换债券是指在规定的时间内，可将其按照一定的价格和比率转换成普通股票的债券。与之相反，不能转换为普通股票的债券为不可转换债券。

2）债券的发行

国有企业、股份公司、责任有限公司只要具备发行债券的条件，都可以依法申请发行债券。

（1）发行方式

债券的发行方式有委托发行和自行发行。委托发行是指企业委托银行或其他金融机构承销全部债券，并按总面额的一定比例支付手续费；自行发行是指债券发行企业不经过金融机构直接把债券配售给投资单位或个人。

（2）发行债券的要素

①债券的面值。债券面值包括两个基本内容：币种和票面金额。币种可以是本国货币，也可以是外国货币，这取决于债券发行的地区及对象。票面金额是债券到期时偿还本金的金额。票面金额印在债券上，固定不变，到期必须足额偿还。

②债券的期限。债券从发行之日起至到期日之间的时间，称为债券的期限。

③债券的利率。债券上一般都注明年利率,利率有固定的,也有浮动的。面值与利率相乘即为年利息。

④偿还方式。债券的偿还方式有分期付息、到期还本和到期一次还本付息两种。

⑤发行价格。债券的发行价格有以下 3 种:a. 按债券面值等价发行,等价发行又称面值发行;b. 按低于债券面值折价发行;c. 按高于债券面值溢价发行。

债券之所以会偏离面值发行,是因为债券票面利率与金融市场平均利率不一致。如果债券利率大于市场利率,则由于未来利息多计,导致债券内在价值大而应采用溢价发行。如果债券利率小于市场利率,则由于未来利息少计,导致债券内在价值小而应采用折价发行。这是基于债券发行价格应该与它的价值贴近。债券溢价、折价可依据资金时间价值原理算出的内在价值确定。

若每年末支付利息,到期支付面值的债券发行价格计算公式为

一次还本,分期付息的债券

$$P = F \times i \times (P/A, k, n) + F \times (P/F, k, n)$$

式中,$P$ 为债券发行价格;$F$ 为债券面值;$i$ 为债券的票面利率;$k$ 为债券发行时的市场利率;$n$ 为债券期限。

**【例 3.5】** 某企业发行债券筹资,面值 500 元,期限 5 年,发行时市场利率 10%,每年年末付息,到期还本。

要求:分别按票面利率为 8%,10%,12% 计算债券的发行价格。

**解:**若票面利率为 8%,则

发行价格 = 500 元 × 8% × (P/A,10%,5) + 500 元 × (P/F,10%,5)

    = 40 元 × 3.790 8 + 500 元 × 0.620 9 = 462.08 元

若票面利率为 10%,则

发行价格 = 500 元 × 10% × (P/A,10%,5) + 500 元 × (P/F,10%,5)

    = 50 元 × 3.790 8 + 500 元 × 0.620 9 = 500 元

若票面利率为 12%,则

发行价格 = 500 元 × 12% × (P/A,10%,5) + 500 元 × (P/F,10%,5)

    = 60 元 × 3.790 8 + 500 元 × 0.620 9 = 537.90 元

从上例结果可见,上述 3 种情况分别以折价、等价、溢价发行。此类问题的市场利率是复利年利率。当债券以单利计息、到期一次还本付息时,即使票面利率与市场利率相等,也不应是面值发行。

**【例 3.6】** 依【例 3.5】资料,改成单利计息,到期一次还本付息,其余不变。

**解:**若票面利率为 8%,则

发行价格 = 500 元 × (1 + 5 × 8%) × (P/F,10%,5)

    = 700 元 × 0.620 9 = 434.63 元

若票面利率为 10%,则

发行价格 = 500 元 × (1 + 5 × 10%) × (P/F,10%,5)

    = 750 元 × 0.620 9 = 465.68 元

若票面利率为 12% ,则

$$发行价格 = 500 元 \times (1 + 5 \times 12\%) \times (P/F, 10\%, 5)$$
$$= 800 元 \times 0.620\ 9 = 496.72 元$$

**3）债券筹资的优缺点**

（1）债券筹资的优点

①债券利息作为财务费用在税前列支,而股票的股利需由税后利润发放,利用债券筹资的资金成本较低。

②债券持有人无权干涉企业的经营管理,因而不会减弱原有股东对企业的控制权。

③债券利率在发行时就确定,如遇通货膨胀,则实际减轻了企业负担;如企业盈利情况好,由财务杠杆作用导致原有投资者获取更大的得益。

（2）债券筹资的缺点

①筹资风险高。债券筹资有固定到期日,要承担还本付息义务。当企业经营不善时,会减少原有投资者的股利收入,甚至会因不能偿还债务而导致企业破产。

②限制条件多。债券持有人为保障债权的安全,往往要在债券合同中签订保护条款,这对企业造成较多约束,影响企业财务灵活性。

③筹资数量有限。债券筹资的数量比银行借款一般多,但它筹集的毕竟是债务资金,不可能太多,否则会影响企业信誉,也会因资金结构变差而导致总体资金成本的提高。

## 3.4.4　融资租赁

租赁是承租人向出租人交付租金,出租人在契约或合同规定的期限内将资产的使用权让渡给承租人的一种经济行为。

**1）租赁的种类**

租赁的种类很多,按租赁的性质可分为经营性租赁和融资性租赁两大类。

（1）经营性租赁

经营性租赁又称服务性租赁,是由承租人向出租人交付租金。它由出租人向承租人提供资产使用及相关的服务,并在租赁期满时由承租人把资产归还给出租人的租赁。经营性租赁通常为短期租赁,其特点是:

①资产所有权属于出租人,承租人仅为获取资产使用权,不是为了融资。

②经营租赁是一个可解约的租赁,承租企业在租期内可按规定提出解除租赁合同。

③租赁期短,一般只是租赁物使用寿命期的小部分。

④出租企业向承租企业提供资产维修、保养及人员培训等服务。

⑤租赁期满或合同中止时,租赁资产一般归还给出租企业。

（2）融资性租赁

融资性租赁又称财务租赁、资本租赁,是承租人为融通资金而向出租人租用由出租人出资按承租人要求购买的租赁物的租赁。它是以融物为形式、融资为实质的经济行为,是出租人为承租人提供信贷的信用业务。融资性租赁通常为长期租赁。其特点是:

①资产所有权形式上属于出租方，但承租方能实质性地控制该项资产，并有权在承租期内取得该项资产的所有权。承租方应把融资租入资产作自有资产对待，如要在资产账户上作记录、要计提折旧。

②融资租赁是一种不可解约的租赁，租赁合同比较稳定，在租赁期内，承租人必须连续交纳租金，非经双方同意，中途不得退租。这样既能保证承租人长期使用该项资产，又能保证出租人收回投资并有所得益。

③租赁期长，租赁期一般是租赁资产使用寿命期的绝大部分。

④出租方一般不提供维修、保养方面的服务。

⑤租赁期满，承租人可选择留购、续租或退还，通常由承租人留购。

### 2）融资租赁的形式

融资租赁有以下3种形式：

（1）直接租赁

直接租赁是指承租人直接向出租人租入所需要的资产。直接租赁的出租人主要是制造厂商、租赁公司。直接租赁是融资租赁中最为普遍的一种，是融资租赁的典型形式。

（2）售后回租

售后回租是指承租人首先把其拥有主权的资产出售给出租人，然后再将该项资产租回的租赁。这种租赁方式既使承租人通过出售资产获得一笔资金，以改善其财务状况，满足企业对资金的需要，又使承租人通过回租而保留了企业对该项资产的使用权。

（3）杠杆租赁

杠杆租赁是由资金出借人为出租人提供部分购买资产的资金，再由出租人购入资产租给承租人的方式。因此，杠杆租赁涉及出租人、承租人和资金出借人三方。从承租人的角度来看，它与其他融资租赁形式并无多大区别。从出租人的角度来看，它只支付购买资产的部分资金（20%～40%），其余部分（60%～80%）是向资金出借人借来的。在杠杆租赁方式下，出租人具有三重身份，即资产所有权人、出租人、债务人。出租人既向承租人收取租金，又向借款人偿还本息，其间的差额就是出租人的杠杆收益。从资金出借人的角度来看，它向出租人借出资金是由出租人以租赁物为抵押的，它的债权对出租人没有追索权，但对租赁物有第一留置权。即当承租人不履行支付租金义务时，资金出借人不能向出租人追索债务，但可向法院申请执行其担保物权。该项租赁物被清偿的所得，首先用以清偿资金出借人的债务，如有剩余再给出租人。

### 3）融资租赁的程序

（1）作出租赁决策

当企业需要长期使用某项设备而又没有购买该项设备所需资金时，一般有两种选择：一是筹措资金购买该项设备；二是融资租入该项设备。孰优孰劣，可通过现金流量的分析计算作出合适的抉择。

（2）选择租赁公司

当企业决定采用融资租赁方式取得某项设备时，即应开始选择租赁公司。从融资条件、租赁费率等有关资料比较,择优选定。

(3)办理租赁委托

当企业选定租赁公司后,便可向其提出申请,办理委托。这种委托包括填写"租赁申请书"及提供财务状况的文件资料。

(4)签订购货协议

租赁公司受理租赁委托后,即由租赁公司与承租企业的一方或双方选择设备的制造商或销售商,与其进行技术与商务谈判,签订购货协议。

(5)签订租赁合同

租赁合同由承租企业与租赁公司签订。租赁合同用以明确双方的权利与义务。它是租赁业务的最重要的文件,具有法律效力。融资租赁合同的内容包括一般条款和特殊条款两部分。

(6)办理验货及投保

承租企业收到租赁设备,要进行验收。验收合格后,签发租赁设备收据及验收合格证,并提交租赁公司,租赁公司据以向制造商或销售商付款。同时,承租企业向保险公司办理投保事宜。

(7)交付租金

承租企业在租赁期内按合同规定的租金数额、交付日期、交付方式,向租赁公司交付租金。

(8)租赁期满的设备处理

融资租赁合同期满,承租企业可按合同规定对租赁设备留购、续租或退还。一般来说,租赁公司会把租赁设备在期满时以低价甚至无偿转给承租企业。

### 4)融资租赁租金的计算

融资租赁租金是承租企业支付给租赁公司让渡租赁设备的使用权或价值的代价。租金的数额大小、支付方式对承租企业的财务状况有直接的影响,也是租赁决策的重要依据。

(1)租金的构成

①租赁资产的价款。包括设备的买价、运杂费及途中保险费等。

②利息。即租赁公司所垫资金的应计利息。

③租赁手续费。包括租赁公司承办租赁业务的营业费用及应得到的利润。租赁手续费的高低由租赁公司与承租企业协商确定,一般以租赁资产价款的某一百分比收取。

(2)租金的支付方式

①按支付时期长短,可分为年付、半年付、季付、月付。

②按每期支付租金的时间,可分为先付租金和后付租金。先付租金是指在期初支付;后付租金是指在期末支付。

③按每期支付金额,可分为等额支付和不等额支付。

(3)租金的计算方法

融资租赁租金计算方法较多。常用的有平均分摊法和等额年金法。

①平均分摊法。平均分摊法是指首先以商定的利息率和手续费率计算出租赁期间的利

息和手续费,然后连同租赁设备的购置成本的应该摊销总额按租金支付次数平均计算出每次应付租金的数额的方法。

平均分摊法下,每次应付租金数额的计算公式为

$$R = \frac{(C - S) + I + F}{N}$$

式中,$R$ 为每次应付租金数额;$C$ 为租赁设备的购置成本;$S$ 为期满时由租入方留购,支付给出租方的转让价;$I$ 为租赁期间利息;$F$ 为租赁期间手续费;$N$ 为租赁期间租金支付次数。

【例3.7】 某企业向租赁公司租入一套设备,设备原价100万元,租期5年,预计租赁期满租入企业支付的转让价为5万元。年利率为10%,手续费为设备原价的2%,租金每年末支付一次。

要求:计算该企业每年应付租金的数额。

解:$R = \dfrac{(100\ \text{万元} - 5\ \text{万元}) + [100\ \text{万元} \times (1 + 10\%)^5 - 100\ \text{万元}] + 100\ \text{万元} \times 2\%}{5}$

$= 31.61\ \text{万元}$

②等额年金法。等额年金法是运用年金现值的计算原理计算每次应付租金的方法。在这种方法下,要将利息率和手续费率综合在一起确定一个租费率,作为贴现率。这种方法与平均分摊法比,计算是复杂了,但因为考虑了资金的时间价值,结论更具客观性。

等额年金法下,每次应付租金数额的计算公式为

$$R = \frac{C - S \cdot (P/F, i, n)}{(P/A, i, n)}$$

式中,$R$ 为每次应付租金数额;$C$ 为租赁设备的购置成本;$S$ 为期满时由租入方留购,支付给出租方的转让价;$I$ 为租费率;$N$ 为租赁期间租金支付次数。

关于这一公式的正确使用应注意以下3点:

a.这一公式假定每期租金是期末支付的,即租金是普通年金。假如每期租金是期初支付的,即租金是即付年金,则计算公式为

$$R = \frac{C - S \cdot (P/F, i, n)}{(P/A, i, n - 1) + 1}$$

b.公式中的 $I$ 是租费率,它是综合了资金利息率和租赁手续费率后由租赁双方认可的,它比纯粹的借款利率要大些。当租赁手续费是租赁开始一次付清的,也即各期租金不含手续费时,租费率与租金利息率相同。

c.公式中分子、分母的 $I$ 是同一的,都是租费率,否则会造成租赁期结束时账面余额与预计残值不一致。

【例3.8】 仍用【例3.7】的资料。

要求:分别对以下两种情况用等额年金法计算该企业每年应付租金额。

①租费率为12%,租金在每年年末支付。

②租费率为12%,租金在每年年初支付。

解:设两种情况的每年应付租金额分别为 $R_1, R_2$,则

$$R_1 = \frac{100\ \text{万元} - 5\ \text{万元} \times (P/F, 12\%, 5)}{(P/A, 12\%, 5)}$$

$$= \frac{100\ \text{万元} - 5\ \text{万元} \times 0.5674}{3.6048} \approx 26.95\ \text{万元}$$

$$R_2 = \frac{100\ 万元 - 5\ 万元 \times (P/F, 12\%, 5)}{(P/A, 12\%, 4) + 1}$$

$$= \frac{100\ 万元 - 5\ 万元 \times 0.567\ 4}{3.037\ 3 + 1} \approx 24.07\ 万元$$

**5)融资租赁的优缺点**

（1）融资租赁的优点

①融资租赁的实质是融资。当企业资金不足,举债购买设备困难时,更显示其"借鸡生蛋,以蛋还鸡"办法的优势。

②融资租赁的资金使用期限与设备寿命周期接近,比一般借款期限要长,使承租企业偿债压力较小;在租赁期内租赁公司一般不得收回出租设备,使用有保障。

③融资与融物的结合,减少了承租企业直接购买设备的中间环节和费用,有助于迅速形成生产能力。

（2）融资租赁的缺点

①资金成本高。融资租赁的租金比举债利息高,因此,总的财务负担重。

②不一定能享有设备残值。

## 3.5 资本成本和资本结构

### 3.5.1 资本成本的概念

企业从事生产经营活动必须要用资金,在市场经济条件下又不可能无偿使用资金。因此,企业除了必须节约使用资金外,还必须分析、把握各种来源的资金的使用代价。

资本成本又称资金成本,是企业为筹集和使用长期资金而付出的代价。资本成本包括资金筹集费和资金占用费两部分。

**1）资金筹集费**

资金筹集费是指企业为筹集资金而付出的代价。如向银行支付的借款手续费,向证券承销商支付的发行股票、债券的发行费等。筹资费用通常是在筹措资金时一次支付的,在用资过程中不再发生,可视为筹资总额的一项扣除。

**2）资金占用费**

资金占用费主要包括资金时间价值和投资者要考虑的投资风险报酬两部分,如向银行借款所支付的利息,发放股票的股利等。资金占用费与筹资金额的大小、资金占用时间的长短有直接联系。

资本成本是在商品经济条件下,资金所有权与资金使用权分离的产物。资本成本是资金使用者对资金所有者转让资金使用权利的价值补偿,有时也以下思维方式考虑问题:投资者的期望报酬就是受资者的资本成本。

资本成本与资金时间价值既有联系,又有区别。联系在于两者考查的对象都是资金。区别在于资本成本既包括资金时间价值,又包括投资风险价值。

资本成本是企业选择筹资来源和方式,拟订筹资方案的依据,也是评价投资项目可行性的衡量标准。

资本成本可用绝对数表示,也可用相对数表示。资本成本用绝对数表示,即资本总成本,是筹资费用和用资费用之和。由于它不能反映用资多少,故较少使用。资本成本用相对数表示,即资本成本率,是资金占用费与筹资净额的比率,一般资本成本多指资本成本率。其计算公式为

$$资本成本率 = \frac{资金占用费}{筹资总额 - 资金筹集费}$$

由于资金筹集费一般以筹资总额的某一百分比计算。因此,上述计算公式也可表现为

$$资本成本率 = \frac{资金占用费}{筹资总额 \times (1 - 筹资费率)}$$

企业以不同方式筹集的资金所付出的代价一般是不同的。企业总的资本成本是由各项个别资本成本及资金比重所决定的。因此,对资本成本的计算必须从个别资本成本开始。

### 3)资本成本的作用

资本成本对于企业筹资及投资具有重要意义。

(1)资本成本是比较筹资方式、选择追加筹资方案的依据

这表现在:

①个别资本成本是比较各种筹资方式的重要标准。企业可根据不同的长期资金来源的资本成本的高低,从中选择成本较低的筹资方式。

②综合资本成本是企业进行资本结构决策的基本依据。企业的长期资金往往构成多种方式的筹资组合,在选择最佳筹资组合并决定企业资本结构时,最低的综合资本成本将成为决策的基本依据。

③边际资本成本是企业追加筹资时的依据。通过对边际资本成本的计算,从而确定追加筹资的具体操作方案。

(2)资本成本是评价投资项目、比较投资方案和追加投资决策的主要经济标准

通常,项目的投资报酬率只有大于其资本成本,才是经济合理的,否则投资项目就不可行。这表明,资本成本是项目投资的最低收益率,也是判断项目可行性的取舍标准。

(3)资本成本还可作为评价企业经营成果的依据

资本成本作为投资者的收益,需要通过对资本使用者所获收益的分割来实现。如果资本使用者不能满足投资者的收益要求,资本将退出原资本使用者的经营领域而重新寻找新的资本使用者。因此,资本成本在一定程度上就成为判断企业经营业绩的重要依据。企业的资本收益率大于资本成本时,表明企业经营状况良好,否则将被认为是经营不善。

## 3.5.2　个别资本成本

个别资本成本是指各种筹资方式所筹资金的成本。它主要包括银行借款成本、债券成本、优先股成本、普通股成本及留存收益成本。

### 1)银行借款资本成本

银行借款资本成本的计算公式为

$$K_1 = \frac{I_1(1-t)}{P_1(1-f_1)} = \frac{i_1(1-t)}{1-f_1}$$

式中,$K_1$ 为银行借款资本成本;$I_1$ 为银行借款年利息;$P_1$ 为银行借款筹资总额;$t$ 为所得税税率;$f_1$ 为银行借款筹资费率。

银行借款资本成本包括借款利息和借款手续费用。利息费用税前支付,可起抵税作用,这个在上述公式的分子中予以了充分表达。

**【例 3.9】** 某企业取得 2 年期借款 200 万元,年利率为 8%,每年付息一次,到期一次还本,假定筹资费用为 12 000 元,企业所得税税率为 25%。该项借款的资本成本率为

**解:** 借款的资本成本率 $K_1 = \dfrac{200\ 万元 \times 8\% \times (1-25\%)}{200\ 万元 - 1.2\ 万元} = 6.04\%$

**2)债券资本成本**

债券资本成本包括债券利息和筹资费用。债券利息的处理与长期借款利息的处理相同,应以税后的债务成本为计算依据。债券成本与借款成本的主要差别在于:

①债券的筹资费用较高,不可能忽略不计。

②债券的发行价格与其面值可能存在差异,从而在计算其筹资总额时要按发行价格标准计算。

债券资本成本的计算公式为

$$K_2 = \frac{I_2(1-t)}{P_2(1-f_2)} = \frac{B \cdot i_2(1-t)}{P_2(1-f_2)}$$

式中,$K_2$ 为债券资本成本;$I_2$ 为债券年利息;$P_2$ 为债券筹资总额;$t$ 为所得税税率;$f_2$ 为债券筹资费率;$B$ 为债券面值总额;$i_2$ 为债券年利息率。

**【例 3.10】** 某企业发行债券 1 000 万元,筹资费率为 2%,债券利息率为 10%,所得税率为 25%。

要求:计算该债券资本成本率。

**解:** 债券资本成本率 $K_2 = \dfrac{10\% \times (1-25\%)}{1-2\%} \approx 7.65\%$

**【例 3.11】** 某企业发行债券 1 000 万元,面额 1 000 元,按溢价 1 050 元发行,票面利率为 10%,所得税率为 25%,发行筹资费率为 1%。

要求:计算该债券资本成本率。

**解:** 债券资本成本率 $K_2 = \dfrac{1\ 000\ 元 \times 10\% \times (1-25\%)}{1\ 050\ 元 \times (1-1\%)} \approx 7.22\%$

**3)优先股资本成本**

公司发行优先股需要支付发行费用,且优先股的股息通常是固定的,均从税后利润中支付,不存在抵税作用。优先股资本成本的计算公式为

$$K_3 = \frac{D}{P_3(1-f_3)}$$

式中,$K_3$ 为优先股资本成本;$D$ 为优先股年股利额;$P_3$ 为优先股筹资总额;$f_3$ 为优先股筹资费率。

**【例 3.12】** 某公司发行优先股,每股 10 元,年支付股利 1 元,发行费率为 3%。

要求:计算该优先股资本成本率。

解:优先股资本成本率 $K_3 = \dfrac{1\ 元}{10\ 元 \times (1 - 3\%)} \approx 10.31\%$

### 4) 普通股资本成本

普通股成本的计算最为复杂。从理论上,公司普通股成本是股东的投资期望收益率。因此,各种实际计算方法都将以此作为计算的依据。

股利增长模型法。假定资本市场有效,股票市场价格与价值相等。

普通股资本成本的计算公式为

$$K_4 = \frac{D_0(1 + g)}{P_4(1 - f_4)} + g = \frac{D_1}{P_4(1 - f_4)} + g$$

式中,$K_4$ 为普通股资本成本;$D_0$ 为股票本期支付的股利;$D_1$ 为预期第 1 年普通股股利;$P_4$ 为普通股筹资总额;$f_4$ 为普通股筹资费率;$g$ 为普通股年股利增长率。

**【例 3.13】** 某公司发行普通股,每股面值 10 元,溢价 12 元发行,筹资费率为 4%,第一年末预计股利率为 10%,以后每年增长 2%。

要求:计算该普通股资本成本率。

解:普通股资本成本率 $K_4 = \dfrac{10\ 元 \times 10\%}{12\ 元 \times (1 - 4\%)} + 2\% \approx 10.68\%$

### 5) 留存收益资本成本

一般企业都不会把盈利以股利形式全部分给股东,并且在宏观政策上也不允许这样做,因此,企业只要有盈利,总会有留存收益。留存收益是企业的可用资金,它属于普通股股东所有,其实质是普通股股东对企业的追加投资。留存收益资本成本可参照市场利率,也可参照机会成本,更多的是参照普通股股东的期望收益,即普通股资本成本,但它不会发生筹资费用。其计算公式为

$$K_5 = \frac{D_1}{P_4} + g$$

式中,$K_5$ 为留存收益资本成本,其余同普通股。

**【例 3.14】** 某公司留用利润 50 万元,其余条件与[例 3.13]相同。

要求:计算该留存收益资本成本率。

解:留存收益资本成本率 $K_5 = \dfrac{10\ 万元 \times 10\%}{12\ 万元} + 2\% \approx 10.33\%$

### 3.5.3 综合资本成本

在实际工作中,企业筹措资金往往同时采用几种不同的方式。综合资本成本就是指一个企业各种不同筹资方式总的平均资本成本。它是以各种资本所占的比重为权数,对各种资本成本进行加权平均计算出来的,故称加权平均资本成本。其计算公式为

$$K = \sum_{j=1}^{n} K_j W_j$$

式中,$K$ 为综合资本成本(加权平均资本成本);$K_j$ 为第 $j$ 种资金的资本成本;$W_j$ 为第 $j$ 种资金占全部资金的比重。

【例 3.15】 某企业共有资金 1 000 万元,其中银行借款占 50 万元,长期债券占 250 万元,普通股占 500 万元,优先股占 150 万元,留存收益占 50 万元;各种来源资金的资本成本率分别为 7%,8%,11%,9%,10%。

要求:计算综合资本成本率。

解:综合资本成本率

$$K = \frac{50\ 万元 \times 7\% + 250\ 万元 \times 8\% + 500\ 万元 \times 11\% + 150\ 万元 \times 9\% + 50\ 万元 \times 10\%}{1\ 000\ 万元}$$

$$= 9.7\%$$

上述综合资本成本率的计算中所用权数是按账面价值确定的。使用账面价值权数容易从资产负债表上取得数据,但当债券和股票的市价与账面值相差过多的话,计算得到的综合资本成本显得不客观。

计算综合资本成本也可选择采用市场价值权数和目标价值权数。市场价值权数是指债券、股票等以当前市场价格来确定的权数,这样做比较能反映当前实际情况,但因市场价格变化不定而难以确定。目标价值权数是指债券、股票等以未来预计的目标市场价值确定的权数,但未来市场价值只能是估计的。概括地说,以上 3 种权数分别有利于了解过去、反映现在、预知未来。在计算综合资本成本时,如无特殊说明,则要求采用账面价值权数。

### 3.5.4 边际资本成本

边际资本成本是指资金每增加一个单位而增加的成本。当企业需要追加筹措资金时,应考虑边际资本成本的高低。企业追加筹资,可只采用某一种筹资方式,但这对保持或优化资本结构不利。当筹资数额较大,资本结构又有既定目标时,应通过边际资本成本的计算,确定最优的筹资方式的组合。

下面举例说明边际资本成本的计算和应用。

【例 3.16】 华东公司现有资金 1 000 万元,其中长期借款 100 万元,长期债券 200 万元,普通股 700 万元。公司考虑扩大经营规模,拟筹集新的资金。经分析,认为目前的资本结构是最优的,希望筹集新资金后能保持目前的资本结构。经测算,随筹资额的增加,各种资本成本的变动情况见表 3.2。

表 3.2 华东公司筹资资料

| 资金种类 | 目标资本结构/% | 新筹资的数量范围/元 | 资本成本/% |
|---|---|---|---|
| 长期借款 | 10 | 0 ~ 50 000 | 6 |
| | | 大于 50 000 | 7 |

续表

| 资金种类 | 目标资本结构/% | 新筹资的数量范围/元 | 资本成本/% |
|---|---|---|---|
| 长期债券 | 20 | 0～140 000<br>大于140 000 | 8<br>9 |
| 普通股 | 70 | 0～210 000<br>210 000～630 000<br>大于630 000 | 10<br>11<br>12 |

### 1）计算筹资总额的分界点（突破点）

根据目标资本结构和各种个别资本成本变化的分界点（突破点），计算筹资总额的分界点（突破点）。其计算公式为

$$BP_j = \frac{TF_j}{W_j}$$

式中，$BP_j$ 为筹资总额的分界点；$TF_j$ 为第 $j$ 种个别资本成本的分界点；$W_j$ 为目标资本结构中第 $j$ 种资金的比重。

华东公司的筹资总额分界点见表3.3。

表3.3 筹资总额分界点计算表

| 资金种类 | 资本结构/% | 资金成本/% | 新筹资的数量范围/元 | 新筹资总额分界点/元 |
|---|---|---|---|---|
| 长期借款 | 10 | 6<br>7 | 0～50 000<br>大于50 000 | 0～500 000<br>大于500 000 |
| 长期债券 | 20 | 8<br>9 | 0～140 000<br>大于140 000 | 0～700 000<br>大于700 000 |
| 普通股 | 70 | 10<br>11<br>12 | 0～210 000<br>210 000～630 000<br>大于630 000 | 0～300 000<br>300 000～900 000<br>大于900 000 |

在表3.3中，新筹资总额分界点是指引起某资金种类资本成本变化的分界点。如长期借款，筹资总额不超过50万元，资本成本为6%；超过50万元，资本成本就要增加到7%。那么，筹资总额约在50万元时，尽量不要超过50万元。然而要维持原有资本结构，必然要多种资金按比例同时筹集，单考虑某个别资本成本是不成立的，必须考虑综合的边际资本成本。

### 2）计算各筹资总额范围的边际资本成本

根据表3.3计算结果，可知有4个分界点，应有5个筹资范围。计算5个筹资范围的边际资本成本，其结果见表3.4。

表 3.4　边际资本成本计算表

| 序号 | 筹资总额范围 | 资金种类 | 资本结构/% | 资本成本/% | 边际资本成本/% |
|---|---|---|---|---|---|
| 1 | 0 ~ 300 000 | 长期借款 | 10 | 6 | 0.6 |
| | | 长期债券 | 20 | 8 | 1.6 |
| | | 普通股 | 70 | 10 | 7 |
| 第一个筹资范围的边际资本成本 = 9.2% | | | | | |
| 2 | 300 000 ~ 500 000 | 长期借款 | 10 | 6 | 0.6 |
| | | 长期债券 | 20 | 8 | 1.6 |
| | | 普通股 | 70 | 11 | 7.7 |
| 第二个筹资范围的边际资本成本 = 9.9% | | | | | |
| 3 | 500 000 ~ 700 000 | 长期借款 | 10 | 7 | 0.7 |
| | | 长期债券 | 20 | 8 | 1.6 |
| | | 普通股 | 70 | 11 | 7.7 |
| 第三个筹资范围的边际资本成本 = 10% | | | | | |
| 4 | 700 000 ~ 900 000 | 长期借款 | 10 | 7 | 0.7 |
| | | 长期债券 | 20 | 9 | 1.8 |
| | | 普通股 | 70 | 11 | 7.7 |
| 第四个筹资范围的边际资本成本 = 10.2% | | | | | |
| 5 | 900 000 以上 | 长期借款 | 10 | 7 | 0.7 |
| | | 长期债券 | 20 | 9 | 1.8 |
| | | 普通股 | 70 | 12 | 8.4 |
| 第五个筹资范围的边际资本成本 = 10.9% | | | | | |

华东公司可以按照表 3.4 的结果规划追加筹资,尽量不要由一段范围突破到另一段范围。

# 3.6　杠杆原理

自然科学的杠杆原理是指通过杠杆的作用,用一个较小的力量产生较大的效果。财务管理中的杠杆原理,则是指由于固定费用(包括生产经营方面的固定费用和财务方面的固定费用)的存在,因而当业务量发生较小变化时,利润会产生较大变化的效果。

由于成本按习性分类是研究杠杆问题的基础,因此,本节首先要介绍成本习性问题,然后分别说明经营杠杆、财务杠杆和复合杠杆。

## 3.6.1　成本按习性分类

所谓成本习性,是指成本与业务量之间的依存关系。根据成本习性对成本进行分类,对于正确地进行财务决策,有着十分重要的意义。按成本习性,可将成本划分为固定成本、变动成本和混合成本 3 类。

### 1）固定成本

固定成本是指其成本总额在一定时期和一定业务量范围内不受业务量增减变动影响而固定不变的成本。属于固定成本的主要有折旧费、保险费、管理人员工资、办公费等。由于这些费用每年支出水平基本相同，因而产销量在一定范围内变动，不会对其产生影响。正是因为这些成本是固定不变的，所以随着产量的增加，即意味着它将分配给更多数量的产品，也就是说单位固定成本将随产量的增加而逐渐变小。

应当指出的是，固定成本总额只是在一定时期和业务量的一定范围内保持不变。这里所说的一定范围，通常为相关范围。超过了相关范围，固定成本也会发生变动。因此，固定成本必须和一定时期、一定业务量联系起来进行分析。从较长的时间来看，所有的成本都是变化的，没有绝对不变的固定成本。

### 2）变动成本

变动成本是指其成本总额随着业务量增减变动成正比例增减变动的成本。直接材料、直接人工等都属于变动成本。但从产品的单位成本来看，则恰好相反，产品单位成本中的直接材料、直接人工将保持不变。

与固定成本相同，变动成本也要研究"相关范围"问题。也就是说，只有在一定范围内，产量和成本才能完全成同比例变化，即为完全的线性关系；超过了一定范围，这种关系就不存在了。例如，当一种新产品还是小批量生产时，由于生产工人还处于不熟练阶段，直接材料和直接人工耗费可能较多，但随着产量的增加，工人对生产过程逐渐熟悉，因而可使单位产品的材料和人工费用降低。在这一阶段，变动成本不一定与产量完全成同比例变化，而是表现为小于产量增减的幅度。在这以后，生产过程比较稳定，变动成本与产量成同比例变动，这一阶段的产量便是变动成本的相关范围。然而，当产量达到一定程度以后，再大幅度增产就可能会出现一些新的不利因素，使成本的增长幅度大于产量的增长幅度。

### 3）混合成本

有些成本虽然也随业务量的变动而变动，但不成同比例变动，不能简单地归入变动成本或固定成本，这类成本称为混合成本。混合成本按其与业务量的关系，又可分为半变动成本和半固定成本。

### 4）总成本习性模型

从以上分析可知，成本按习性可分成变动成本、固定成本和混合成本3类。但混合成本又可按一定方法分解成变动成本和固定成本。这样，总成本习性模型可表示为

$$y = a + bx$$

式中，$y$ 为总成本；$a$ 为固定成本；$b$ 为单位变动成本；$x$ 为产量。

显然，若能求出公式中 $a$ 和 $b$ 的值，就可利用这个直线方程来进行成本预测、成本决策和其他短期决策。因此，总成本习性模型是一个非常重要的模型。

### 5）边际贡献和利润的计算

（1）边际贡献

边际贡献是指销售收入总额和变动成本总额之间的差额，也称贡献毛益、边际利润，记

作 $M$，即

$$边际贡献 = 销售收入 - 变动成本$$
$$= 单价 \times 销售量 - 单位变动成本 \times 销售量$$
$$= 销售量 \times (单价 - 单位变动成本)$$
$$M = x(p - b) = x \times m$$

式中，$M$ 为边际贡献；$p$ 为销售单价；$x$ 为销售量；$b$ 为单位变动成本；$m$ 为单位边际贡献。

（2）息税前利润

息税前利润是销售收入扣除全部成本后的差额。它是指不扣除利息和所得税费用之前的利润，即

$$息税前利润 = 销售收入 - 总成本$$
$$= 单价 \times 销售量 - (单位变动成本 \times 销售量 + 固定成本)$$
$$= 销售量 \times (单价 - 单位变动成本) - 固定成本$$
$$EBIT = x(p - b) - a$$

式中，EBIT 为息税前利润；$p$ 为销售单价；$x$ 为销售量；$b$ 为单位变动成本；$a$ 为固定成本总额。

上式中，影响 EBIT 的因素包括产品售价、产品需求和产品成本等因素。当产品成本中存在固定成本时，如果其他条件不变，产销业务量的增加虽然不会改变固定成本总额，但会降低单位产品分摊的固定成本，从而提高单位产品利润，使息税前利润的增长率大于产销业务量的增长率，进而产生经营杠杆效应；当不存在固定性经营成本时，所有成本都是变动性经营成本，边际贡献等于息税前利润，此时息税前利润变动率与产销业务量的变动率完全一致。

### 3.6.2　经营杠杆

#### 1）经营杠杆的概念

在其他条件不变的情况下，产销量的增加虽然一般不会改变固定成本总额，但会降低单位固定成本，从而提高单位利润，使息税前利润的增长率大于产销量的增长率；反之，产销量的减少会提高单位固定成本，降低单位利润，使息税前利润下降率大于产销量下降率。如果不存在固定成本，所有成本都是变动的，那么，边际贡献就是息税前利润。这时，息税前利润变动率就同产销量变动率完全一致。在某一固定成本比重下，产销量变动对息税前利润产生的作用，称为经营杠杆。

只要企业存在固定性经营成本，就存在经营杠杆效应。但不同的产销业务量，其杠杆效应的大小程度是不一致的。测算经营杠杆效应程度，常用指标为经营杠杆系数。

经营杠杆系数也称经营杠杆率（DOL），是指息税前利润的变动率相对于销售量变动率的倍数。其定义公式为

$$经营杠杆系数(DOL) = \frac{息税前利润变动率}{销售量变动率} = \frac{\dfrac{\Delta EBIT}{EBIT_0}}{\dfrac{\Delta x}{x_0}}$$

式中,$EBIT_0$ 为变动前的息税前利润;$\Delta EBIT$ 为息税前利润的变动额;$x_0$ 为变动前的产销量;$\Delta x$ 为产销量的变动额。

**【例3.17】** 南方公司的有关资料见表3.5,试计算该企业的经营杠杆系数。

表3.5 南方公司有关资料

| | 产销量变动前/元 | 产销量变动后/元 | 变动额/元 | 变动率/% |
|---|---|---|---|---|
| 销售额 | 10 000 | 12 000 | 2 000 | 20 |
| 变动成本 | 6 000 | 7 200 | 1 200 | 20 |
| 边际贡献 | 4 000 | 4 800 | 800 | 20 |
| 固定成本 | 2 000 | 2 000 | — | — |
| 息税前利润 | 2 000 | 2 800 | 800 | 40 |

根据公式,得

$$DOL = \frac{\dfrac{\Delta EBIT}{EBIT_0}}{\dfrac{\Delta x}{x_0}} = \frac{800\ 元/2\ 000\ 元}{2\ 000\ 元/10\ 000\ 元} = \frac{40\%}{20\%} = 2$$

上述公式是计算经营杠杆系数的常用公式。但是,利用该公式,必须根据变动前和变动后的有关资料才能进行计算,而不能仅仅根据基期资料计算。因此,必须根据上述公式推导出用基期资料,计算经营杠杆系数的公式。

以下标"0"表示基期数据,下标"1"表示预测期数据。可推导为

$$DOL = \frac{\dfrac{\Delta EBIT}{EBIT_0}}{\dfrac{\Delta x}{x_0}} = \frac{EBIT_1 - EBIT_0}{EBIT_0} \times \frac{x_0}{x_1 - x_0}$$

$$= \frac{m \cdot (x_1 - x_0)}{EBIT_0} \times \frac{x_0}{x_1 - x_0} = \frac{mx_0}{EBIT_0}$$

$$= \frac{M_0}{EBIT_0} = \frac{基期边际贡献}{基期息税前利润}$$

将表3.5的资料代入,得

$$经营杠杆系数(DOL) = \frac{4\ 000\ 元}{2\ 000\ 元} = 2$$

### 2)经营杠杆与经营风险

导致企业出现经营风险的主要原因是市场需求和成本等因素的不确定性,经营杠杆本身并不是利润不稳定的根源。但是,产销量增加时,息税前利润将以 DOL 倍数的幅度增加;而产销量减少时,息税前利润又将以 DOL 倍数的幅度减少。可见,经营杠杆扩大了市场和生产等不确定因素对利润变动的影响,而且经营杠杆系数越高,利润变动越激烈,企业的经营风险就越大。因此,企业经营风险的大小和经营杠杆有着重要关系。一般来说,在其他因

素不变的情况下,固定成本越高,经营杠杆系数越大,企业经营风险越大,即

$$DOL = \frac{M}{EBIT}$$

因

$$EBIT = M - a$$

故

$$DOL = \frac{M}{M - a}$$

上式表明,DOL 将随 $a$ 的变化呈同方向变化,即在其他因素一定的情况下,固定成本越高,DOL 越大。同理,固定成本越高,企业经营风险也就越大。

### 3.6.3 财务杠杆

1) 财务杠杆的概念

不论企业的营业利润是多少,债务的利息和优先股的股利通常都是固定不变的。当息税前利润增大时,每 1 元盈余所负担的固定财务费用就会相对减少,这能给普通股股东带来更多的盈余;反之,当息税前利润减少时,每 1 元盈余所负担的固定财务费用就会相对增加,从而大幅度减少普通股的债务对投资者收益的影响,称为财务杠杆。现用表 3.6 加以说明。

**表 3.6　甲、乙公司的资本结构与普通股利润表**

| 项　目 | 甲公司 | 乙公司 |
|---|---|---|
| 股本(面值:100)/元 | 2 000 000 | 1 000 000 |
| 发行在外股数(股) | 20 000 | 10 000 |
| 债务(利息率为8%)/元 | 0 | 1 000 000 |
| 资金总额/元 | 2 000 000 | 2 000 000 |
| 息税前利润/元 | 200 000 | 200 000 |
| 利息/元 | 0 | 80 000 |
| 税前利润/元 | 200 000 | 120 000 |
| 所得税(25%税率)/元 | 50 000 | 30 000 |
| 净利润/元 | 150 000 | 90 000 |
| 每股利润(或每股收益)/元 | 7.5 | 9 |
| 息税前利润增长率/% | 20 | 20 |
| 增长后的息税前利润/元 | 240 000 | 240 000 |
| 债务利息/元 | 0 | 80 000 |
| 税前利润/元 | 240 000 | 160 000 |
| 所得税(25%税率)/元 | 60 000 | 40 000 |
| 净利润/元 | 180 000 | 120 000 |

续表

| 项　目 | 甲公司 | 乙公司 |
|---|---|---|
| 每股利润(或每股收益)/元 | 9 | 12 |
| 每股利润增加额/元 | 1.5 | 3 |
| 普通股利润增长率/% | 20 | 33.33 |

在表 3.6 中,甲、乙两公司的资金总额相等,息税前利润相等,息税前利润的增长率也相同,不同的只是资本结构。甲公司全部资金都是普通股,乙公司的资金中普通股和债券各占一半。在息税前利润增长 20% 的情况下,甲公司每股利润增长 20%,而乙公司却增长了 33.33%,这就是财务杠杆的作用。当然,如果息税前利润下降,则乙公司每股利润的下降幅度要大于甲公司每股利润的下降幅度。

**2)财务杠杆的计量**

从上述分析可知,只要在企业的筹资方式中有固定财务支出的债务和优先股,就存在财务杠杆的作用。但对不同的企业,财务杠杆的作用程度是不完全一致的。因此,需要对财务杠杆进行计量。对财务杠杆进行计量的最常用指标是财务杠杆系数。所谓财务杠杆系数,也称财务杠杆率(DFL),是指普通股每股利润的变动率相对于息税前利润变动率的倍数。其定义公式为

$$财务杠杆系数(DFL) = \frac{普通股每股利润变动率}{息税前利润变动率} = \frac{\Delta EPS / EPS_0}{\Delta EBIT / EBIT_0}$$

式中,DFL 为财务杠杆系数;$\Delta EPS$ 为普通股每股利润变动额;$EPS_0$ 为基期每股利润或每股收益;$\Delta EBIT$ 为息税前利润变动额;$EBIT_0$ 为基期息税前利润。

将表 3.6 的有关资料代入公式,得

$$DFL_甲 = \frac{1.5 / 7.5}{40\ 000\ 元 / 200\ 000\ 元} = \frac{20\%}{20\%} = 1$$

$$DFL_乙 = \frac{3 / 9}{40\ 000\ 元 / 200\ 000\ 元} = \frac{33.33\%}{20\%} = 1.67$$

财务杠杆系数的计算公式,可进一步简化。

设 $I$ 为债务利息,$D$ 为优先股股利,$T$ 为所得税税率,$n$ 为普通股票数量,基期的普通股每股利润,应是基期息税前利润减去利息费用、所得税和优先股股利以后的余额,即

$$EPS = \frac{(EBIT - I) \times (1 - T) - D}{n}$$

因为利息费用、优先股股利固定不变,所以普通股利润的增长额应是息税前利润增长额减去所得税之后的余额,即

$$\Delta EPS = \frac{\Delta EBIT(1 - T)}{n}$$

$$DFL = \frac{\Delta EPS / EPS_0}{\Delta EBIT / EBIT_0}$$

$$= \frac{\dfrac{(\mathrm{EBIT}_1 - I) \times (1 - t) - D}{n} - \dfrac{(\mathrm{EBIT}_0 - I) \times (1 - t) - D}{n}}{\dfrac{(\mathrm{EBIT}_0 - I) \times (1 - t) - D}{n}} \div \frac{\mathrm{EBIT}_1 - \mathrm{EBIT}_0}{\mathrm{EBIT}_0}$$

$$= \frac{(\mathrm{EBIT}_1 - \mathrm{EBIT}_0) \times (1 - t)}{(\mathrm{EBIT}_0 - I) \times (1 - t) - D} \times \frac{\mathrm{EBIT}_0}{\mathrm{EBIT}_1 - \mathrm{EBIT}_0}$$

$$= \frac{\mathrm{EBIT}_0}{\mathrm{EBIT}_0 - I - \dfrac{D}{1 - t}}$$

$$= \frac{\text{基期息税前利润}}{\text{基期息税前利润} - \text{债务利息} - \dfrac{\text{优先股股利}}{1 - \text{所得税税率}}}$$

对于无优先股的股份制企业或非股份制企业,上述财务杠杆系数的计算公式可简化为

$$\mathrm{DFL} = \frac{\mathrm{EBIT}_0}{\mathrm{EBIT}_0 - I} = \frac{\text{基期息税前利润}}{\text{基期税前利润}}$$

将表 3.6 的有关资料代入,得

$$\mathrm{DFL}_{\text{甲}} = \frac{200\ 000\ \text{元}}{200\ 000\ \text{元} - 0} = 1$$

$$\mathrm{DFL}_{\text{乙}} = \frac{200\ 000\ \text{元}}{200\ 000\ \text{元} - 80\ 000\ \text{元}} = 1.67$$

这说明,当利润增加时,乙公司每股利润的增长幅度要大于甲公司的增长幅度;而当利润减少时,乙公司每股利润的下降幅度也更大。因此,公司息税前利润较多、增长幅度较大时,适当地利用负债性资金,发挥财务杠杆的作用,可增加每股利润,使股票价格上涨,提高企业价值。

### 3 ) 财务杠杆与财务风险

财务风险是指企业为取得财务杠杆利益而利用负债资金时,增加了破产机会或普通股利润大幅度变动的机会所带来的风险。企业为取得财务杠杆利益,就要增加负债,一旦企业息税前利润下降,不足以补偿固定利息支出时,企业的每股利润就会下降得更快。现举例说明,详细情况见表 3.7。

表 3.7　丙、丁公司的资本结构与财务风险

| 项　目 | 丙公司 | 丁公司 |
| --- | --- | --- |
| 普通股 /股 | 200 000 | 100 000 |
| 利息率为 8% 的债券 | 0 | 100 000 |
| 资金总额/万元 | 200 000 | 200 000 |
| 计划息税前利润/万元 | 20 000 | 20 000 |
| 实际息税前利润/万元 | 6 000 | 6 000 |
| 借款利息/万元 | 0 | 8 000 |
| 税前利润/万元 | 6 000 | − 2 000 |

由表 3.7 可知,丙公司没有负债,就没有财务风险;丁公司有负债,当息税前利润比计划减少时,就有了比较大的财务风险,如果不能及时扭亏为盈,则可能会导致企业破产。

## 3.6.4 综合杠杆

### 1) 综合杠杆的概念

由于存在固定的生产经营成本,会产生经营杠杆效应,即销售量的增长会引起息税前利润以更大的幅度增长。由于存在固定的财务成本(债务利息和优先股股利)会产生财务杠杆效应,即息税前利润的增长会引起普通股每股利润以更大的幅度增长。一个企业会同时存在固定的生产经营成本和固定的财务成本,那么,两种杠杆效应会共同发生,会有连锁作用,形成销售量的变动使普通股每股利润以更大幅度变动。综合杠杆效应就是经营杠杆和财务杠杆的综合效应。

表 3.8　某企业有关资料

| 项　目 | 2010 年 | 2011 年 | 2011 年比 2010 年增减 |
|---|---|---|---|
| 销售收入 | 1 000 万元 | 1 200 万元 | 20% |
| 变动成本 | 400 万元 | 480 万元 | 20% |
| 固定成本 | 400 万元 | 400 万元 | 0% |
| 息税前利润(EBIT) | 200 万元 | 320 万元 | 60% |
| 利息 | 80 万元 | 80 万元 | 0 |
| 税前利润 | 120 万元 | 240 万元 | 100% |
| 所得税(税率为 25%) | 30 万元 | 60 万元 | 100% |
| 净利润 | 90 万元 | 180 万元 | 100% |
| 普通股发行在外股数 | 100 万股 | 100 万股 | 0 |
| 每股利润 | 0.9 元 | 1.8 元 | 100% |

注:1. 单位产品售价 10 元。

2. 单位变动成本 4 元。

由表 3.8 可知,在复合杠杆的作用下,该企业业务量增加 20%,每股利润便增长 100%。当然,如果业务量下降 20%,则企业的每股利润也会下降 100%。

### 2) 复合杠杆的计量

从以上分析得知,只要企业同时存在固定的生产经营成本和固定的利息费用等财务支出,就会存在复合杠杆的作用。但就不同企业而言,复合杠杆作用的程度是不完全一致的,因此,需要对复合杠杆作用的程度进行计量。对复合杠杆进行计量的最常用指标是复合杠杆系数或复合杠杆度。所谓复合杠杆系数(DTL),是指每股利润变动率相当于业务量变动率的倍数。其计算公式为

$$复合杠杆系数（DTL）= \frac{普通股每股利润变动率}{销售量变动率} = \frac{\dfrac{\Delta EPS}{EPS_0}}{\dfrac{\Delta x}{x_0}}$$

式中，DTL 为复合杠杆系数；$EPS_0$ 为变动前的每股利润；$\Delta EPS$ 为每股利润变动额；$x_0$ 为变动前销售量；$\Delta x$ 为销售量变动。

把表 3.8 中的有关数据代入，得

$$DTL = \frac{0.9 元/0.9 元}{200 万元/1\,000 万元} = 5$$

对于复合杠杆系数，可推导出其计算公式为

$$DTL = \frac{\dfrac{\Delta EPS}{EPS_0}}{\dfrac{\Delta x}{x_0}}$$

$$= \frac{\dfrac{\Delta EBIT}{EBIT_0}}{\dfrac{\Delta x}{x_0}} \times \frac{\dfrac{\Delta EPS}{EPS_0}}{\dfrac{\Delta EBIT}{EBIT_0}}$$

$$= DOL \times DFL$$

$$= \frac{M}{EBIT_0} \times \frac{EBIT_0}{EBIT_0 - I - \dfrac{D}{1-t}}$$

$$= \frac{M}{EBIT_0 - I - \dfrac{D}{1-t}}$$

将表 3.8 中的数据代入公式，得

$$DTL = \frac{600 万元}{600 万元 - 400 万元 - 80 万元} = 5$$

这就是说，在本例中，企业的业务量每增减 1%，每股利润便增减 5%。因此，只要业务量有一个比较小的增长，每股利润就会大幅度增长；反之，业务量有比较小的下降，每股利润就会大幅度下降。

3）复合杠杆与企业风险

从以上分析可知，在复合杠杆的作用下，当企业经济效益好时，每股利润会大幅度上升；当企业经济效益差时，每股利润会大幅度下降。企业复合杠杆系数越大，每股利润的波动幅度越大。由于复合杠杆的作用而使每股利润大幅度波动造成的风险，称为复合风险。在其他因素不变的情况下，复合杠杆系数越大，复合风险越大；复合杠杆系数越小，复合风险越小。

## 3.7 资本结构及其优化

### 3.7.1 资本结构的概念

资本结构是指企业各种来源的长期资金的构成及其比例关系。资本结构是否合理会影响企业资本成本的高低、财务风险的大小以及投资者的得益。它是企业筹资决策的核心问题。企业资金来源多种多样,但总的来说可分为权益资金和债务资金两类。资本结构问题主要是负债比率问题,适度增加债务可能会降低企业资本成本,获取财务杠杆利益,同时也会给企业带来财务风险。

### 3.7.2 资本结构的含义

资本结构是指企业的长期资本中不同资本的比重结构。广义的资本结构是指企业全部资金中各种资金的构成及其比例关系。资本结构是企业采用不同的筹资方式筹集资金形成的。各种筹资方式不同的组合类型决定着企业的资本结构及其变化。由于短期资金数量相对少,占用数量不稳定,因此,资本结构的重点是长期资本结构,资本结构的核心问题是确定全部资金中负债资金所占的比例。

### 3.7.3 资本结构的影响因素

#### 1)企业所有者和管理者的态度

首先,企业所有者和经营者对控制权的态度会影响企业的资本结构。如果他们不愿分散公司控制权,则会倾向于债务筹资,提高债务资本。其次,企业所有者和经营者对风险的态度也将影响企业的资本结构。如果他们不愿承担太大的财务风险,则会倾向于减少负债,缩小债务资本的比例。

#### 2)企业的成长性和销售的稳定性

成长中的企业需要更多的资金。当权益资金筹集有限时,扩大筹资就意味着扩大负债规模和负债比例。负债筹资和负债经营是促进企业成长的重要方式。销售的稳定性反映了企业的经营风险情况。销售稳定的企业,经营风险小,还本付息能力较强,可适当提高负债比例。

#### 3)企业的获利能力和财务状况

息税前利润是还本付息的根本来源。在总资产报酬率大于负债利息率时,利用财务杠杆能获得较高的净资产收益率;反之,在总资产报酬率小于负债利息率时,利用财务杠杆则会降低净资产收益率。由此可见,获利能力是衡量企业负债能力强弱的基本依据。由于债务要以现金来还本付息,因此,要求企业未来必须有足够的现金净流入。企业未来现金净流入量越大,财务状况越好,负债能力就越强。

### 3.7.4 资本结构的决策方法

资本结构决策就是要确定企业的最优资本结构。根据资本结构理论,最优资本结构是指加权平均资本成本最低、企业价值最大时的资本结构。资本结构决策的方法主要有比较资本成本法、每股收益无差别点分析法和企业价值比较法。

#### 1)比较资本成本法

比较资本成本法是通过计算不同筹资方案的加权平均资本成本,并从中选出加权平均资本成本最低的方案为最佳资本结构方案的方法。

【例 3.18】 某企业现有 3 个资本结构方案可供选择,有关资料见表 3.9。根据表中资料,按照比较资本成本法,可进行资本结构决策,具体计算见表 3.10。

**表 3.9 某企业资本结构方案选择资料**

| 筹资方式 | 资本结构甲方案 | | 资本结构乙方案 | | 资本结构丙方案 | |
|---|---|---|---|---|---|---|
| | 资金额/万元 | 资本成本/% | 资金额/万元 | 资本成本/% | 资金额/万元 | 资本成本/% |
| 长期借款 | 3 000 | 4 | 4 000 | 5 | 2 000 | 3 |
| 公司债 | 4 000 | 6 | 3 000 | 6 | 3 000 | 5 |
| 普通股 | 3000 | 10 | 3 000 | 10 | 5 000 | 8 |
| 合 计 | 10 000 | — | 10 000 | — | 10 000 | — |

**表 3.10 某企业资本结构方案决策比较** 单位:%

| 筹资方式 | 甲方案 | | | 乙方案 | | | 丙方案 | | |
|---|---|---|---|---|---|---|---|---|---|
| | 资本比重 | 个别资本成本 | 加权平均资本成本 | 资本比重 | 个别资本成本 | 加权平均资本成本 | 资本比重 | 个别资本成本 | 加权平均资本成本 |
| 长期借款 | 30 | 4 | 1.2 | 40 | 5 | 2.0 | 20 | 3 | 0.6 |
| 公司债 | 40 | 6 | 2.4 | 30 | 6 | 1.8 | 30 | 5 | 1.5 |
| 普通股 | 30 | 10 | 3 | 30 | 10 | 3 | 50 | 8 | 4.0 |
| 合 计 | 100 | — | 6.6 | 100 | — | 6.8 | 100 | — | 6.1 |

比较以上 3 个方案的加权平均资本成本,丙方案的最低。因此,在不考虑他因素的情况下,丙方案是最佳资本结构方案。

#### 2)每股收益无差别点分析法

影响企业价值的主要因素之一是企业的盈利水平。通常情况下,能增加企业盈利、提高股东收益的资本结构是好的资本结构。每股收益无差别点分析法是通过比较每股收益进行资本结构决策的方法。

在每股收益无差别点上,无论是采用债务还是股权筹资方案,每股收益都是相等的。当预期息税前利润或业务量水平大于每股收益无差别点时,应当选择财务杠杆效应较大的筹资方案,反之亦然。在每股收益无差别点时,不同筹资方案的 EPS 是相等的,这一点是两种资本结构优劣的分界点。无差别点分析可称 EBIT-EPS 分析。

每股收益的计算公式为

$$EPS = \frac{(EBIT - I) \times (1 - T) - D}{N}$$

$$\frac{(EBIT_0 - I_1) \times (1 - T) - D_1}{N_1} = \frac{(EBIT_0 - I_2) \times (1 - T) - D_2}{N_2}$$

式中,$EBIT_0$ 为息税前利润平衡点,即每股收益无差别点;$I_1$,$I_2$ 为两种筹资方式下的债务利息;$D_1$,$D_2$ 为两种不同筹资方式下的优先股股利;$N_1$,$N_2$ 为两种筹资方式下普通股股数;$T$ 为所得税税率。

由上式可确定 $EBIT_0$,从而利用公司预计的 EBIT 选择最优的资本结构。

【例 3.19】 某企业现有资本结构全部为普通股 100 万元,每股 10 元,折合 10 万股。现拟增资 20 万元,有甲、乙两种筹资方案可供选择。甲方案:发行普通股 2 万股,每股 10 元。乙方案:发行普通股 1 万股,每股 10 元;另发行债券 10 万元,债券年利率 10%。该企业所得税税率为 25%。

要求:作 EBIT-EPS 分析并决策。

解:根据上述资料,计算无差别的息税前利润为

$$EPS_甲 = \frac{EBIT_0 \times (1 - 25\%)}{10 + 2}$$

$$EPS_乙 = \frac{(EBIT_0 - 10 \times 10\%) \times (1 - 25\%)}{10 + 1}$$

令 $EPS_甲 = EPS_乙$,得

$$\frac{EBIT_0 \times (1 - 25\%)}{10 + 2} = \frac{(EBIT_0 - 10 \times 10\%) \times (1 - 25\%)}{10 + 1}$$

$EBIT_0 = 12$ 万元

此时

$EPS_甲 = EPS_乙 = 0.75$ 元

则当企业息税前利润小于 12 万元时,选择甲方案增资;大于 12 万元时,选择乙方案增资。

## 本章小结

1. 企业筹集资金是资金运动的起点,它会影响乃至决定企业资金运动的规模及效果。

2. 企业资金可用不同方式筹措,但适时适量是共同的要求,可用销售百分比法预测企业资金需要量。

3. 企业资金总的来说有两种来源:一种是投资者提供的,称为权益资金;另一种是债权人提供的,称为负债资金。

4. 权益资金包括吸收直接投资、发行股票和内部积累等。

5. 股票按股东权利和义务的不同,有普通股和优先股之分。

6. 普通股是股份公司发行的具有管理权而股利不固定的股票,是股份制企业筹集权益资金的最主要方式。普通股股票可按面值发行,也可按溢价发行,但不能按折价发行。

7. 优先股是股份公司发行的具有一定优先权的股票。优先股有优先分配股利权、有优先分配剩余财产权。

8. 负债资金包括银行借款、发行债券、融资租赁及商业信用。

9. 债券是企业依照法定程序发行的、承诺按一定利率定期支付利息,并到期偿还本金的有价证券。它是持券人拥有公司债券的凭证。债券可按折价、面值、溢价发行。

10. 融资性租赁是承租人为融通资金而向出租人租用由出租人出资按承租人要求购买的租赁物的租赁。它是以融物为形式、融资为实质的经济行为,是出租人为承租人提供信贷的信用业务。

11. 商业信用是指商品交易中的延期付款、预收货款或延期交货而形成的借贷关系。它是企业之间的直接信用行为。商业信用是商品交易中钱与货在时间上的分离。它的表现形式主要是先取货、后付款,以及先付款、后取货两种,是自然性融资。商业信用产生于银行信用之前,在银行信用出现以后,商业信用依然存在。企业之间商业信用的形式很多,主要有应付账款、应付票据和预收货款。

12. 资本成本是企业筹资和用资的代价,是企业选择资金来源,拟订筹资方案的依据,也是企业用资效益的最低尺度。资本成本的计算包括个别资本和综合资本成本的计算。

13. 经营杠杆效应是指在单价和成本水平不变的条件下,销售量的增长会引起息税前利润以更大的幅度增长。描述经营杠杆效应大小的指标是经营杠杆系数(DOL),即

$$DOL = \frac{\frac{\Delta EBIT}{EBIT_0}}{\frac{\Delta x}{x_0}} = \frac{M_0}{EBIT_0}$$

14. 财务杠杆效应是指在资金构成不变的情况下,息税前利润的增长会引起普通股每股利润以更大的幅度增长。描述财务杠杆效应大小的指标是财务杠杆系数(DFL),即

$$DFL = \frac{\frac{\Delta EPS}{EPS_0}}{\frac{\Delta EBIT}{EBIT_0}} = \frac{EBIT_0}{EBIT_0 - I - \frac{D}{1-t}}$$

15. 综合杠杆效应是经营杠杆和财务杠杆的综合效应。描述综合杠杆效应大小的指标是综合杠杆系数(DTL),即

$$DTL = \frac{\frac{\Delta EPS}{EPS_0}}{\frac{\Delta x}{x_0}} = DOL \times DFL = \frac{EBIT_0}{EBIT_0 - I - \frac{D}{1-t}}$$

16. 资本结构是指企业各种长期资金的构成比例。它是筹资质量的集中表现。资本结构的优化方法有比较综合资本成本、比较普通股每股利润和无差别点分析。这些方法适用于不同的情况,从不同的角度优化资本结构。

# 第4章 项目投资

## 【知识目标】

1. 掌握项目投资的含义。
2. 掌握项目投资现金流量的组成和计算。
3. 熟悉净现值、内部收益率、静态投资回收期等的计算方法。
4. 了解项目投资各种评价指标的优缺点及其内容分类等。

## 【能力目标】

1. 能够计算单纯固定资产投资项目的现金流量。
2. 能够计算完整工业投资项目的现金流量。
3. 能够计算投资决策评价的各种指标。
4. 能够进行独立方案可行性评价及其投资决策。
5. 能够进行多个互斥方案的比较决策。

## 【重点难点】

1. 项目投资现金流量的组成和计算。
2. 投资回收期法、投资利润率法等非折现方法。
3. 净现值、净现值率、现值指数及内含报酬率等折现方法。

## 【案例导入】

申江机械公司有一条生产线已相当陈旧,故财务经理向总经理提出淘汰该生产线,购置新生产线的建议。新生产线买价为 400 000 元,可望运行 10 年,该生产线的运行成本每年为 10 000 元。估计 5 年后需大修一次,其支出为 30 000 元,10 年结束时,估计该生产线的净残值为 5 000 元。业务经理不同意财务经理的意见,凭他多年的工作经验,认为该生产线虽属陈旧,但通过全面翻新,尚能继续发挥其运行效益。因此,他向总经理提出了翻修旧生产线的方案。据该方案预算,立即翻修的成本为 250 000 元,估计 5 年后还需大修一次,其成本为 50 000 元。如果这些修理计划得到实施,该生产线可望运行的期限也将是 10 年。10 年内该生产线每年的运行成本为 15 000 元。10 年后,其残值也将是 5 000 元。根据当前的市场情况,该生产线的现行转让价格为 80 000 元,贴现率为 10%。这两个方案报给总经理,假如你是总经理,应选择哪一个方案为佳?

## 4.1　项目投资决策的相关概念

### 4.1.1　项目投资的含义与类型

**1）项目投资的含义**

广义地说,投资是指企业为了在未来取得收益而发生的投入财力的行为。它包括用于机器、设备、厂房的购建与更新改造等生产性资产的投资,简称项目投资;也包括购买债券、股票等有价证券的投资和其他类型的投资。本章所介绍的项目投资是一种以特定项目为对象,直接与新建项目或更新改造项目有关的长期投资行为。从性质上看,它是企业直接的生产性的对内实物投资,通常包括固定资产投资、无形资产投资、开办费投资及流动资金投资等。

**2）项目投资的类型**

工业企业投资项目主要包括新建项目和更新改造项目两种类型。

（1）新建项目

新建项目是以新建生产能力为目的的外延式扩大再生产。新建项目按其涉及内容可细分为单纯固定资产投资项目和完整工业投资项目。

①单纯固定资产投资项目简称固定资产投资,其特点在于:在投资中只包括为取得固定资产而发生的垫支资本投入,而不涉及周转资本的投入。

②完整工业投资项目,其特点在于:不仅包括固定资产投资,而且涉及流动资金投资,甚至包括无形资产等其他长期资产投资。

（2）更新改造项目

更新改造项目是以恢复或改善生产能力为目的的内含式扩大再生产。因此,不能将项目投资简单地等同于固定资产投资。项目投资对企业的生存和发展具有重要意义,是企业开展正常生产经营活动的必要前提,是推动企业生产和发展的重要基础,是提高产品质量、降低产品成本不可缺少的条件,是增加企业市场竞争能力的重要手段。

### 4.1.2　项目投资的程序

**1）投资项目的设计**

投资规模较大,所需资金较多的战略性项目,应由董事会提议,由各部门专家组成专家小组提出方案并进行可行性研究;投资规模较小,投资金额不大的战术性项目由主管部门提议,由有关部门组织人员提出方案,并进行可行性研究。

**2）项目投资的决策**

①估算出投资方案的预期现金流量。

②预计未来现金流量的风险,并确定预期现金流量的概率分布和期望值。

③确定资本成本的一般水平,即贴现率。

④计算投资方案现金流入量和流出量的总现值。

⑤通过项目投资决策评价指标的计算,作出投资方案是否可行的决策。

### 3）项目投资的执行

对已作出可行决策的投资项目,企业管理部门要编制资金预算,并筹措所需要的资金,在投资项目实施过程中,要进行控制和监督,使之按期、按质完工,投入生产,为企业创造经济效益。

### 4.1.3 项目计算期

项目计算期是指投资项目从投资建设开始到最终清理结束的全部时间。它包括建设期和生产经营期。其中,建设期是指项目资金正式投入开始至项目建成投产为止所需要的时间。建设期的第一年初,称为建设起点;建设期的最后一年末,称为投产日。从投产日到终结点之间的时间间隔,称为运营期。

项目计算期通常以年为单位,第 0 年称为建设起点,若建设期不足半年,可假定建设期为零;项目计算期最后一年第 $n$ 年称为终结点,可假定项目最终报废或清理均发生在终结点,但更新改造除外,即

$$项目计算期(n) = 建设期 + 运营期$$

## 4.2 项目投资现金流量分析

项目投资净现金流量($NCF$)是指在一个投资项目引起的企业现金支出和现金收入增加的数量。这里的"现金"概念是广义的,包括各种货币资金及与投资项目有关的非货币资产的变现价值。当流入量大于流出量时,项目投资净现金流量为正值;反之,项目投资净现金流量为负值。

投资项目的周期一般要依次经过投资兴建、投产后发挥效益和寿命终结等阶段。因此,投资项目整个事情的现金流量就由相应的初始现金流量、营业现金流量和终结现金流量 3 个部分组成。

### 4.2.1 初始现金流量

初始现金流量是指开始投资时发生的现金流入量和现金流出量。它一般包括以下 5 项内容:

（1）固定资产投资

固定资产投资包括固定资产的购置成本或建造成本、运输成本和安装成本等。

（2）垫支的流动资金

垫支的流动资金是指投资项目建成投产后为开展正常经营活动而必须伴随固定资产的投资相应地增加一部分流动资金参加生产周转,如投资于材料、在产品和现金等。但是,流动资金的投资只是一种垫支的资金,当该投资项目退出生产后,它也退出生产周转。

（3）无形资产投资

企业进行投资活动，往往包括无形资产上的投资，如专利权、商标权、非专利技术等，尤其是当今知识经济的时代，无形资产投资更是意义重大。

（4）其他方面的投资

其他方面的投资包括筹建费用、职工培训费等。

（5）原有固定资产变价收入

它主要是指固定资产更新改造时原有固定资产的变卖所得的现金收入。

初始现金流量除原有固定资产变价收入为现金流入量外，其他部分均为现金流出量。

## 4.2.2 营业现金流量

营业现金流量是指项目投产后整个寿命周期内正常生产经营活动所带来的现金流入和现金流出的数量。一般按年度进行计算。其年度现金流入量一般是指营业现金收入，其年度现金流出量一般是指营业现金支出和各种税款的现金支出。营业现金支出也即付现成本，是指在经营期内为满足正常生产经营而需用现金支付的成本。成本中不需要每年支付现金的部分，称为非付现成本，其中主要是折旧。因此，付现成本可用成本减折旧来估计。

营业现金流量的计算有以下 3 种方法：

（1）根据现金流量的定义来计算

根据现金流量的定义，所得税是一种现金支付，应作为每年营业现金流量的一个减项，即

$$营业现金流量（NCF）＝营业收入－付现成本－所得税 \qquad (1)$$

（2）根据年末营业结果来计算

企业每年的现金增加来自两个主要方面：一是当年增加的净利；二是计提的折旧，以现金形式从销售收入中扣回，留在企业里，即

$$营业现金流量＝净利润＋折旧 \qquad (2)$$

式（2）与式（1）是一致的，可从式（1）直接推导出来，即

$$营业现金流量（NCF）＝营业收入－付现成本－所得税$$
$$＝营业收入－（营业成本－折旧）－所得税$$
$$＝税前利润＋折旧－所得税$$
$$＝净利润＋折旧$$

（3）根据所得税对收入和折旧的影响来计算

$$营业现金流量（NCF）＝净利润＋折旧$$
$$＝（营业收入－营业成本）×（1－税率）＋折旧$$
$$＝（营业收入－付现成本－折旧）×（1－税率）＋折旧$$
$$＝营业收入×（1－税率）－付现成本×（1－税率）－折旧×（1－税率）＋折旧$$
$$＝营业收入×（1－税率）－付现成本×（1－税率）－折旧＋折旧×税率＋折旧$$

$$= 营业收入 \times (1 - 税率) - 付现成本 \times (1 - 税率) + 折旧 \times 税率$$

$$(3)$$

在上述 3 个公式中，最常用的是式(3)，因为企业的所得税是根据企业总利润计算的。在决定某个项目是否投资时，往往使用差额分析法确定现金流量，并不知道整个企业的利润及与此有关的所得税，这就妨碍了式(1)和式(2)的使用。而式(3)并不需要知道企业的利润是多少，使用起来较方便(尤其是有关固定资产更新的决策，我们没有办法计量某项资产给企业带来的收入和利润，以至于无法使用前两个公式)。

### 4.2.3 终结现金流量

终结现金流量是指投资项目终结时所发生的现金流量。终结现金流量基本上是现金流入量。它包括：

(1)该生产线出售(报废)时的残值收入

资产出售或报废时的残值收入是由于当初购置该生产线引起的，故应作为投资方案的一项现金流入。

(2)收回的流动资金

该生产线出售(报废)时，企业可相应增加流动资金，将收回的资金用于别处。因此，应将其作为该方案的一项现金流入，即

$$终结现金流量 = 营业现金流量 + 回收额$$

**【例 4.1】** 某企业准备建造一条生产线，在建设起点一次投入全部资金。预计构建成本共需 35 万元。预计生产线使用寿命为 5 年，企业采用直线法计提折旧，预计清理净残值为 2 万元。此外，还需追加配套流动资金投资 10 万元。投产后预计每年可获得营业现金收入 20 万元，第 1 年的付现成本为 6 万元，以后随生产线设备的磨损逐年增加 2 万元。企业所得税税率为 25%。

要求：计算该投资项目各年的现金流量。

解：年折旧额 $= \dfrac{35\ 万元 - 2\ 万元}{5} = 6.6\ 万元$

$NCF_0 = 0\ 万元 - (35 + 10)\ 万元 = -45\ 万元$

$NCF_1 = 20\ 万元 \times (1 - 25\%) - 6\ 万元 \times (1 - 25\%) + 6.6\ 万元 \times 25\% = 12.15\ 万元$

$NCF_2 = 20\ 万元 \times (1 - 25\%) - 8\ 万元 \times (1 - 25\%) + 6.6\ 万元 \times 25\% = 10.65\ 万元$

$NCF_3 = 20\ 万元 \times (1 - 25\%) - 10\ 万元 \times (1 - 25\%) + 6.6\ 万元 \times 25\% = 9.15\ 万元$

$NCF_4 = 20\ 万元 \times (1 - 25\%) - 12\ 万元 \times (1 - 25\%) + 6.6\ 万元 \times 25\% = 7.65\ 万元$

$NCF_5 = 20\ 万元 \times (1 - 25\%) - 14\ 万元 \times (1 - 25\%) + 6.6\ 万元 \times 25\% + 10\ 万元 + 2\ 万元$
$\quad\quad = 18.15\ 万元$

**【例 4.2】** 企业投资 180 600 元购入一台设备，该设备预计残值为 600 元，可使用 3 年，折旧按直线法计算，设备投产后每年销售收入增加额分别为 10 000 元、15 000 元、20 000 元，除折旧外的费用增加额分别为 4 000 元、8 000 元、10 000 元。企业适用所得税率为 25%，该企业目前年净利润为 30 000 元。

要求：

①预测企业未来 3 年每年的净利润。

②计算该投资项目各年的净现金流量。

**解**：①项目年折旧额 = $(180\ 600\ 元 - 600\ 元) \div 3 = 6\ 000\ 元$

企业各年净利润 = 企业目前年净利润 + 项目投产后每年增加的净利润

第一年净利润 = $30\ 000\ 元 + (10\ 000\ 元 - 4\ 000\ 元 - 6\ 000\ 元) \times (1 - 25\%) = 30\ 000\ 元$

第二年净利润 = $30\ 000\ 元 + (15\ 000\ 元 - 8\ 000\ 元 - 6\ 000\ 元) \times (1 - 25\%) = 30\ 750\ 元$

第三年净利润 = $30\ 000\ 元 + (20\ 000\ 元 - 10\ 000\ 元 - 6\ 000\ 元) \times (1 - 25\%) = 33\ 000\ 元$

②项目各年净现金流量 = 项目年净利润 + 项目年折旧额

$NCF_1 = (30\ 000\ 元 - 30\ 000\ 元) + 6\ 000\ 元 = 6\ 000\ 元$

$NCF_2 = (30\ 750\ 元 - 30\ 000\ 元) + 6\ 000\ 元 = 6\ 750\ 元$

$NCF_3 = (33\ 000\ 元 - 30\ 000\ 元) + 6\ 000\ 元 + 600\ 元 = 9\ 600\ 元$

**【例 4.3】** 某企业拟更新一套尚可使用 5 年的旧设备。旧设备原价 400 000 元，期满残值 50 000 元，目前旧设备变价净收入 150 000 元。旧设备每年营业收入 100 000 元，付现成本 45 000 元。新设备投资总额 620 000 元，可用 5 年，使用新设备后每年可增加营业收入 50 000 元，并降低付现成本 10 000 元，期满残值 70 000 元。该企业所得税税率为 25%。

要求：

①计算新旧方案的各年现金净流量。

②计算更新方案的各年差量现金净流量。

**解**：①继续使用旧设备的各年现金净流量。

$NCF_0 = -150\ 000\ 元$ 　　　　（变价净收入为机会成本）

$NCF_{1-4} = 100\ 000\ 元 \times (1 - 25\%) - 45\ 000\ 元 \times (1 - 25\%) +$

$$\frac{400\ 000\ 元 - 50\ 000\ 元}{5} \times 25\%$$

$$= 58\ 750\ 元$$

$NCF_5 = 58\ 750\ 元 + 50\ 000\ 元 = 108\ 750\ 元$

②采用新设备的各年现金净流量。

$NCF_0 = -620\ 000\ 元$

$NCF_{1-4} = (100\ 000\ 元 + 50\ 000\ 元) \times (1 - 25\%) - (45\ 000\ 元 - 10\ 000\ 元) \times (1 - 25\%) +$

$$\frac{620\ 000\ 元 - 70\ 000\ 元}{5} \times 25\% = 113\ 750\ 元$$

$NCF_5 = 113\ 750\ 元 + 70\ 000\ 元 = 183\ 750\ 元$

③更新方案的各年差量现金净流量。

$\Delta NCF_0 = -620\ 000\ 元 - (-150\ 000\ 元) = -470\ 000\ 元$

$\Delta NCF_{1-4} = 113\ 750\ 元 - 58\ 750\ 元 = 55\ 000\ 元$

$\Delta NCF_5 = 183\ 750\ 元 - 108\ 750\ 元 = 75\ 000\ 元$

## 4.3 项目投资决策评价指标与应用

为了客观、科学地分析评价各种投资方案是否可行,一般应使用不同的指标,从不同的侧面或角度反映投资方案的内涵。项目投资决策评价指标是衡量和比较投资项目可行性并据以进行方案决策的定量化标准与尺度。它由一系列综合反映投资效益、投入产出关系的量化指标构成的。

项目投资决策评价指标根据是否考虑资金的时间价值,可分为非贴现指标和贴现指标两大类。

### 4.3.1 非贴现指标

非贴现指标也称静态指标,即没有考虑资金时间价值因素的指标。它主要包括投资利润率、投资回收期等指标。

#### 1)投资利润率

投资利润率又称投资报酬率,是指项目投资方案的年平均利润额占平均投资总额的百分比。投资利润率的决策标准是:投资项目的投资利润率越高越好,低于无风险投资利润率的方案为不可行方案。

投资利润率的计算公式为

$$投资利润率 = \frac{年平均利润额}{平均投资总额} \times 100\%$$

式中,分子是平均利润,不是现金净流量,不包括折旧等;分母可用投资总额的50%来简单计算平均投资总额,一般不考虑固定资产的残值。

【例4.4】 某企业有甲、乙两个投资方案,投资总额均为10万元,全部用于购置新的设备,折旧采用直线法,使用期均为5年,无残值,其他有关资料见表4.1。

表4.1　甲、乙两个投资方案的相关资料　　　　　　　　　　　　　　单位:元

| 项目计算期 | 甲方案 | | 乙方案 | |
| --- | --- | --- | --- | --- |
| | 利润 | 净现金流量(NCF) | 利润 | 净现金流量(NCF) |
| 0 | | (100 000) | | (100 000) |
| 1 | 15 000 | 35 000 | 10 000 | 30 000 |
| 2 | 15 000 | 35 000 | 14 000 | 34 000 |
| 3 | 15 000 | 35 000 | 18 000 | 38 000 |
| 4 | 15 000 | 35 000 | 22 000 | 42 000 |
| 5 | 15 000 | 35 000 | 26 000 | 46 000 |
| 合计 | 75 000 | 75 000 | 90 000 | 90 000 |

要求:计算甲、乙两方案的投资利润率。

**解**：甲方案投资利润率 $= \dfrac{15\,000\ 元}{\dfrac{100\,000\ 元}{2}} \times 100\% = 30\%$

乙方案投资利润率 $= \dfrac{\dfrac{90\,000\ 元}{5}}{\dfrac{100\,000\ 元}{2}} \times 100\% = 36\%$

从计算结果来看，乙方案的投资利润率比甲方案的投资利润率高 6%（36% − 30%），故应选择乙方案。

**2）静态投资回收期**

静态投资回收期是指收回全部投资总额所需要的时间。投资回收期是一个非贴现的反指标，回收期越短，方案就越有利。它的计算可分为以下两种情况：

（1）经营期年现金净流量相等

其计算公式为

$$投资回收期 = \dfrac{投资总额}{年现金净流量}$$

如果投资项目投产后若干年（假设为 $M$ 年）内，每年的经营现金净流量相等，且有关系，即

$$M \times 投产后 M 年内每年相等的现金净流量（NCF）\geqslant 投资总额$$

则可用上述公式计算投资回收期。

**【例4.5】**　根据【例4.4】资料。

要求：计算甲方案的投资回收期。

**解**：甲方案投资回收期 $= \dfrac{100\,000\ 元}{35\,000\ 元} = 2.86$ 年

**【例4.6】**　某投资项目投资总额为 100 万元，建设期为 2 年，投产后第 1 年至第 8 年每年现金净流量为 25 万元，第 9 年、第 10 年每年现金净流量均为 20 万元。

要求：计算项目的投资回收期。

**解**：因为

$8 \times 25$ 万元 $\geqslant$ 投资额 100 万元

所以

$$投资回收期 = 2 + \dfrac{100\ 万元}{25\ 万元} = 6\ 年$$

由此例可知，投资回收期还应包括建设期。

（2）经营期年现金净流量不相等

首先需计算逐年累计的现金净流量，然后用插入法计算出投资回收期。

**【例4.7】**　根据【例4.4】资料。

要求：计算乙方案的投资回收期。

**解**：

表 4.2　乙方案的现金流量　　　　　　　　　　　　　　单位:元

| 项目计算期 | 乙方案 | |
| --- | --- | --- |
| | 净现金流量(NCF) | 累计净现金流量 |
| 1 | 30 000 | 30 000 |
| 2 | 34 000 | 64 000 |
| 3 | 38 000 | 102 000 |
| 4 | 42 000 | 144 000 |
| 5 | 46 000 | 190 000 |

由表 4.2 可知,乙方案的投资回收期在第 2 年与第 3 年之间,用插入法可计算出

$$乙方案投资回收期 = 2 + \frac{100\ 000\ 元 - 64\ 000\ 元}{102\ 000\ 元 - 64\ 000\ 元} = 2.95\ 年$$

静态指标的计算简单、明了,容易掌握。但是,这类指标的计算均没有考虑资金的时间价值。另外,投资利润率也没有考虑折旧的回收,即没有完整反映现金净流量,无法直接利用现金净流量的信息;而静态投资回收期也没有考虑回收期之后的现金净流量对投资收益的贡献,即没有考虑投资方案的全部现金净流量,故有较大局限性。因此,该类指标一般只适用于方案的初选或者投资后各项目间经济效益的比较。

### 4.3.2　贴现指标

贴现指标也称动态指标,即考虑资金时间价值因素的指标。它主要包括净现值、净现值率、现值指数及内含报酬率等指标。

#### 1)净现值(NPV)

所谓净现值,是指特定方案未来现金流入的现值与未来现金流出的现值之间的差额。按照净现值法,所有未来现金流入和流出都要按预定贴现率折算为它们的现值,然后再计算它们的差额。

净现值的计算公式为

$$NPV = \sum_{t=0}^{n} NCF_t \times (P/F, i, t)$$

式中, $n$ 为项目计算期(包括建设期与经营期);$NCF_t$ 为第 $t$ 年的现金净流量;$(P/F, i, t)$ 为第 $t$ 年、贴现率为 $i$ 的复利现值系数。

净现值指标的决策标准如下:

如果净现值为正数,即贴现后现金流入大于贴现后现金流出,该投资项目的报酬率大于预定的贴现率。该方案为可行方案。

如果净现值为零,即贴现后的现金流入等于贴现后的现金流出,该投资项目的报酬率相当于预定的贴现率。应对该项目进行综合考虑。

如果投资方案的净现值小于零,即贴现后的现金流入小于贴现后的现金流出,该投资项

目的报酬率小于预定的贴现率。该方案为不可行方案。

另外,如果几个方案的投资额相同,项目计算期相等且净现值均大于零,则净现值最大的方案为最优方案。因此,净现值大于或等于零是项目可行的必要条件。

(1)经营期内各年现金净流量相等,建设期为零时

净现值的计算公式为

净现值 = 经营期每年相等的现金净流量 × 年金现值系数 − 投资现值

**【例4.8】** 某企业购入设备一台,价值为30 000元,按直线法计提折旧,使用寿命6年,期末无残值。预计投产后每年可获得税后利润4 000元,假定贴现率为12%。

要求:计算该项目的净现值。

**解:**$NCF_0 = -30\ 000$ 元

$NCF_{1-6} = 4\ 000$ 元 $+ \dfrac{30\ 000}{6}$ 元 $= 9\ 000$ 元

$NPV = 9\ 000$ 元 $\times (P/A, 12\%, 6) - 30\ 000$ 元

$\quad = 9\ 000$ 元 $\times 4.111\ 4 - 30\ 000$ 元

$\quad = 7\ 002.6$ 元

(2)经营期内各年现金净流量不相等

净现值的计算公式为

净现值 $= \sum$(经营期各年的现金净流量 × 各年的现值系数) − 投资现值

**【例4.9】** 假定【例4.8】中,投产后每年可获得税后利润分别为3 000元、3 000元、4 000元、4 000元、5 000元、6 000元,其他资料不变。

要求:计算该项目的净现值。

**解:**$NCF_0 = -30\ 000$ 元

年折旧额 $= \dfrac{30\ 000\ 元}{6} = 5\ 000$ 元

$NCF_1 = 3\ 000$ 元 $+ 5\ 000$ 元 $= 8\ 000$ 元

$NCF_2 = 3\ 000$ 元 $+ 5\ 000$ 元 $= 8\ 000$ 元

$NCF_3 = 4\ 000$ 元 $+ 5\ 000$ 元 $= 9\ 000$ 元

$NCF_4 = 4\ 000$ 元 $+ 5\ 000$ 元 $= 9\ 000$ 元

$NCF_5 = 5\ 000$ 元 $+ 5\ 000$ 元 $= 10\ 000$ 元

$NCF_6 = 6\ 000$ 元 $+ 5\ 000$ 元 $= 11\ 000$ 元

$NPV = 8\ 000$ 元 $\times (P/F, 12\%, 1) + 8\ 000$ 元 $\times (P/F, 12\%, 2) + 9\ 000$ 元 $\times (P/F, 12\%, 3) + 9\ 000$ 元 $\times (P/F, 12\%, 4) + 10\ 000$ 元 $\times (P/F, 12\%, 5) + 11\ 000$ 元 $\times (P/F, 12\%, 6) - 30\ 000$ 元

$\quad = 8\ 000$ 元 $\times 0.892\ 9 + 8\ 000$ 元 $\times 0.797\ 2 + 9\ 000$ 元 $\times 0.711\ 8 + 9\ 000$ 元 $\times 0.635\ 5$ 元 $+ 10\ 000$ 元 $\times 0.567\ 4 + 11\ 000$ 元 $\times 0.506\ 6 - 30\ 000$ 元

$\quad = 6\ 893.1$ 元

净现值是一个贴现的绝对值正指标。其优点在于:

①综合考虑了资金时间价值，能较合理地反映了投资项目的真正经济价值。

②考虑了项目计算期的全部现金净流量；体现了流动性与收益性的统一。

③考虑了投资风险性，因为贴现率的大小与风险大小有关。风险越大，贴现率就越高。

但是，该指标的缺点也是明显的，即无法直接反映投资项目的实际投资收益率水平；当各项目投资额不同时，难以确定最优的投资项目。

### 2）净现值率（NPVR）与现值指数（PI）

上述的净现值是一个绝对数指标，与其相对应的相对数指标是净现值率与现值指数。净现值率是指投资项目的净现值与投资现值合计的比值；现值指数是指项目投产后按一定贴现率计算的在经营期内各年现金净流量的现值合计与投资现值合计的比值。其计算公式为

$$净现值率 = \frac{净现值}{投资现值}$$

$$现值指数 = \frac{\sum 经营期各年现金净流量现值}{投资现值}$$

净现值率与现值指数的关系为

$$现值指数 = 净现值率 + 1$$

净现值率大于零，现值指数大于1，表明项目的报酬率高于贴现率，存在额外收益；净现值率等于零，现值指数等于1，表明项目的报酬率等于贴现率，收益只能抵补资本成本；净现值率小于零，现值指数小于1，表明项目的报酬率小于贴现率，收益不能抵补资本成本。因此，对于单一方案的项目来说，净现值率大于或等于零，现值指数大于或等于1是项目可行的必要条件。当有多个投资项目可供选择时，由于净现值率或现值指数越大，企业的投资报酬水平就越高，故应采用净现值率大于零或现值指数大于1中的最大者。

**【例4.10】** 根据【例4.8】的资料。

要求：计算净现值率和现值指数。

**解**：净现值率 $= \dfrac{7\ 002.6\ 元}{30\ 000\ 元} = 0.233\ 4$

现值指数 $= \dfrac{9\ 000\ 元 \times (P/A, 12\%, 6)}{30\ 000\ 元} = 1.233\ 4$

现值指数 $=$ 净现值率 $+ 1 = 0.233\ 4 + 1 = 1.233\ 4$

### 3）内含报酬率（IRR）

内含报酬率又称内部收益率，是指投资项目在项目计算期内各年现金净流量现值合计数等于零时的贴现率，也可将其定义为能使投资项目的净现值等于零时的贴现率。显然，内含报酬率IRR满足下列等式

$$\sum_{t=0}^{n} NCF_t \times (P/F, IRR, t) = 0$$

从上式可知，净现值的计算是根据给定的贴现率求净现值。而内含报酬率的计算是先令净现值等于零，再求能使净现值等于零的贴现率。因此，净现值不能揭示各个方案本身可

达到的实际报酬率是多少,而内含报酬率实际上反映了项目本身的真实报酬率。用内含报酬率评价项目可行的必要条件是:内含报酬率大于或等于贴现率。

①经营期内各年现金净流量相等,且全部投资均于建设起点一次投入,建设期为零,即

经营期每年相等的现金净流量(NCF)×年金现值系数(P/A,IRR,t) - 投资总额 = 0

内含报酬率具体计算的程序如下:

a.计算年金现值系数(P/A,IRR,t)为

$$年金现值系数 = \frac{投资总额}{经营期每年相等的现金净流量}$$

b.根据计算出来的年金现值系数与已知的年限 n,查年金现值系数表,确定内含报酬率的范围。

c.用内插法求出内含报酬率。

【例4.11】　根据【例4.8】的资料。

要求:计算内含报酬率。

解:$(P/A,IRR,6) = \dfrac{30\,000\,元}{9\,000\,元} = 3.333\,3$

查表可知(见图4.1)

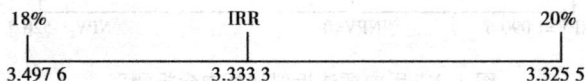

图4.1　各收益率对应的年金现值系数

$IRR = 18\% + \dfrac{3.497\,6 - 3.333\,3}{3.497\,6 - 3.325\,5} \times (20\% - 18\%) = 19.91\%$

②经营期内各年现金净流量不相等。

若投资项目在经营期内各年现金净流量不相等;或建设期不为零,投资额是在建设期内分次投入的情况下,无法应用上述的简便方法,必须按定义采用逐次测试的方法,计算能使净现值等于零的贴现率,即内含报酬率。计算步骤如下:

a.估计一个贴现率,用它来计算净现值。如果净现值为正数,说明方案的实际内含报酬率大于预计的贴现率,应提高贴现率再进一步测试;如果净现值为负数,说明方案本身的报酬率小于估计的贴现率,应降低贴现率再进行测算。如此反复测试,寻找出使净现值由正到负或由负到正且接近零的两个贴现率。

b.根据上述相邻的两个贴现率用内插法求出该方案的内含报酬率。由于逐步测试法是一种近似方法,因此相邻的两个贴现率不能相差太大,否则误差会很大。

【例4.12】　根据【例4.9】资料。

要求:计算内含报酬率

解:先按16%估计的贴现率进行测试,其结果净现值2 855.8元,为正数;于是把贴现率提高到18%进行测试,净现值为1 090.6元,仍为正数,再把贴现率提高到20%重新测试,净现值为 -526.5元,为负数,说明该项目的内含报酬率在18% ~20%。有关测试计算见表4.3。

表4.3 内含报酬率的测试结果

| 年份 | 现金净流量（NCF）/元 | 贴现率=16% | | 贴现率=18% | | 贴现率=20% | |
|---|---|---|---|---|---|---|---|
| | | 现值系数 | 现值/元 | 现值系数 | 现值/元 | 现值系数 | 现值/元 |
| 0 | (30 000) | 1 | (30 000) | 1 | (30 000) | 1 | (30 000) |
| 1 | 8 000 | 0.862 1 | 6 896.8 | 0.847 5 | 6 780 | 0.833 3 | 6 666.4 |
| 2 | 8 000 | 0.743 2 | 5 945.6 | 0.718 2 | 5 745.6 | 0.694 4 | 5 555.2 |
| 3 | 9 000 | 0.640 7 | 5 766.3 | 0.608 6 | 5 477.4 | 0.578 7 | 5 208.3 |
| 4 | 9 000 | 0.552 3 | 4 970.7 | 0.515 8 | 4 642.2 | 0.482 3 | 4 340.7 |
| 5 | 10 000 | 0.476 2 | 4 762 | 0.437 1 | 4 371 | 0.401 9 | 4 019 |
| 6 | 11 000 | 0.410 4 | 4 514.4 | 0.370 4 | 4 074.4 | 0.334 9 | 3 683.9 |
| 净现值 | | | 2 855.8 | | 1 090.6 | | (526.5) |

然后用插入法近似计算内含报酬率为（见图4.2）

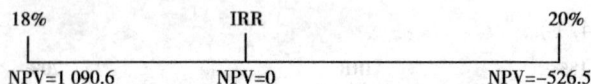

图4.2 用内插法近似计算内含报酬率

$$IRR = 18\% + \frac{1\ 090.6 - 0}{1\ 090.6 - (-526.5)} \times (20\% - 18\%) = 19.35\%$$

内含报酬率是一个动态相对量正指标。它既考虑了资金时间价值，又能从动态的角度直接反映投资项目的实际报酬率，且不受贴现率高低的影响，比较客观。但是，该指标的计算过程比较复杂。

4）贴现评价指标之间的关系

净现值（NPV）、净现值率（NPVR）、现值指数（PI）及内含报酬率（IRR）指标之间存在的数量关系如下：

当NPV>0时，NPVR>0，PI>1，IRR>$i$；

当NPV=0时，NPVR=0，PI=1，IRR=$i$；

当NPV<0时，NPVR<0，PI<1，IRR<$i$。

这些指标的计算结果都受到建设期和经营期的长短、投资金额及方式，以及各年现金净流量的影响。所不同的是净现值（NPV）为绝对数指标，其余为相对数指标，计算净现值、净现值率和现值指数所依据的贴现率（$i$）都是事先已知的，而内含报酬率（IRR）的计算本身与贴现率（$i$）的高低无关，只是采用这一指标的决策标准是将所测算的内含报酬率与其贴现率进行对比。当IRR≥$i$时，该方案是可行的。

## 4.3.3 项目投资决策评价指标的应用

计算评价指标的目的是进行项目投资方案的对比与选优，使它们在方案的对比与选优中正确地发挥作用,为项目投资方案提供决策的定量依据。但是,投资方案对比与选优的方法会因项目投资方案的不同而有区别。

### 1)独立方案的对比与选优

独立方案是指方案之间存在着相互依赖的关系,但又不能相互取代的方案。在只有一个投资项目可供选择的条件下,只需评价其财务上是否可行。

常用的评价指标有净现值、净现值率、现值指数及内含报酬率。如果评价指标同时满足以下条件:NPV≥0,NPVR≥0,PI≥1,IRR≥$i$,则项目具有财务可行性;反之,则不具备财务可行性。而静态的投资回收期与投资利润率可作为辅助指标评价投资项目,但需注意,当辅助指标与主要指标(净现值等)的评价结论发生矛盾时,应以主要指标的结论为准。

【例4.13】　根据【例4.8】、【例4.10】、【例4.11】的计算结果可知:

NPV = 7 002.6 元 > 0

NPVR = 0.233 4 > 0

PI = 1.233 4 > 1

IRR = 19.91% > 12%(贴现率)

计算表明,该方案各项主要指标均达到或超过相应标准,故它具有财务可行性,方案是可行的。

### 2)互斥方案的对比与选优

项目投资决策中的互斥方案(相互排斥方案)是指在决策时涉及的多个相互排斥,不能同时实施的投资方案。互斥方案决策过程就是在每一个入选方案已具备项目可行性的前提下,利用具体决策方法比较各个方案的优劣,利用评价指标从各个备选方案中最终选出一个最优方案的过程。

由于各个备选方案的投资额、项目计算期不相一致,因此,要根据各个方案的使用期、投资额相等与否,采用不同的方法作出选择。

(1)互斥方案的投资额、项目计算期均相等,可采用净现值法或内含报酬率法

所谓净现值法,是指通过比较互斥方案的净现值指标的大小来选择最优方案的方法。所谓内含报酬率法,是指通过比较互斥方案的内含报酬率指标的大小来选择最优方案的方法。净现值或内含报酬率最大的方案为优。

【例4.14】　某企业现有资金100万元可用于固定资产项目投资,有A,B,C,D 4个互相排斥的备选方案可供选择,这4个方案投资总额均为100万元,项目计算期都为6年,贴现率为10%,现经计算:

$\text{NPV}_A = 8.125\ 3$ 万元　$\text{IRR}_A = 13.3\%$

$\text{NPV}_B = 12.25$ 万元　$\text{IRR}_B = 16.87\%$

$\text{NPV}_C = -2.12$ 万元　$\text{IRR}_C = 8.96\%$

$\text{NPV}_D = 10.36$ 万元　$\text{IRR}_D = 15.02\%$

要求:决策哪一个投资方案为最优。

解:因为 C 方案净现值为 −2.12 万元,小于零,内含报酬率为8.96%,小于贴现率,不符

合财务可行的必要条件,应含去。

又因 A,B,D 3 个备选方案的净现值均大于零,且内含报酬平均大于贴现率。故 A,B,D 3 个方案均符合财务可行的必要条件,且

NPV$_B$ > NPV$_D$ > NPV$_A$

12.25 万元 >10.36 万元 >8.125 3 万元

IRR$_B$ > IRR$_D$ > IRR$_A$

16.87% >15.02% >13.3%

因此,B 方案最优,D 方案为其次,最差为 A 方案,故应采用 B 方案。

(2)互斥方案的投资额不相等,但项目计算期相等,可采用差额法

所谓差额法,是指在两个投资总额不同方案的差量现金净流量(记作 ΔNCF)的基础上,计算出差额净现值(记作 ΔNPV)或差额内含报酬率(记作 ΔIRR),并据以判断方案孰优孰劣的方法。

在此方法下,一般以投资额大的方案减投资额小的方案。当 ΔNPV≥0 或 ΔIRR≥$i$ 时,投资额大的方案较优;反之,则投资额小的方案为优。

【例4.15】 某企业两年前以 200 000 元购入的一台设备,预计使用 10 年,净残值为 0,每年付现成本为 40 000 元,该设备目前的变现价值为 160 000 元(与账面价值相等)。现考虑用市场上生产效率更高的新设备代替旧设备。新设备价值为 240 000 元,预计使用 8 年,净残值为 0,每年付现成本为 20 000 元,更换新设备后不增加企业的现金流入。假设企业对固定资产均采用直线法计提折旧,企业的所得税税率为 25%,资金成本率为 10%。

要求:假设不考虑其他因素,企业是否应该更换设备?

**解:** 根据上述数据,站在新设备的立场上,计算出售旧设备购置新设备与继续使用旧设备这两个方案的现金流量差额,见表4.4。

表4.4 两方案的现金流量差额表

| 项 目 | 旧设备 | 新设备 | 差额 |
|---|---|---|---|
| 初始投资额 | 0 | 240 000 | 240 000 |
| 旧设备变价收入 | 0 | 160 000 | 160 000 |
| 年销售收入(1) | × | × | 0 |
| 年付现成本(2) | 40 000 | 20 000 | -20 000 |
| 年折旧额(3) | 20 000 | 30 000 | 10 000 |
| 营业净现金流量(4) = (1)×(1-25%) - (2)×(1-25%) + (3)×25% | | | 17 500 |

其中:

$$旧设备的年折旧额 = \frac{200\ 000\ 元}{10} = 20\ 000\ 元$$

$$新设备的年折旧额 = \frac{240\ 000\ 元}{8} = 30\ 000\ 元$$

所以

$$\Delta NCF_0 = -(240\ 000\ 元 - 160\ 000\ 元) = -80\ 000\ 元$$

$$\Delta NCF_{1-8} = 17\ 500\ 元$$

$$\Delta NPV = 17\ 500\ 元 \times (P/A, 10\%, 8) - 80\ 000\ 元$$
$$= 13\ 362.5\ 元$$

因为 $\Delta NPV > 0$，所以应出售旧设备购置新设备。

（3）互斥方案的投资额不相等，项目计算期也不相同，可采用平均年成本法

固定资产的平均年成本是指该资产引起的现金流出的年平均值。所谓平均年成本法，是指通过比较所有投资方案的年平均成本指标的大小来选择最优方案的决策方法。在此法下，年平均成本最小的方案为优，即

$$平均年成本 = \frac{未来年限内现金流出总现值}{年金现值系数}$$

【例4.16】 某企业考虑用一台效率更高的新设备来代替旧设备，假设更新固定资产后并不增加企业的现金流入，其他有关的数据见表4.5。

表4.5 新、旧设备相关数据　　　　　　　　单位:元

| 项　　目 | 旧设备 | 新设备 |
|---|---|---|
| 原值 | 32 000 | 35 000 |
| 预计使用年限 | 10 | 8 |
| 已经使用年限 | 4 | 0 |
| 最终残值 | 2 000 | 300 |
| 目前变现价值 | 16 000 | 35 000 |
| 年付现成本 | 10 000 | 600 |

假设企业的所得税税率为25%，企业对固定资产均采用直线法计提折旧。

要求:如果该企业期望达到最低报酬率为10%，请作出决策。

解:继续使用旧设备与更换新设备的相关数据见表4.6。

表4.6 继续使用旧设备与更换新设备的相关数据　　　　　　　　单位:元

| 项　　目 | 旧设备 | 新设备 |
|---|---|---|
| 目前变现价值(1) | 16 000 | 35 000 |
| 目前账面价值(2) = 原值 - 年折旧额 × 已使用年限 | 20 000 | 35 000 |
| 变现损失抵税(3) = [(2) - (1)] × 25% | 1 000 | 0 |
| 年付现成本(4) | 10 000 | 6 000 |
| 年折旧额(5) | 3 000 | 4 000 |
| 税后付现成本(6) = (4) × (1 - 25%) | 7 500 | 4 500 |
| 折旧抵税(7) = (5) × 25% | 750 | 1 000 |
| 税后运行成本(8) = (6) - (7) | 6 750 | 3 500 |

继续使用旧设备第一年年初的净现金流出 = 丧失变现的净现金流量

$$= 变现价值 + 变现损失抵税$$

$$= 变现价值 - 变现收入纳税$$

因此,旧设备与新设备的平均年成本分别为

旧设备的平均年成本

$$= \frac{16\ 000\ 元 + 1\ 000\ 元 + 6\ 750\ 元 \times (P/A,10\%,6) - 2\ 000\ 元 \times (P/F,10\%,6)}{(P/A,10\%,6)}$$

$$= \frac{17\ 000\ 元 + 6\ 750\ 元 \times 4.355 - 2\ 000\ 元 \times 0.564}{4.355}$$

$$= 10\ 394.5\ 元$$

新设备的平均年成本

$$= \frac{35\ 000\ 元 + 3\ 500\ 元 \times (P/A,10\%,8) - 3\ 000\ 元 \times (P/F,10\%,8)}{(P/A,10\%,8)}$$

$$= \frac{35\ 000\ 元 + 3\ 500\ 元 \times 5.335 - 3\ 000\ 元 \times 0.467}{5.335}$$

$$= 9\ 797.8\ 元$$

因此,通过上述计算可知,更换新设备的平均年成本较低,应更换新设备。

# 本章小结

1. 项目投资是一种以特定项目为对象,直接与新建项目或更新改造项目有关的长期投资行为。项目投资主要分为单纯固定资产投资、完整工业投资项目和更新改造项目。项目投资的程序包括投资项目的设计、项目投资的决策和项目投资的执行等。

2. 现金流量是指投资项目在其计算期内因资金循环而引起的现金流入和现金流出增加的数量。它包括现金流入量、现金流出量和现金净流量 3 个具体概念。

现金流入量是指投资项目实施后在项目计算期内所引起的企业现金收入的增加额。它包括营业收入、固定资产的余值、回收流动资金及其他现金流入量。

现金流出量是指投资项目实施后在项目计算期内所引起的企业现金流出的增加额。它包括建设投资、垫支的流动资金、付现成本、所得税额及其他现金流出量。

现金净流量是指投资项目在项目计算期内现金流入量和现金流出量的净额。现金净流量可分为建设期的现金净流量和经营期的现金净流量。

建设期现金净流量的计算为

$$现金净流量 = -该年投资额$$

经营期营业现金净流量的计算为

$$现金净流量 = 营业收入 - 付现成本 - 所得税$$

$$= 税后利润 + 折旧额$$

$$= 营业收入 \times (1 - 所得税率) - 付现成本 \times (1 - 所得税率) +$$

$$折旧额 \times 所得税率$$

经营期终结现金净流量 ＝ 营业现金净流量 ＋ 回收额

3. 现金流量的假设主要分为全投资假设、建设期投入全部资金假设、项目投资的经营期与折旧年限一致假设、时点指标假设及确定性假设。为了正确计算投资项目的增量现金流量,要注意沉落成本、机会成本、公司其他部门的影响,以及净营运资金等因素的影响。

4. 项目投资决策评价指标分为非贴现指标和贴现指标两大类。非贴现指标也称静态指标,主要包括投资利润率和投资回收期等指标;贴现指标也称动态指标,主要包括净现值、净现值率、现值指数及内含报酬率等指标。贴现评价指标之间的关系如下:

当 $NPV > 0$ 时,$NPVR > 0$,$PI > 1$,$IRR > i$;

当 $NPV = 0$ 时,$NPVR = 0$,$PI = 1$,$IRR = i$;

当 $NPV < 0$ 时,$NPVR < 0$,$PI < 1$,$IRR < i$。

这些指标的计算结果都受到建设期和经营期的长短、投资金额及方式以及各年现金净流量的影响。所不同的是净现值($NPV$)为绝对数指标,其余为相对数指标。计算净现值、净现值率和现值指数所依据的贴现率($i$)都是事先已知的,而内含报酬率($IRR$)的计算本身与贴现率($i$)的高低无关,只是采用这一指标的决策标准是将所测算的内含报酬率与其贴现率进行对比。当 $IRR \geq i$ 时,该方案是可行的。

5. 项目投资决策评价指标的决策应用分为独立方案的对比与选优、互斥方案的对比与选优和其他方案的对比与选优等。

# 第 5 章　证券投资

【知识目标】

1. 了解各种证券投资的目的。
2. 掌握证券投资价值及其收益率的计算方法。
3. 理解债券与股票投资的优缺点。

【能力目标】

1. 能够识别证券投资的各种风险。
2. 能够识别债券的价值和债券到期收益率,并能进行债券的信用评级。
3. 能够识别股票的价值,并能进行股票价值的评价。
4. 能够计算证券投资组合的风险收益。

【重点难点】

1. 债券投资的收益、风险的计量和估价。
2. 股票投资的收益、风险的计量和估价。

【案例导入】

　　沃伦·巴菲特(Warren Buffett)被称为有史以来最伟大的投资家,他依靠股票、外汇市场的投资,成为世界上数一数二的富翁。巴菲特 1930 年 8 月 30 日出生在美国内布拉斯加州的奥马哈市。他从小就极具投资意识,1941 年,11 岁的巴菲特购买了平生第一张股票。1947 年,巴菲特进入宾夕法尼亚大学攻读财务和商业管理。两年后,巴菲特考入哥伦比亚大学金融系,拜师于著名投资理论学家本杰明·格雷厄姆门下,巴菲特如鱼得水。1956 年,他回到家乡创办"巴菲特有限公司"。1964 年,巴菲特的个人财富达到 400 万美元,而此时他掌管的资金已高达 2 200 万美元。1965 年,35 岁的巴菲特收购了一家名为伯克希尔-哈撒韦的纺织企业,1994 年底已发展成拥有 230 亿美元的伯克希尔工业王国,由一家纺纱厂变成巴菲特庞大的投资金融集团。他的股票在 30 年间上涨了 2 000 倍,而标准普尔 500 指数内的股票平均才上涨了近 50 倍。多年来,在《福布斯》一年一度的全球富豪榜上,巴菲特一直稳居前几名。

## 5.1　证券投资概述

　　企业除了直接将资金投入生产经营活动进行直接投资外,通常还将资金投放于有价证券进行证券投资。证券投资相对于项目投资而言,变现能力强,少量资金也能参与投资,便于随时调用和转移资金,这为企业有效利用资金、充分挖掘资金的潜力提供了十分理想的途径。因此,证券投资已成为企业投资的重要组成部分。

### 5.1.1　证券投资的概念和目的

**1）证券的概念**

证券是指具有一定票面金额,代表财产所有权和债权,可有偿转让的凭证,如股票、债券等。证券具有流动性、收益性和风险性 3 个特点。

（1）流动性

流动性又称变现性,是指证券可以随时抛售取得现金。

（2）收益性

收益性是指证券持有者凭借证券可以获得相应的报酬。证券收益一般由当前收益和资本利得构成。以股息、红利或利息所表示的收益,称为当前收益。由证券价格上升（或下降）而产生的收益（或亏损）,称为资本利得或差价收益。

（3）风险性

风险性是指证券投资者达不到预期的收益或遭受各种损失的可能性。证券投资既有可能获得收益,更有可能带来损失,具有很强的不确定性。

流动性与收益性往往成反比,而风险性则一般与收益性成正比。

**2）证券投资的目的**

证券投资是指企业为获取投资收益或特定经营目的而买卖有价证券的一种投资行为。不同企业进行证券投资的目的各有千秋,但总的来说有以下 5 个方面:

（1）充分利用闲置资金,获取投资收益

企业正常经营过程中有时会有一些暂时多余的资金闲置,为了充分、有效地利用这些资金,可购入一些有价证券,在价位较高时抛售,以获取较高的投资收益。

（2）为了控制相关企业,增强企业竞争能力

企业有时从经营战略上考虑需要控制某些相关企业,可通过购买该企业大量股票,从而取得对被投资企业的控制权,以增强企业的竞争能力。

（3）为了积累发展基金或偿债基金,满足未来的财务需求

企业如欲在将来扩建厂房或归还到期债务,可按期拨出一定数额的资金投入一些风险较小的证券,以便到时售出,满足所需的整笔资金的需求。

（4）满足季节性经营对现金的需求

季节性经营的公司在某些月份资金有余,而有些月份则会出现短缺。可在资金剩余时,购入有价证券;短缺时,则售出。

（5）获得对相关企业的控制权

如果某些企业从战略上考虑要控制另外一些企业,可通过股票投资实现。例如,一家汽车制造企业欲控制一家钢铁公司以便获得稳定的材料供应,这时便可动用一定资金来购买这家钢铁企业的股票,直到其所拥有的股权能控制这家钢铁企业为止。

### 5.1.2　证券投资的种类

要了解证券投资的种类,首先要了解证券的种类。

**1)证券的种类**

**(1)按证券体现的权益关系分类**

证券按体现的权益关系,可分为所有权证券、信托投资证券和债权证券。所有权证券是一种既不定期支付利息,也无固定偿还期的证券,它代表着投资者在被投资企业所占权益的份额,在被投资企业赢利且宣布发放股利的情况下,才可能分享被投资企业的部分净收益,股票是典型的所有权证券;信托投资证券是由公众投资者共同筹集、委托专门的证券投资机构投资于各种证券,以获取收益的股份或收益凭证,如投资基金;债权证券是一种必须定期支付利息,并要按期偿还本金的有价证券,各种债券如国库券、企业债券、金融债券都是债权性证券。所有权证券的投资风险要大于债权性证券;投资基金的风险低于股票投资而高于债券投资。

**(2)按证券的收益状况分类**

证券按收益状况,可分为固定收益证券和变动收益证券。固定收益证券是指在证券票面上规定有固定收益率,投资者可定期获得稳定收益的证券,如优先股股票、债券等;变动收益证券是指证券票面无固定收益率,其收益情况随企业经营状况而变动的证券。变动收益证券风险大,投资报酬也相对较高;固定收益证券风险低,投资报酬也相对较低。

**(3)按证券发行主体分类**

证券按发行主体,可分为政府证券、金融证券和公司证券3种。政府证券是指中央或地方政府为筹集资金而发行的证券,如国库券等;金融证券是指银行或其他金融机构为筹集资金而发行的证券;公司证券又称企业证券,是工商企业发行的证券。

**(4)按证券到期日的长短分类**

按证券到期日的长短,可分为短期证券和长期证券。短期证券是指1年内到期的有价证券,如银行承兑汇票、商业本票、短期融资券等;长期证券是指到期日在1年以上的有价证券,如股票、债券等。

**2)证券投资的分类**

**(1)债券投资**

债券投资是指企业将资金投入各种债券,如国债、公司债和短期融资券等。相对于股票投资,债券投资一般风险较小,能获得稳定收益,但要注意投资对象的信用等级。

**(2)股票投资**

股票投资是指企业购买其他企业发行的股票作为投资,如普通股、优先股股票。股票投资风险较大,收益也相对较高。

**(3)组合投资**

组合投资是指企业将资金同时投放于债券、股票等多种证券。这样可分散证券投资风险,组合投资是企业证券投资的常用投资方式。

## 5.2 证券投资的收益评价

企业要进行证券投资,首先必须进行证券投资的收益评价,评价证券收益水平主要有两个指标,即证券的价值和收益率。企业是否应该进行证券投资,应投资于何种证券,只有在对证券投资的风险和收益率进行分析后才能作出决策。因此,研究风险和收益率的关系是证券投资决策中非常重要的问题之一。

### 5.2.1 证券投资风险

进行证券投资,必然要承担一定风险,这是证券投资的基本特征之一。证券投资风险主要来源于以下 5 个方面:

1)违约风险

证券发行人无法按期支付利息或偿还本金的风险,称为违约风险。一般而言,政府发行的证券违约风险小,金融机构发行的证券违约风险次之,而工商企业发行的证券违约风险就较大。造成违约的原因有以下 5 个方面:①政治、经济形势发生重大变化;②发生自然灾害,如水灾、火灾等;③企业经营管理不善,成本高,浪费大;④企业在市场竞争中失败,主要顾客群流失;⑤企业财务管理失误,不能及时清偿到期债务。

2)利息率风险

由于利息率的变动而引起证券价格波动,致使投资人遭受损失的风险,称为利息率风险。证券的价格将随利息率的变动而变动。一般而言,银行利率下降,则证券价格上升;银行利率上升,则证券价格下跌。不同期限的证券,利息率风险不一样,期限越长,风险越大。

3)购买力风险

由于通货膨胀而使证券到期或出售时所获得的货币资金的购买力下降的风险,称为购买力风险。在通货膨胀时期,购买力风险对投资者有重要影响。一般而言,随着通货膨胀的发生,变动收益证券比固定收益证券要好。因此,普通股票被认为比公司债券和其他有固定收入的证券能更好地避免购买力风险。

4)流动性风险

在投资人想出售有价证券获取现金时,证券不能立即出售的风险,称为流动性风险。一种能在较短期内按市价大量出售的资产,是流动性较高的资产,这种资产的流动性风险较小;反之,如果一种资产不能在短时间内按市价大量出售,则属于流动性较低的资产,这种资产的流动性风险较大。例如,购买小公司的债券,想立即出售比较困难,因而流动性风险较大,但若购买国库券,几乎可以立即出售,则其流动性风险较小。

5)期限性风险

由于证券期限长而给投资人带来的风险,称为期限性风险。一项投资到期日越长,投资人面临的不确定因素就越多,承担的风险也越大。例如,同一家企业发行的 10 年期债券就比 1 年期债券的风险大,这便是证券的期限性风险。

### 5.2.2 债券的收益率

#### 1）债券收益的来源及影响因素

投资债券的目的是到期收回本金的同时得到固定的利息。债券的投资收益包含两方面：一是债券的年利息收入，这是债券发行时就决定的。一般情况下，债券利息收入不会改变，投资者在购买债券前就可得知。二是资本利得，是指债券买入价与卖出价或偿还额之间的差额。当债券卖出价大于买入价时，为资本收益；当卖出价小于买入价时，为资本损失。由于债券买卖价格受市场利率和供求关系等因素的影响，资本利得很难在投资前准确预测。

衡量债券收益水平的尺度为债券收益率，即在一定时期内所得收益与投入本金的比率。为便于比较，债券收益一般以年率为计算单位。

决定债券收益率的主要因素有债券的票面利率、期限、面值、持有时间、购买价格及出售价格。这些因素中只要有一个因素发生了变化，债券收益率也会随之发生变化。另外，债券的可赎回条款、税收待遇、流动性及违约风险等属性，也会不同程度地影响债券的收益率。

#### 2）债券投资的收益评价

债券的价值又称债券的内在价值。根据资产的收入资本化定价理论，任何资产的内在价值都是由在投资者预期的资产可获得的现金收入的基础上进行贴现决定的。运用到债券上，债券的价值是指进行债券投资时投资者预期可获得的现金流入的现值。债券的现金流入主要包括利息和到期收回的本金或出售时获得的现金两部分。当债券的购买价格低于债券价值时，才值得购买。

（1）债券价值计算的基本模型

债券价值的基本模型主要是指按复利方式计算的每年定期付息、到期一次还本情况下的债券的估价模型，即

$$V = \sum_{t=1}^{n} \frac{i \times F}{(1+K)^t} + \frac{F}{(1+K)^n}$$

式中，$V$ 为债券价值；$i$ 为债券票面利息率；$F$ 为债券面值；$K$ 为市场利率或投资人要求的必要收益率；$n$ 为付息总期数。

【例 5.1】 凯利公司债券面值为 1 000 元，票面利率为 6%，期限为 3 年，某企业要对这种债券进行投资，当前的市场利率为 8%，问债券价格为多少时才能进行投资？

解：$V = 1\ 000\ 元 \times 6\% \times (P/A,8\%,3) + 1\ 000\ 元 \times (P/F,8\%,3)$
   $= 60\ 元 \times 2.577\ 1 + 1\ 000\ 元 \times 0.793\ 8$
   $= 948.43\ 元$

因此，该债券的价格必须低于 948.43 元时才适宜进行投资。

（2）一次还本付息的单利债券价值模型

我国很多债券属于一次还本付息、单利计算的存单式债券。其价值模型为

$$V = F(1 + i \times n)/(1+K)^n$$
$$= F(1 + i \times n) \times (P/F,K,n)$$

式中符号含义同前式。

**【例 5.2】** 凯利公司拟购买另一家公司的企业债券作为投资,该债券面值为 1 000 元,期限为 3 年,票面利率为 5%,单利计息,当前市场利率为 6%,该债券发行价格为多少时才适宜购买?

**解:** $V = 1 000 元 \times (1 + 5\% \times 3) \times (P/F, 6\%, 3)$

$\qquad = 1 000 元 \times 1.15 \times 0.839 6$

$\qquad = 965.54 元$

因此,该债券的价格必须低于 965.54 元时才适宜购买。

(3) 零息债券的价值模型

零息债券的价值模型是指到期只能按面值收回,期内不计息债券的估价模型,即

$$P = F/(1 + K)^n = F \times (P/F, K, n)$$

式中的符号含义同前式。

**【例 5.3】** 某债券面值为 1 000 元,期限为 3 年,期内不计息,到期按面值偿还,市场利率为 6%,价格为多少时企业才适宜购买?

**解:** $V = 1 000 元 \times (P/F, 6\%, 3) = 1 000 元 \times 0.839 6 = 839.6 元$

因此,该债券的价格只有低于 839.6 元时企业才适宜购买。

### 3) 债券的收益率

(1) 短期债券收益率的计算

短期债券由于期限较短,一般不用考虑货币时间价值因素,只需考虑债券价差及利息,将其与投资额相比,即可求出短期债券收益率。其基本计算公式为

$$K = \frac{S_1 - S_0 + I}{S_0}$$

式中,$S_0$ 为债券购买价格;$S_1$ 为债券出售价格;$I$ 为债券利息;$K$ 为债券投资收益率。

**【例 5.4】** 某企业于 2012 年 5 月 8 日以 920 元购进一张面值为 1 000 元的债券,票面利率为 5%,每年付息一次,并于 2013 年 5 月 8 日以 970 元的市价出售,问该债券的投资收益率是多少?

**解:** $K = (970 元 - 920 元 + 50 元) \div 920 元 \times 100\% = 10.87\%$

因此,该债券的投资收益率为 10.87%。

(2) 长期债券收益率的计算

对于长期债券,由于涉及时间较长,需要考虑货币时间价值,其投资收益率一般是指购进债券后一直持有至到期日可获得的收益率。它是使债券利息的年金现值和债券到期收回本金的复利现值之和等于债券购买价格时的贴现率。

① 一般债券收益率的计算。

一般债券的价值模型为

$$V = I \times (P/A, K, n) + F \times (P/F, K, n)$$

式中,$V$ 为债券的购买价格;$I$ 为每年获得的固定利息;$F$ 为债券到期收回的本金或中途出售收回的资金;$K$ 为债券的投资收益率;$n$ 为投资期限。

由于无法直接计算收益率,必须采用逐步测试法及内插法来计算,即先设定一个贴现率

代入上式,如计算出的 $V$ 正好等于债券买价,该贴现率即为收益率;如计算出的 $V$ 与债券买价不等,则须继续测试,再用内插法求出收益率。

**【例5.5】** 某公司于2008年1月1日用平价购买一张面值为1 000元的债券,其票面利率为8%,每年1月1日计算并支付一次利息,该债券于2013年1月1日到期,按面值收回本金,计算其到期收益率。

**解:** $I = 1 000$ 元 $\times 8\% = 80$ 元, $F = 1 000$ 元。

设收益率 $i = 8\%$ ,则

$V = 80$ 元 $\times (P/A, 8\%, 5) + 1 000$ 元 $\times (P/F, 8\%, 5)$

　　$= 1 000$ 元

用8%计算出来的债券价值正好等于债券买价,故该债券的收益率为8%。可知,平价发行的每年复利计息一次的债券,其到期收益率等于票面利率。

如该公司购买该债券的价格为1 100元,即高于面值,则该债券收益率应为多少?

要求出收益率,必须使下式成立

$1 100$ 元 $= 80$ 元 $\times (P/A, i, 5) + 1 000$ 元 $\times (P/F, i, 5)$

通过前面计算可知,当 $i = 8\%$ 时,上式等式右边为1 000元。由于利率与现值呈反向变化,即现值越大,利率越小。而债券买价为1 100元,收益率一定低于8%,降低贴现率进一步试算。

用 $i_1 = 6\%$ 试算:

$V_1 = 80$ 元 $\times (P/A, 6\%, 5) + 1 000$ 元 $\times (P/F, 6\%, 5)$

　　$= 80$ 元 $\times 4.212 4 + 1 000$ 元 $\times 0.747 3$

　　$= 1 084.29$ 元

由于贴现结果仍小于1 100元,还应进一步降低贴现率试算。

用 $i_2 = 5\%$ 试算:

$V_2 = 80$ 元 $\times (P/A, 5\%, 5) + 1 000$ 元 $\times (P/F, 5\%, 5)$

　　$= 80$ 元 $\times 4.329 5 + 1 000$ 元 $\times 0.783 5$

　　$= 1 129.86$ 元

用内插法计算:

$$i = 5\% + \frac{1 129.86 \text{元} - 1 100 \text{元}}{1 129.86 \text{元} - 1 084.29 \text{元}} \times (6\% - 5\%) = 5.66\%$$

因此,如果债券的购买价格为1 100元时,债券的收益率为5.66%。

②一次还本付息的单利债券收益率的计算。

**【例5.6】** 某公司于2008年1月1日以1 020元购买一张面值为1 000元的债券,票面利率为10%,单利计息,该债券期限5年,到期一次还本付息,计算其到期收益率。

**解:** 一次还本付息的单利债券价值模型为

$V = F(1 + i \times n) \times (P/F, K, n)$

$1 020$ 元 $= 1 000$ 元 $\times (1 + 5 \times 10\%) \times (P/F, K, 5)$

$(P/F, K, 5) = 1 020$ 元 $\div 1 500$ 元 $= 0.68$

查复利现值表,5 年期的复利现值系数等于 0. 68 时,$K = 8\%$。

如此时查表无法直接求得收益率,则可用内插法计算。

债券的收益率是进行债券投资时选购债券的重要标准。它可反映债券投资按复利计算的实际收益率。如果债券的收益率高于投资人要求的必要报酬率,则可购进债券;否则,就应放弃此项投资。

### 4)债券投资的优缺点

(1)债券投资的优点

①投资收益稳定。进行债券投资一般可按时获得固定的利息收入,收益稳定。

②投资风险较低。相对于股票投资而言,债券投资风险较低。政府债券有国家财力作后盾,通常被视为无风险证券。而企业破产时,企业债券的持有人对企业的剩余财产有优先求偿权,因而风险较低。

③流动性强。大企业及政府债券很容易在金融市场上迅速出售,流动性较强。

(2)债券投资的缺点

①无经营管理权。债券投资者只能定期取得利息,无权影响或控制被投资企业。

②购买力风险较大。由于债券面值和利率是固定的,如投资期间通货膨胀率较高,债券面值和利息的实际购买力就会降低。

## 5.2.3 股票投资的收益评价

### 1)股票的价值

股票的价值又称股票的内在价值,是指进行股票投资所获得的现金流入的现值。股票带给投资者的现金流入包括两部分:股利收入和股票出售时的资本利得。因此,股票的内在价值由一系列的股利和将来出售股票时售价的现值所构成。通常当股票的市场价格低于股票内在价值才适宜投资。

(1)股票价值的基本模型

股票价值的基本模型为

$$V = \sum_{t=1}^{n} \frac{D_t}{(1 + K)^t} + \frac{F}{(1 + K)^n}$$

式中,$V$ 为股票内在价值;$D_t$ 为第 $t$ 期的预期股利;$K$ 为投资人要求的必要资金收益率;$F$ 为未来出售时预计的股票价格;$n$ 为预计持有股票的期数。

股票价值的基本模型要求无限期的预计历年的股利,如果持有期是一个未知数,上述模型实际上很难计算。因此,应用的模型都是假设股利零增长或固定比例增长时的价值模型。

(2)股利零增长、长期持有的股票价值模型

股利零增长、长期持有的股票价值模型为

$$V = \frac{D}{K}$$

式中,$V$ 为股票内在价值;$D$ 为每年固定股利;$K$ 为投资人要求的资金收益率。

【例 5.7】 凯利公司拟投资购买并长期持有某公司股票,该股票每年分配股利为 2 元,

必要收益率为 10%，该股票价格为多少时适合购买？

解：$V = D/K = 2 元 \div 10\% = 20 元$

因此，股票价格低于 20 元时才适合购买。

（3）长期持有股票，股利固定增长的股票价值模型

设上年股利为 $D_0$，本年股利为 $D_1$，每年股利增长率为 $g$，则股票价值模型为

$$V = \frac{D_0(1 + g)}{(K - g)}$$
$$= \frac{D_1}{(K - g)}$$

【例 5.8】 凯利公司拟投资某公司股票，该股票上年每股股利为 2 元，预计年增长率为 2%，必要投资报酬率为 7%，该股票价格为多少时可以投资？

解：$V = \dfrac{D_0(1 + g)}{(K - g)}$

$= \dfrac{2 元 \times (1 + 2\%)}{(7\% - 2\%)} = 40.8 元$

因此，该股票价格低于 40.8 元时才可以投资。

（4）非固定成长股票的价值

有些公司的股票在一段时间里高速成长，在另一段时间里又正常固定增长或固定不变，这样则要分段计算，才能确定股票的价值。

【例 5.9】 某企业持有 A 公司股票，其必要报酬率为 12%，预计 A 公司未来 3 年股利高速增长，成长率为 20%，此后转为正常增长，增长率为 8%。公司最近支付的股利为 2 元，计算该公司的股票价值。

解：首先，计算非正常增长期的股利现值，见表 5.1。

表 5.1 非正常增长期的股利现值

| 年份 | 股利/元 | 现值因素 | 现值/元 |
|---|---|---|---|
| 1 | $2 \times 1.2 = 2.4$ | 0.892 9 | 2.143 0 |
| 2 | $2.4 \times 1.2 = 2.88$ | 0.797 2 | 2.295 9 |
| 3 | $2.88 \times 1.2 = 3.456$ | 0.711 8 | 2.460 0 |
| 合计（3 年股利现值） | | | 6.898 9 |

其次，按固定股利成长模型计算固定增长部分的股票价值，即

$$V_3 = \frac{D_3 \times (1 + g)}{K - g} = \frac{3.456 元 \times 1.08}{0.12 - 0.08} = 93.312 元$$

由于这部分股票价值是第三年年底以后的股利折算的内在价值，需将其折算为现值，即

$V_3 \times (P/F, 12\%, 3) = 93.312 元 \times 0.711 8 = 66.419 元$

最后，计算股票目前的内在价值，即

$V = 6.898 9 元 + 66.419 元 = 73.32 元$

### 2）股票投资的收益率

（1）短期股票收益率的计算

如果企业购买的股票在一年内出售，其投资收益主要包括股票投资价差及股利两部分，不需考虑货币时间价值，其收益率计算公式为

$$K = \frac{(S_1 - S_0 + D)}{S_0} \times 100\%$$

$$= \frac{S_1 - S_0}{S_0} + \frac{D}{S_0}$$

$$= 预期资本利得收益率 + 股利收益率$$

式中，$K$ 为短期股票收益率；$S_1$ 为股票出售价格；$S_0$ 为股票购买价格；$D$ 为股利。

【例 5.10】　2002 年 3 月 10 日，凯利公司购买某公司每股市价为 20 元的股票，2003 年 1 月，凯利公司每股获现金股利 1 元。2003 年 3 月 10 日，凯利公司将该股票以每股 22 元的价格出售，问投资收益率应为多少？

**解**：$K = \dfrac{22 \text{元} - 20 \text{元} + 1 \text{元}}{20 \text{元}} \times 100\% = 15\%$

因此，该股票的收益率为 15%。

（2）股票长期持有，股利固定增长的收益率的计算

由固定增长股利价值模型，已知

$$V = \frac{D_0 \times (1 + g)}{K - g}$$

将公式移项整理，求 $K$，可得到股利固定增长收益率的计算模型为

$$K = \frac{D_1}{V} + g$$

【例 5.11】　有一只股票的价格为 40 元，预计下一期的股利为 2 元，该股利将以大约 10% 的速度持续增长，该股票的预期收益率为多少？

**解**：$K = \dfrac{2 \text{元}}{40 \text{元}} + 10\% = 15\%$

因此，该股票的收益率为 15%。

（3）一般情况下股票投资收益率的计算

一般情况下，企业进行股票投资可取得股利，股票出售时也可收回一定资金。只是股利不同于债券利息，股利是经常变动的。股票投资的收益率是使各期股利及股票售价的复利现值等于股票买价时的贴现率，即

$$V = \sum_{t=1}^{n} \frac{D_t}{(1 + K)^t} + \frac{F}{(1 + K)^n}$$

式中，$V$ 为股票的买价；$D_t$ 为第 $t$ 期的股利；$K$ 为投资收益率；$F$ 为股票出售价格；$n$ 为持有股票的期数。

【例 5.12】　凯利公司于 2000 年 6 月 1 日投资 600 万元购买某种股票 100 万股，在 2001 年、2002 年和 2003 年的 5 月 30 日分得每股现金股利分别为 0.6 元、0.8 元和 0.9 元，并于

2003 年 5 月 30 日以每股 8 元的价格将股票全部出售,试计算该项投资的收益率。

**解**:用逐步测试法计算,首先用 20% 的收益率进行测算,即

$$V = \frac{60 \text{ 万元}}{(1+20\%)} + \frac{80 \text{ 万元}}{(1+20\%)^2} + \frac{890 \text{ 万元}}{(1+20\%)^3}$$

$$= 60 \text{ 万元} \times 0.833\ 3 + 80 \text{ 万元} \times 0.694\ 4 + 890 \text{ 万元} \times 0.578\ 7$$

$$= 620.59 \text{ 万元}$$

由于 620.59 万元比 600 万元大,再用 24% 测试,即

$$V = \frac{60 \text{ 万元}}{(1+24\%)} + \frac{80 \text{ 万元}}{(1+24\%)^2} + \frac{890 \text{ 万元}}{(1+24\%)^3}$$

$$= 60 \text{ 万元} \times 0.806\ 5 + 80 \text{ 万元} \times 0.650\ 4 + 890 \text{ 万元} \times 0.524\ 5$$

$$= 567.23 \text{ 万元}$$

然后用内插法计算,即

$$K = 20\% + \frac{620.59 \text{ 万元} - 600 \text{ 万元}}{620.59 \text{ 万元} - 567.23 \text{ 万元}} \times 4\% = 21.54\%$$

### 3)股票投资的优缺点

(1)股票投资的优点

①投资收益高。股票投资风险大,收益也高,只要选择得当,就能取得优厚的投资收益。

②购买力风险低。与固定收益的债券相比,普通股能有效地降低购买力风险。因为通货膨胀率较高时,物价普遍上涨,股份公司盈利增加,股利也会随之增加。

③拥有经营控制权。普通股股票的投资者是被投资企业的股东,拥有一定的经营控制权。

(2)股票投资的缺点

①收入不稳定。普通股股利的有无、多少须视被投资企业经营状况而定,很不稳定。

②价格不稳定。股票价格受众多因素影响,极不稳定。

③求偿权居后。企业破产时,普通股投资者对被投资企业的资产求偿权居于最后,其投资有可能得不到全额补偿。

## 5.3 证券投资的风险与组合

### 5.3.1 证券投资风险

风险性是证券投资的基本特征之一。在证券投资活动中,投资者买卖证券是希望获取预期的收益。在投资者持有证券期间,各种因素的影响可能使预期收益减少甚至使本金遭受损失;持有期间越长,各种因素产生影响的可能性越大。与证券投资活动相关的所有风险,统称总风险。总风险按是否可通过投资组合加以回避及消除,可分为系统性风险和非系统性风险。

### 1)系统性风险

系统性风险是指由于政治、经济及社会环境的变动而影响证券市场上所有证券的风险。

这类风险的共同特点是:其影响不是作用于某一种证券,而是对整个证券市场发生作用,导致证券市场上所有证券出现风险。由于系统性风险对所有证券的投资总是存在的,并且无法通过投资多样化的方法加以分散、回避与消除,故称不可分散风险。它包括市场风险、利率风险、购买力风险以及自然因素导致的社会风险等。

(1)市场风险

市场风险是指由有价证券的"空头"和"多头"等市场因素所引起的证券投资收益变动的可能性。

空头市场即熊市,是证券市场价格指数从某个较高点(波峰)下降开始,一直呈下降趋势至某一较低点(波谷)结束。多头市场即牛市,是证券市场价格指数从某一个较低点开始上升,一直呈上升趋势至某个较高点并开始下降时结束。从这一点开始,证券市场又进入空头市场。多头市场和空头市场的这种交替,导致市场证券投资收益发生变动,进而引起市场风险。多头市场的上升和空头市场的下跌都是就市场的总趋势而言,显然,市场风险是无法回避的。

(2)利率风险

利率风险是指由于市场利率变动引起证券投资收益变动的可能性。

因为市场利率与证券价格具有负相关性,即当利率下降时,证券价格上升;当利率上升时,证券价格下降。由于市场利率变动引起证券价格变动,进而引起证券投资收益变动,这就是利率风险。市场利率的波动是基于市场资金供求状况与基准利率水平的波动。不同经济发展阶段市场资金供求状况不同,中央银行根据宏观金融调控的要求调节基准利率水平,当中央银行调整利率时,各种金融资产的利率和价格必然作出灵敏的市场反应。因此,利率风险是无法回避的。

(3)购买力风险

购买力风险又称通货膨胀风险,是指由于通货膨胀所引起的投资者实际收益水平下降的风险。

由于通货膨胀必然引起企业制造成本、管理成本、融资成本的提高,当企业无法通过涨价或内部消化加以弥补时,就会导致企业经营状况与财务状况的恶化,投资者因此会丧失对股票投资的信心,股市价格随之跌落。一旦投资者对通货膨胀的未来态势产生持久的不良预期时,股价暴跌风潮也就无法制止。世界证券市场发展的历史经验表明,恶性通货膨胀是引发证券市场混乱的祸根。

此外,通货膨胀还会引起投资者本金与收益的贬值,使投资者货币收入增加却并不一定真的获利。通货膨胀是一种常见的经济现象,它的存在必然使投资者承担购买力风险,而且这种风险不会因为投资者退出证券市场就可以避免。

## 2)非系统性风险

非系统性风险是指由于市场、行业以及企业本身等因素影响个别企业证券的风险。它是由单一因素造成的只影响某一证券收益的风险,属个别风险,能够通过投资多样化来抵消,又称可分散风险或公司特别风险。它包括行业风险、企业经营风险、企业违约风险等。

（1）行业风险

行业风险是指由证券发行企业所处的行业特征所引起的该证券投资收益变动的可能性。

有些行业本身包含较多的不确定因素,如高新技术行业,而有些行业则包含较少的不确定因素,如电力、煤气等公用事业。

（2）经营风险

经营风险是指由于经营不善竞争失败,企业业绩下降而使投资者无法获取预期收益或者亏损的可能性。

（3）违约风险

违约风险是指企业不能按照证券发行契约或发行承诺支付投资者债息、股息、红利及偿还债券本金而使投资者遭受损失的风险。

### 5.3.2 单一证券投资风险的衡量

衡量单一证券的投资风险对于证券投资者具有极为重要的意义。它是投资者选择合适投资对象的基本出发点。投资者在选择投资对象时,如果各种证券具有相同的期望收益率,显然会倾向于风险低的证券。

单一证券投资风险的衡量一般包括算术平均法和概率测定法两种。

**1）算术平均法**

算术平均法是最早产生的单一证券投资风险的测定方法。其计算公式为

$$平均价差率 = \frac{\sum_{i=1}^{n} 各期价差率}{n}$$

其中

各期价差率 ＝（该时期最高价 － 最低价）÷（该时期最高价 ＋ 最低价）÷2

式中,$n$ 为计算时期数。

如果将风险理解为证券价格可能的波动,平均价差率则是一个衡量证券投资风险的较好指标。证券投资决策可根据平均价差率的大小来判断该证券的风险大小。平均价差率大的,其证券风险也大;平均价差率小的,其证券风险则较小。

利用算术平均法对证券投资风险的测定,其优点是:简单明了,但其测定范围有限,着重于过去的证券价格波动,风险所包含的内容过于狭窄。因此,不能准确地反映该证券投资未来风险的可能趋势。

**2）概率测定法**

概率测定法是衡量单一证券投资风险的主要方法。它依据概率分析原理,计算各种可能收益的标准差与标准离差率,以反映相应证券投资的风险程度。

（1）标准差

判断实际可能的收益率与期望收益率的偏离程度,一般可采用标准差指标。其计算公式为

$$\sigma = \sqrt{\sum_{i=1}^{n} (K_i - \overline{K})^2 P_i}$$

式中，$\overline{K}$ 为期望收益率（$\sum_{i=1}^{n}(K_i P_i)$）；$K_i$ 为第 $i$ 种可能结果的收益率；$P_i$ 为第 $i$ 种可能结果的概率；$n$ 为可能结果的个数；$\sigma$ 为标准差。

一般来说，标准差越大，说明实际可能的结果与期望收益率偏离越大，实际收益率不稳定，因而该证券投资的风险大；标准差越小，说明实际可能的结果与期望收益率偏离越小，实际收益率比较稳定，因而该证券投资的风险较小。但标准差只能用来比较期望收益率相同的证券投资风险程度，而不能用来比较期望收益率不同的证券投资的风险程度。

（2）标准离差率

标准离差率又称标准差系数，可用来比较不同期望收益率的证券投资风险程度。其计算公式为

$$q = \sigma \div \overline{K} \times 100\%$$

标准差系数是通过标准差与期望收益率的对比，以消除期望收益率水平高低的影响，可比较不同收益率水平的证券投资风险程度的大小。一般来说，标准差系数越小，说明该证券投资风险程度相对较低；否则，反之。

【例 5.13】 某企业拟对两种证券进行投资，每种证券均可能遭遇繁荣、衰退两种行情，各自的预期收益率及概率见表 5.2，试比较 $A$、$B$ 两种证券投资的风险程度。

表 5.2 两种证券投资的风险比较

| 经济趋势 | 发生概率（$P_i$） | 收益率（$K_i$） | |
|---|---|---|---|
| | | $A$ | $B$ |
| 衰退 | 50% | $-20\%$ | 10% |
| 繁荣 | 50% | 70% | 30% |

**解**：①分别计算 $A$，$B$ 证券的期望收益率，即

$\overline{K_A} = (-20\%) \times 0.5 + 70\% \times 0.5 = 25\%$

$\overline{K_B} = 10\% \times 0.5 + 30\% \times 0.5 = 20\%$

②分别计算 $A$，$B$ 证券的标准差，即

$$\sigma_A = \sqrt{(-20\% - 25\%)^2 \times 0.5 + (70\% - 25\%)^2 \times 0.5}$$
$$= 45\%$$

$$\sigma_B = \sqrt{(10\% - 20\%)^2 \times 0.5 + (30\% - 20\%)^2 \times 0.5}$$
$$= 10\%$$

③分别计算 $A$，$B$ 证券的标准离差率，即

$$q_A = \frac{45\%}{25\%} = 180\%$$

$$q_B = \frac{10\%}{20\%} = 50\%$$

由此可以判定:尽管证券 $A$ 的期望收益率高于证券 $B$,但其风险程度也高于证券 $B$。

### 5.3.3 证券投资组合

前已述及,证券投资充满了各种各样的风险,为了规避风险,可采用证券投资组合的方式,即投资者在进行证券投资时,不是将所有的资金都投向单一的某种证券,而是有选择地投向多种证券,这种做法称为证券的投资组合或者投资的多样化。

**1)证券投资组合的策略与方法**

(1)证券投资组合的策略

①冒险型策略。

这种策略认为,只要投资组合科学而有效,就能取得远远高于平均收益水平的收益,这种组合主要选择高风险、高收益的成长性股票,对于低风险、低收益的股票不屑一顾。

②保守型策略。

这种策略是指购买尽可能多的证券,以便分散掉全部可分散风险,得到市场的平均收益。这种投资组合的优点如下:

a.能分散掉全部可分散风险。

b.不需要高深的证券投资专业知识。

c.证券投资管理费较低。

这种策略收益不高,风险也不大,故称保守型策略。

③适中型策略。

这种策略介于保守型与冒险型策略之间,采用这种策略的投资者一般都善于对证券进行分析。通过分析,选择高质量的股票或债券组成投资组合。他们认为,股票价格是由企业经营业绩决定的,市场上价格一时的沉浮并不重要。这种投资策略风险不太大,收益却比较高,但进行这种组合的人必须具备丰富的投资经验及进行证券投资的各种专业知识。

(2)证券投资组合的方法

①选择足够数量的证券进行组合。

当证券数量增加时,可分散风险会逐步减少,当数量足够时,大部分可分散风险都能分散掉。

②把不同风险程度的证券组合在一起。

即三分之一资金投资于风险大的证券,三分之一资金投资于风险中等的证券,三分之一资金投资于风险小的证券。这种组合法虽不会获得太高的收益,但也不会承担太大的风险。

③把投资收益呈负相关的证券放在一起组合。

负相关股票是指一种股票的收益上升而另一种股票的收益下降的两种股票,把收益呈负相关的股票组合在一起,能有效分散风险。

**2)证券组合投资的期望收益率**

证券组合投资的期望收益率为

$$\overline{K_p} = \sum_{i=1}^{n} K_i W_i P_i = \sum_{i=1}^{n} \overline{K_i} W_i$$

式中,$\overline{K_p}$ 为证券组合投资的期望收益率;$\overline{K_i}$ 为第 $i$ 种证券的期望收益率;$W_i$ 为第 $i$ 种证券价值占证券组合投资总价值的比重;$n$ 为证券组合中的证券数。

仍沿用例 5.13 中的资料,如该企业各投资 50% 于 $A,B$ 证券,则组合投资的期望收益率为

$$\overline{K_p} = 25\% \times 0.5 + 20\% \times 0.5 = 22.5\%$$

### 3)证券组合投资的风险

证券组合投资的期望收益率可由各个证券期望收益率的加权平均而得,但证券组合投资的风险并不是各个证券标准差的加权平均数,即

$$\sigma_p \neq \sum_{i=1}^{n} \sigma_i W_i$$

证券投资组合理论研究表明,理想的证券组合投资的风险一般要小于单独投资某一证券的风险,通过证券投资组合可规避各证券本身的非系统性风险。现举例说明如下:

【例 5.14】 某企业投资于由 $W,M$ 两种证券组成的投资组合,投资比重各为 50% ,从 1996—2000 年各年的收益率及标准差资料见表 5.3。

表 5.3  完全负相关的两种证券组合

| 年度 | 证券 $W$ 收益率 $K_W$/% | 证券 $M$ 收益率 $K_M$/% | $WM$ 投资组合收益率 $K_p$/% |
|---|---|---|---|
| 1996 | 40 | −10 | 15 |
| 1997 | −10 | 40 | 15 |
| 1998 | 35 | −5 | 15 |
| 1999 | −5 | 35 | 15 |
| 2000 | 15 | 15 | 15 |
| 平均收益率 | 15 | 15 | 15 |
| 标准差 | 22.6 | 22.6 | 0.0 |

由此可知,如果只投资 $W$ 或 $M$,它们的风险都很高,但如将两种证券进行组合投资,则其风险为零(标准差为零)。这种组合之所以会风险为零,是因为这两种证券的投资收益率的变动方向正好相反:当 $W$ 的投资收益率上升时,$M$ 的投资收益率下降;反之,当 $W$ 的投资收益率下降时,$M$ 的投资收益率上升。这种收益率的反向变动趋势在统计学上称为完全负相关,相关系数 $r = -1.0$。如果两种证券的收益率变动方向完全一致,在统计学上称为完全正相关($r = +1.0$),这样的两种证券进行投资组合,不能抵消风险。对于大多数证券,一般表现为正相关,但又不是完全正相关,故投资组合可在一定程度上降低投资风险,但不能完全消除投资风险。一个证券组合的风险不仅取决于组合中各构成证券个别的风险,也取决于它们之间的相关程度。

### 4)系统性风险的衡量

前已述及,系统性风险是由于政治、经济及社会环境的变动影响整个证券市场上所有证

券价格变动的风险。它使证券市场平均收益水平发生变化。但是,每一种具体证券受系统性风险的影响程度并不相同。$\beta$ 值就是用来测定一种证券的收益随整个证券市场平均收益水平变化程度的指标。它反映了一种证券收益相对于整个市场平均收益水平的变动性或波动性。如果某种股票的 $\beta$ 系数为1,说明这种股票的风险情况与整个证券市场的风险情况一致,即若市场行情上涨 10%,该股票也会上涨 10%;若市场行情下跌 10%,该股票也会下跌 10%。如果某种股票的 $\beta$ 系数大于1,说明其风险大于整个市场的风险。如果某种股票的 $\beta$ 系数小于1,说明其风险小于整个市场的风险。

单一证券的 $\beta$ 值通常会由一些投资服务机构定期计算并公布,证券投资组合的 $\beta$ 值则可由证券组合投资中各组成证券 $\beta$ 值加权计算而得。其计算公式为

$$\beta_p = \sum_{i=1}^{n} W_i \beta_i$$

式中,$\beta_p$ 为证券组合的 $\beta$ 系数;$W_i$ 为证券组合中第 $i$ 种股票所占的比重;$\beta_i$ 为第 $i$ 种股票的 $\beta$ 系数;$n$ 为证券组合中股票的数量。

【例 5.15】 某公司持有共 100 万元的 3 种股票,该组合中 A 股票 20 万元,B 股票 40 万元,$\beta$ 系数均为 1.5; C 股票 40 万元,$\beta$ 系数为 0.8,则该投资组合的 $\beta$ 系数为

$\beta_p = 20\% \times 1.5 + 40\% \times 1.5 + 40\% \times 0.8 = 1.22$

### 5) 证券投资组合的风险与收益

(1)证券投资组合的风险收益

投资者进行证券投资,就要求对承担的风险进行补偿,股票的风险越大,要求的收益率就越高。由于证券投资的非系统性风险可通过投资组合来抵消,投资者要求补偿的风险主要是系统性风险。因此,证券投资组合的风险收益是投资者因承担系统性风险而要求的,超过资金时间价值的那部分额外收益。其计算公式为

$$R_p = \beta_p (K_m - R_f)$$

式中,$R_p$ 为证券组合的风险收益率;$\beta_p$ 为证券组合的 $\beta$ 系数;$K_m$ 为市场收益率,证券市场上所有股票的平均收益率;$R_f$ 为无风险收益率,一般用政府公债的利率来衡量。

【例 5.16】 根据例 5.15 资料,如果股票的市场收益率为 10%,无风险收益率为 6%,试确定该证券投资组合的风险收益率。

**解**:$R_p = 1.22 \times (10\% - 6\%) = 4.88\%$

在其他因素不变的情况下,风险收益取决于证券投资组合的 $\beta$ 系数。$\beta$ 系数越大,风险收益越大;$\beta$ 系数越小,风险收益越小。

(2)证券投资的必要收益率

证券投资的必要收益率等于无风险收益率加上风险收益率,即

$$K_i = R_f + \beta(K_m - R_f)$$

这就是资本资产计价模型(CAPM)。式中,$K_i$ 为第 $i$ 种股票或证券组合的必要收益率;$\beta$ 为第 $i$ 种股票或证券组合的 $\beta$ 系数;$K_m$ 为市场收益率,证券市场上所有股票的平均收益率;$R_f$ 为无风险收益率。

【例 5.17】 若华为公司股票的 $\beta$ 系数为 1.5,无风险利率为 4%,市场平均收益率为

8%,则该股票的必要收益率为多少时,投资者才宜购买?

解: $K_i = R_f + \beta(K_m - R_f)$

$\qquad = 4\% + 1.5 \times (8\% - 4\%)$

$\qquad = 10\%$

华为公司的股票的收益率达到或超过 10% 时,投资者才适宜购买。

# 本章小结

1. 证券是指具有一定票面金额,代表财产所有权和债权,可以有偿转让的凭证。证券具有流动性、收益性和风险性 3 个特点。证券投资可分为债券投资、股票投资、基金投资及组合投资等。

2. 企业要进行证券投资,首先必须进行证券投资的收益评价。评价证券收益水平主要有两个指标,即证券的价值和收益率。债券的价值是指进行债券投资时投资者预期可获得的现金流入的现值。短期债券收益率的计算只需考虑债券价差及利息,将其与投资额相比,即可求出短期债券收益率。对于长期债券,其投资收益率一般是指购进债券后一直持有至到期日可获得的收益率,它是使债券利息的年金现值和债券到期收回本金的复利现值之和等于债券购买价格时的贴现率。股票的内在价值由一系列的股利和将来出售股票时售价的现值所构成。通常,当股票的市场价格低于股票内在价值才适宜投资,即

短期股票收益率 = 预期资本利得收益率 + 股利收益率

一般股票投资的收益率是使各期股利及股票售价的复利现值等于股票买价时的贴现率。

3. 风险性是证券投资的基本特征之一。风险按是否可通过投资组合加以回避及消除,可分为系统性风险和非系统性风险。系统性风险包括市场风险、利率风险、购买力风险以及自然因素导致的社会风险等。非系统性风险属个别风险,能够通过投资多样化来抵消,又称可分散风险或公司特别风险。它包括行业风险、企业经营风险和企业违约风险等。单一证券投资风险的衡量一般包括算术平均法和概率测定法两种。为了规避风险,可采用证券投资组合的方式。证券投资组合的策略有 3 种:冒险型策略、保守型策略和适中型策略。β 值是用来测定一种证券的收益随整个证券市场平均收益水平变化程度的指标。证券投资组合的风险收益是投资者因承担系统性风险而要求的,超过货币时间价值的那部分额外收益。其计算公式为

$$R_p = \beta_p(K_m - R_f)$$

4. 证券投资的必要收益率等于无风险收益率加上风险收益率,即

$$K_i = R_f + \beta(K_m - R_f)$$

这就是资本资产计价模型(CAPM)。

# 第6章 流动资产管理

## 【知识目标】

1. 理解企业持有现金的动机。
2. 掌握应收账款的功能。
3. 熟悉最佳现金持有量的计算方法。
4. 了解流动资产的构成、特点和管理原则。

## 【能力目标】

1. 能够识记流动资产的管理要求。
2. 能够利用成本分析模式和存货模式计算最佳现金持有量。
3. 能够通过信用条件备选方案表的计算,确定最佳收账方案。
4. 能够计算经济订货量、每年订货次数。

## 【重点难点】

1. 现金管理的目标和最佳现金持有量的计算。
2. 应收账款机会成本的计算。
3. 存货成本的确定。
4. 存货经济进货批量的计算。

## 【案例导入】

### 海尔的"三个零"

创立于1984年的海尔集团,20年来持续稳定发展,已成为在海内外享有较高美誉的大型国际化企业集团。海尔集团坚持全面实施国际化战略,已建立起具有国际竞争力的全球设计网络、制造网络、营销与服务网络。为应对网络经济和加入世界贸易组织(WTO)的挑战,海尔从1998年开始实施以市场链为纽带的业务流程再造,以订单信息流为中心带动物流、资金流的运动,加快了与用户零距离、产品零库存和零营运成本"三个零"目标的实现。

所谓零距离,就是拿到用户的订单后,以最快的速度满足用户的需求。它包括生产过程,也是柔性的生产线,都是根据订单来进行生产的。海尔在全国有42个配送中心,这些配送中心可及时地将产品送到用户手中。通过这种做法,可实现零距离。零距离对企业来讲,不仅仅是意味着产品不需要积压,尽快送到用户手中,它还有更深的一层意思,就是说,企业可在市场中不断地获取新的市场,创造新的市场。

所谓零库存,就是3个JIT(Just In Time 适时生产),即JIT采购、JIT送料、JIT配送。这使得海尔能实现零库存。这里,海尔的仓库已经不叫仓库了,它只是一个配送中心。它是为了下道工序配送而暂存的一个地方。零库存不仅意味着没有大量的物资积压,不会因这些物资积压形成呆滞物资,最重要的在于可为零缺陷铺平道路。就是说,这些物资都是采购最好的,采购最新鲜的。它可使质量保证有非常牢靠的基础。

所谓零营运资本,就是零流动资金占用。海尔因为有了前面的两个零,即零库存和零距离,因此,也可做到零营运资本。也就是说,在给供方的付款期到期前,可先把用户欠的货款收回来。海尔可以做到现款现货。因为它是根据用户的订单来生产的,所以这个产品一到用户手里,用户就可将货款付给企业。这就使得海尔顺利进入良性运作的过程。

物流带给海尔的就是这三个零。但最重要的是,它可使海尔寻求和获得竞争力。海尔的 CEO 张瑞敏认为,一只手抓住了用户的需求,另一只手抓住可以满足用户需求的全球的供应链,把这两种能力结合在一起,这就是企业的竞争力。到目前为止,海尔通过业务流程的再造,建立现代物流,最后获得的就是在全世界都有能力进行竞争的核心竞争力,最终成为世界名牌,成为一个真正的国际化的世界 500 强企业。零营运资本是所有企业营运资金管理追求的目标,但要实现零营运资金占用,只有营运资金管理各个环节整体优化,才能实现营运资本管理的目标。

## 6.1　流动资产概述

### 6.1.1　流动资产的概念及特点

**1)流动资产的概念**

流动资产是指在 1 年内或超过 1 年的一个营业周期内变现或耗用的资产。通常,流动资产都是在 1 年内变现或耗用,但有些企业的产品生产周期很长,在 1 年以上。这些企业在生产制造这类产品时,投入的原材料、备品配件等,其变现时间超过了 1 年,但仍可以列作流动资产。

**2)流动资产的特点**

(1)周转快,变现能力强

流动资产可在较短时间内耗用或变现。一般情况下,一个生产经营周期就可以周转一次,从货币形态重新回到货币形态。流动资产中的货币资金具有百分之百的变现能力,其他流动资产(如交易性金融资产、应收票据、应收账款、存货等)在正常的情况下变现能力也比较强。当企业出现资金头寸短缺情况时,企业可迅速将这些资产变现,获取现金。流动资产之所以有较快的周转速度和较强的变现能力,是因为垫付于流动资产的资金只要经过一次性转移,就可转换为货币形态,得到价值补偿。而固定资产等非流动资产的价值则需要多次转移,才能逐步收回和补偿。

(2)形态多样,经常变动

流动资产在企业生产经营过程中,一般从货币形态开始,依次经过采购、生产、销售等过程,具体表现为原材料、在产品、产成品、应收账款等形态。随着生产经营的顺利进行,不同形态的流动资产要依一定的顺序依次转化。在企业中,不同形态的流动资产一般都是并存的,在数量上有相对稳定的比例,只有这样才能保证企业资金的正常周转和生产经营的正常进行。

(3)数量不稳定,有较强的波动性

流动资产的数量会随着企业内外条件的变化而变化。它时高时低,波动很大。

在工业企业中,除生产资料和日用消耗品的企业流动资产的数量相对稳定外,那些生产季节性产品或原材料受季节性影响的企业,流动资产的数量常常波动很大。商业企业随着商品销售的旺季和淡季的变化,流动资产数量也有较大的差异,也会给流动资产的管理带来一定的困难。

### 6.1.2　流动资产的分类

企业流动资产的形态多样,为了说明不同形态流动资产的特性和加强对其的管理,通常按资产占用的形态,将流动资产分为现金、交易性金融资产、应收和预付款项及存货等。

## 6.2　货币资金的管理

货币资金是指企业在生产经营过程中暂时停留在货币形态的资金。它包括库存现金、银行存款和其他货币资金。

在资产中,货币资金的流动性和变现能力最强,但货币资金盈利性最弱。现金是非盈利性的资产,银行存款虽有利息生成但利益太少。企业因种种需要必须置存货币资金,但应合理安排货币资金的持有量,减少货币资金的闲置,提高货币资金的使用效果。

### 6.2.1　置存货币资金的原因

企业置存货币资金是为了满足交易性需要、预防性需要和投机性需要。

交易性需要是指企业生产经营活动中货币资金支付的需要,如购买原材料、支付人工工资、偿还债务、交纳税款等。这种需要发生频繁,金额较大,是企业置存货币资金的主要原因。预防性需要是指企业为应付意外的、紧急的情况而需要置存货币资金,如生产事故、自然灾害、客户违约等打破原先的货币资金收支平衡。企业为预防性需要而置存货币资金的多少取决于:一是企业临时举债能力;二是企业其他流动资产变现能力;三是企业对货币资金预测的可靠程度;四是企业愿意承担风险的程度。投机性需要是指企业为抓住瞬息即逝的市场机会,投机获利而置存货币资金,如捕捉机会超低价购入有价证券、原材料、商品等,意在短期内抛售获利。

企业现金管理的目的就是要在资产的流动性和收益性之间作出抉择,合理安排资金,以获取最大的经济效益。

### 6.2.2　持有现金的成本

置存货币资金通常会发生4种成本,即机会成本、转换成本、短缺成本及管理成本。

（1）机会成本

机会成本是指因置存货币资金而丧失的投资收益。它与置存货币资金的数量有关。货币资金置存越多，机会成本越大。

（2）转换成本

转换成本是指有价证券与货币资金转换时的交易费用。严格地讲，转换成本仅指与交易金额无关而与交易次数成正比的交易费用。这才是决策中的相关成本。

（3）短缺成本

短缺成本是指因置存货币资金太少而给企业造成的损失，如因无钱购买原材料造成停工损失，失去现金折扣，不能及时支付而造成信誉损失等。短缺成本也与置存货币资金的数量有关。货币资金置存越多，短缺成本越小。

（4）管理成本

管理成本是指企业因置存货币资金而发生的管理费用，如管理人员的工资支出，安全防盗设施的建造费用等。管理费用一般是固定费用。

## 6.2.3　最佳货币资金持有量的确定

如上所述，企业在生产经营过程中为了满足交易、预防、投机等需要，必须置存一定数量的货币资金，但货币资金持有太多或太少都对企业不利。最佳货币资金持有量就是指使有关成本之和最小的货币资金持有数额。它的确定方法主要有成本分析模式和存货分析模式两种。

### 1）成本分析模式

成本分析模式是通过分析企业置存货币资金的各相关成本，测算各相关成本之和最小时的货币资金持有量的一种方法。在成本分析模式下，应分析机会成本、管理成本、短缺成本。

在成本分析模式下，不存在转换成本。机会成本随着货币资金持有量的增大而增大，一般可按年货币资金持有量平均值的某一百分比计算。这个百分比是该企业的机会性投资的收益率，一般可用有价证券利息率代替。计算公式为

$$机会成本 = 货币资金平均持有量 \times 有价证券利息率$$

管理成本由于是固定成本，因而是一项无关成本，按理说在决策中不应予以考虑，但本模式下为匡算总成本的大小，仍把它考虑在内，当然对决策结果是不会造成影响的。短缺成本随着货币资金持有量的增大而减少。当货币资金持有量增大到一定量时，短缺成本将不存在。

成本分析模式是根据现金有关成本，分析预测其总成本最低时现金持有量的一种方法。其计算公式为

$$最佳现金持有量 = Min（管理成本 + 机会成本 + 短缺成本）$$

其中，管理成本属于固定成本，机会成本是正相关成本，短缺成本是负相关成本。因此，成本分析模式是要找到机会成本、管理成本和短缺成本所组成的总成本曲线中最低点所对应的现金持有量，把它作为最佳现金持有量，如图 6.1 所示。

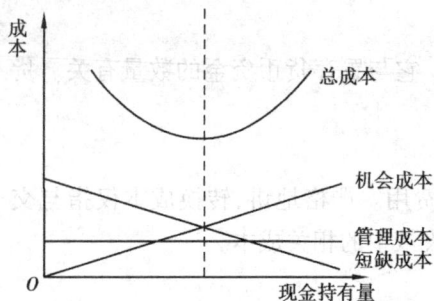

图 6.1　成本分析模型

成本分析模式下的最佳货币资金持有量可用图解法确定。在直角坐标平面内，以横轴表示货币资金持有量，以纵轴表示成本，画出各项成本的图像。一般，机会成本是一条由原点出发向右上方的射线，管理成本是一条水平线，短缺成本是一条由左上方向右下方的直线或上凹的曲线，它与横轴相交，表示货币资金持有相当大的一笔数额时不再存在短缺成本。总成本线由各项目成本线纵坐标相加后得到。它是一条上凹的曲线，总成本线最低点处对应的横坐标即为最佳货币资金持有量。

由成本分析模型可知，如果减少现金持有量，则增加短缺成本；如果增加现金持有量，则增加机会成本。改进上述关系的一种方法是：当拥有多余现金时，将现金转换为有价证券；当现金不足时，将有价证券转换成现金。但现金和有价证券之间的转换，也需要成本，成为转换成本。转换成本是指企业用现金购入有价证券以及用有价证券换取现金时付出的交易费用，即现金同有价证券之间相互转换的成本，如买卖佣金、手续费、证券过户费、印花税及实物交割费等。转换成本可分为两类：一是与委托金额相关的费用；二是与委托金额无关，只与转换次数有关的费用，如委托手续费、过户费等。证券转换成本与现金持有量即有价证券变现额的多少，必然对有价证券的变现次数产生影响，即现金持有量越少，进行证券变现的次数越多，相应的转换成本就越大。

表 6.1　某企业货币资金持有成本分析表　　　　单位：万元

| 项　　目 | 甲 | 乙 | 丙 | 丁 |
|---|---|---|---|---|
| 货币资金持有量 | 50 | 60 | 70 | 80 |
| 机会成本 | 5 | 6 | 7 | 8 |
| 管理成本 | 1 | 1 | 1 | 1 |
| 短缺成本 | 3 | 1 | 0.5 | 0 |
| 持有总成本 | 9 | 8 | 8.5 | 9 |

由表 6.1 可知，方案乙持有 60 万元现金时，总成本最小为 8 万元，因此，该企业的现金最佳持有量为 60 万元。

需要注意的是，虽然这种方法简便实用，但是所确定的最佳现金持有量的方案，不一定是全部备选方案中的最佳方案。因为该模型只是在有限的方案之间进行比较，最佳现金持有量 60 万元，只能说是在所比较的 4 个方案中最好的，并不是所有方案中的最佳方案。

### 2）存货分析模式

存货分析模式是借用存货管理经济批量公式来确定最佳货币资金持有量的一种方法。其着眼点也是使现金相关总成本最低。

这一模式的使用有以下假定：

①企业在某一段时期内需用的货币资金已事先筹措到，并以短期有价证券的形式存放在证券公司内。

②企业对货币资金的需求是均匀、稳定、可知的，可通过分批抛售有价证券取得。

③短期有价证券利率稳定、可知。

④每次将有价证券变现的交易成本可知。

在存货分析模式下，有两项相关成本：机会成本和交易成本。机会成本是指企业置存货币资金而丧失的将这些资金投资于证券可得到的投资收益，此项成本与有价证券收益率有关，也与置存货币资金的平均余额有关。交易成本（转换成本）是指与交易次数成正比的经纪费用。机会成本和交易成本的变化方向是相反的：若每次抛售有价证券金额大，会使货币资金平均余额大而增加机会成本，但会使交易次数少而减少交易成本；反之，若每次抛售有价证券金额小，会减少机会成本和增加交易成本。存货分析模式旨在使相关总成本，即机会成本和交易成本之和最小化。假设下列符号：

$TC$——存货分析模式下的相关总成本；

$T_1$——相关的机会成本；

$T_2$——相关的交易成本；

$Q$——一次交易资金量，即企业最高货币资金存量；

$i$——有价证券收益率；

$D$——一个周期内货币资金总需求量；

$b$——有价证券一次交易固定成本。

$$总成本(TC) = T_1 + T_2 = \frac{货币资金}{平均余额} \times \frac{有价证券}{收\ 益\ 率} + \frac{交易}{次数} \times \frac{有价证券一次}{交易固定成本}$$

$$= \frac{Q}{2} \times i + \frac{D}{Q} \times b$$

$$TC' = \frac{i}{2} - \frac{Db}{Q^2}$$

令 $TC' = 0$，得

$$Q^* = \sqrt{\frac{2bD}{i}}$$

最佳现金持有量 $Q^* = \sqrt{\frac{2bD}{i}}$ 时，最小相关总成本为

$$TC^* = \sqrt{\frac{2bD}{i}} \cdot \frac{i}{2} + bD \cdot \sqrt{\frac{i}{2bD}} = \sqrt{2bDi}$$

这里的最佳货币资金持有量，即一次抛售有价证券的金额，也即企业库存货币资金的最大值。

【例 6.1】　某企业预计 1 个月内经营所需货币资金约为 800 万元，准备用短期有价证券变现取得，证券每次交易的固定成本为 100 元，证券市场年利率为 12%。

要求：计算最佳货币资金持有量及最小相关总成本。

解：最佳货币资金持有量为

$$Q^* = \sqrt{\frac{2 \times 100\ 元 \times 8\ 000\ 000\ 元 \times 12}{12\%}} = 400\ 000\ 元$$

最小相关总成本为

$$TC^* = \sqrt{2 \times 100\ 元 \times 8\ 000\ 000\ 元 \times 12 \times 12\%} = 48\ 000\ 元$$

### 6.2.4 货币资金的日常管理

企业在确定了最佳货币资金持有量后,还应加强货币资金的日常管理,使货币资金得到最有效的利用。

#### 1)货币资金收入的管理

货币资金收入的管理重在缩短收款时间。企业销售款项的收取一般要经历以下过程:由客户开出支票邮寄到收款企业,收款企业收到支票后交付银行,银行凭支票通过银行结算系统向客户的开户银行结算划转款项。以上过程需要时间,应尽量缩短这一过程的时间,使应收款项尽早进入本企业的银行账户。

#### 2)货币资金支出的管理

货币资金支出的管理重在推迟付款日期。当企业购买原材料等发生应付款项时,如何合理、合法地推迟付款日期是最为重要的,因为该付的钱推迟支付等于在推迟期间筹措到一笔可用资金。在诸多结算付款方式中,如有可能应优先考虑用汇票结算。在异地结算中,应选用有利的结算手段。

#### 3)闲置货币资金的利用

由于企业开出支票到开户银行实际划出这笔款项总会有一定的时间间隔,形成企业货币资金账户余额与银行账户上的存款余额有一定差额,则称为货币资金"浮游量"。只要把握准时间,"浮游量"是可以利用的。例如,企业用于资本投资或经营支出的款项,往往是资金先到位,然后再发生支付,这一段时间也会造成货币资金的闲置。上述情况如果估算准确,又熟悉证券市场的情况,就能利用闲置货币资金进行短期证券投资而获利。由于企业的资金流量大,虽说证券投资期短,也能得到可观的收益,从财务管理来讲,不失为生财的一种手段。

## 6.3 应收账款的管理

### 6.3.1 应收账款管理的目标

企业发生应收账款的原因,主要有以下两种:
①激烈的市场竞争。
②销售和收款的时间差距。

应收账款是企业的一项资金放放,是为了扩大销售和盈利而进行的投资。而投资肯定要发生成本。因此,对应收账款的管理就是需要在增加的收益与增加的成本之间作出权衡。

只有当增加的收益超过增加的成本时,才应适当增加应收账款的赊销额;否则,增加应收账款的赊销额,不一定对企业有利。

## 6.3.2　应收账款的作用及成本

应收账款是企业对外赊销产品、材料,提供劳务及其他原因,应向购货或接受劳务的单位及其他单位收取的款项。当代经济中,商业信用的使用日趋增多,应收账款的数额也日趋增大,成为流动资金中的重要项目。

### 1)应收账款的作用

#### (1)增加销售

企业销售产品有现销和赊销两种方式。在销售顺畅无阻的情况下,任何企业都喜欢采用现销的方式,这样能及时收到款项,又能避免坏账损失。然而在市场经济条件下,只要产品不是垄断的,就必然会面临同行的竞争。除了产品质量、价格、售后服务等竞争外,势必也有销售方式的竞争。赊销除了向客户提供产品外,同时提供了商业信用,即向客户提供了一笔在一定期限内无偿使用的资金。客户的财务实力是参差不齐的。如果企业否定赊销方式,那么,必然会把一部分财务支付能力欠缺的客户拒之门外而转向其他同类企业,这无疑是自我断送销路,缩小产品的市场份额,在同行竞争中处于劣势;反之,适时、灵活地运用赊销方式能增加销售,增加企业的市场竞争能力。

#### (2)减少存货

由于赊销方式能增加销售,因此,也促成库存产成品存货的减少,使存货转化成应收账款。减少存货能降低仓储、保险等管理费用支出,能减少存货变质等损失,有利于加快资金周转。

### 2)应收账款的成本

采取赊销方式就必然产生应收账款。企业持有应收账款主要有 3 项成本:机会成本、管理成本和坏账成本。

#### (1)机会成本

应收账款的机会成本是指企业的资金被应收账款占用所丧失的潜在收益。它与应收账款的数额有关,与应收账款占用时间有关,也与参照利率有关。参照利率可用两种思维方法确定,假定资金没被应收账款占用,即应收账款款项已经收讫,那么,这些资金可用于投资,取得投资收益,参照利率就是投资收益率;这些资金可扣减筹资数额,供企业经营中使用而减少筹资用资的资金成本,参照利率就是企业的平均资金成本率。其计算公式为

$$应收账款机会成本 = 维持赊销业务所需要的资金 \times 参照利率$$

$$= 应收账款平均余额 \times 变动成本率 \times 参照利率$$

其中

$$应收账款平均余额 = \frac{赊销收入净额}{应收账款周转率}$$

$$= \frac{赊销收入净额}{\dfrac{360}{应收账款周转期}}$$

$$= \frac{赊销收入净额 \times 应收账款周转期}{360}$$

$$= 每日赊销额 \times 应收账款平均收账期$$

式中,应收账款周转期相当于应收账款平均收账期,在平均收账期不清楚的情况下,可用信用期限近似替代。

**【例6.2】** 若某企业预测的年度赊销收入净额为 1 000 000 元,应收账款的周转期为 45 天,变动成本率为 80%,资本成本为 10%。试计算应收账款的机会成本。

**解:** $应收账款周转率 = \dfrac{360 天}{45 天} = 8 次$

$$应收账款平均余额 = \frac{1\ 000\ 000\ 元}{8} = 125\ 000\ 元$$

维持赊销业务所需资金 = 125 000 元 × 80% = 100 000 元

应收账款机会成本 = 100 000 元 × 10% = 10 000 元

(2)管理成本

应收账款的管理成本是指企业对应收账款进行管理而发生的开支。管理成本包括对客户的信用调查费用、应收账款记录分析费用、催收账款费用等。在应收账款一定数额范围内,管理成本一般为固定成本。

(3)坏账成本

坏账成本是指应收账款因故不能收回而发生的损失。存在应收账款就难以避免坏账的发生,这会给企业带来不稳定与风险,企业可按有关规定以应收账款余额的一比例提取坏账准备。坏账成本一般与应收账款的数额大小有关,与应收账款的拖欠时间有关。

### 6.3.3 信用政策

应收账款的信用政策是指应收账款的管理政策。它包括信用标准、信用条件和收账政策。

#### 1)信用标准

信用标准也称5C标准,是指客户获得本企业商业信用所应具备的条件。如客户达不到信用标准,则本企业将不给信用优惠,或只给较低的信用优惠。信用标准定得过高,会使销售减少并影响企业的市场竞争力;信用标准定得过低,会增加坏账风险和收账费用。制订信用标准的定量依据是估量客户的信用等级和坏账损失率。定性依据是客户的资信程度。决定客户资信程度的因素有以下5个方面:

(1)客户品质

即客户的信誉。以往是否有故意拖欠账款和赖账的行为,是否因商业行为不端而受司法判处的前科,与其他供货企业的关系是否良好等。

(2)偿债能力

分析客户的财务报表、资产与负债的比率、资产的变现能力等以判断客户的偿付能力。

（3）资本

看客户的经济实力和财务状况。

（4）抵押品

看客户不能如期偿债时能用作抵押的资产,这对不知底细或信用状况有争议的客户尤为重要。

（5）经济情况

经济情况是指会影响客户偿债能力的社会、经济环境。

**2）信用条件**

当我们根据信用标准决定给客户信用优惠时,就需考虑具体的信用条件。信用条件包括信用期限和现金折扣等。

（1）信用期限

信用期限是指企业允许客户从购货到付款之间的时间间隔。信用期限过短,不足以吸引顾客,不利于扩大销售;信用期限过长,会引起机会成本、管理成本、坏账成本的增加。信用期限优化的要点是:延长信用期限增加的销售利润是否超过增加的成本费用。

【例6.3】 某企业预计信用期限为20天,销量可达50万件;信用期若延长到40天,销量可增加到60万件。假定该企业投资报酬率为9%,产品单位售价为4元,其余条件见表6.2。

表6.2 某企业财务信息 单位:万元

| 信用期 | 20天 | 40天 |
|---|---|---|
| 销售额 | 200 | 240 |
| 变动成本 | 60 | 72 |
| 固定成本 | 20 | 20 |
| 毛利 | 120 | 148 |
| 收账费用 | 10 | 12 |
| 坏账损失 | 3 | 5 |

要求:确定该企业应选择哪一个信用期限。

**解:**信用期由20天延长到40天,则

增加销售利润 = 148 万元 − 120 万元 = 28 万元

增加机会成本 = $240 万元 \times \frac{72}{240} \times 9\% \times \frac{40}{360} - 200 万元 \times \frac{60}{200} \times 9\% \times \frac{20}{360}$

$= 0.42 万元$

增加管理成本 = 12 万元 − 10 万元 = 2 万元

增加坏账成本 = 5 万元 − 3 万元 = 2 万元

增加净收益 = 28 万元 − (0.42 万元 + 2 万元 + 2 万元) = 23.58 万元

结论:应选择 40 天信用期。

上例中,销售利润的增加是指毛利的增加,在固定成本总额不变的情况下,也就是边际贡献的增加。

(2)现金折扣

延长信用期限会增加应收账款的占用额及收账期,从而增加机会成本、管理成本和坏账成本。企业为了既能扩大销售,又能及早收回款项,往往在给客户以信用期限的同时推出现金折扣条款。现金折扣是企业给予客户在规定时期内提前付款能按销售额的一定比率享受折扣的优惠政策。它包括折扣期限和现金折扣率两个要素。(2/10,n/30)表示信用期限为 30 天,如客户能在 10 天内付款,可享受 2% 的折扣,超过 10 天,则应在 30 天内足额付款。其中,10 天是折扣期限,2% 是现金折扣率。现金折扣本质上是一种筹资行为。因此,现金折扣成本是筹资费用而非应收账款成本。在信用条件优化选择中,现金折扣条款能降低机会成本、管理成本和坏账成本,但同时也需付出一定的代价,即现金折扣成本。现金折扣条款有时也会影响销售额(如有的客户冲着现金折扣条款来购买本企业产品),造成销售利润的改变。现金折扣成本也是信用决策中的相关成本,在有现金折扣的情况下,信用条件优化的要点是:增加的销售利润能否超过增加的机会成本、管理成本、坏账成本和折扣成本 4 项之和,即

现金折扣成本 = 赊销净额 × 折扣期内付款的销售额比例 × 现金折扣率

【例 6.4】 根据[例 6.3]资料,若企业在采用 40 天的信用期限的同时,向客户提供 (2/10,n/40)的现金折扣,预计将占销售额 60% 的客户在折扣期内付款,而收账费用和坏账损失均比信用期为 40 天的方案下降 8%。

要求:判断该企业应否向客户提供现金折扣。

解:在[例 6.3]中已判明 40 天信用期优于 20 天信用期,因此,本例只需在 40 天信用期的前提下用有现金折扣方案和无现金折扣方案比较,即

增加销售利润 = 0

平均收账期 = 10 天 × 60% + 40 天 × 40% = 22 天

增加机会成本 = 240 万元 × $\frac{72}{240}$ × 9% × $\frac{22}{360}$ − 240 万元 × $\frac{72}{240}$ × 9% × $\frac{40}{360}$ = −0.324 万元

增加管理成本 = 12 万元 × (−8%) = −0.96 万元

增加坏账成本 = 5 万元 × (−8%) = −0.4 万元

增加折扣成本 = 240 万元 × 60% × 2% = 2.88 万元

增加净收益 = 0 − (−0.324 万元 − 0.96 万元 − 0.4 万元 + 2.88 万元) = −1.196 万元

结论:该企业不应向客户提供现金折扣。

【例 6.5】 某企业产销 A 产品,单位售价 400 元,单位变动成本 300 元。现接到某客户的追加订单 1 000 件,企业尚有生产能力给予接受。但是,该客户提出赊账期为 60 天的付款方式,假如在 30 天内付款能给予 2% 的现金折扣,客户愿意有 20% 的货款在折扣期内支付。该企业根据信用调查,该客户信用等级较低,坏账损失率可能达到 20%。该企业最低投资报

酬率15%,收账管理费用为赊销收入额的2%。

要求:计算并决策该企业是否应接受订单。

**解:** 增加销售利润 = (400 元 − 300 元) × 1 000 = 100 000 元

$$增加机会成本 = 400 元 × \frac{300 元}{400 元} × 1 000 × \left(20\% × \frac{30 元}{360 元} + 80\% × \frac{60 元}{360 元}\right) × 15\%$$
$$= 6 750 元$$

增加管理成本 = 400 元 × 1 000 × 2% = 8 000 元

增加坏账成本 = 400 元 × 1 000 × 20% = 80 000(元)

增加折扣成本 = 400 元 × 1 000 × 20% × 2% = 1 600(元)

$$增加净收益 = 100 000 元 − (6 750 元 + 8 000 元 + 80 000 元 + 1 600 元)$$
$$= 3 650 元$$

结论:该企业应接受订单。

### 6.3.4 应收账款的日常管理

应收账款的日常管理主要把握以下两个方面:

#### 1)监督应收账款的收回

企业对应收账款要落实专人做好备查记录,通过编制应收账款账龄分析表,实施对应收账款收回情况的监督,见表6.3。

**表6.3 应收账款账龄分析表**

| 应收账款账龄 | 账户数量 | 金额/万元 | 比重/% |
|---|---|---|---|
| 信用期内 | 100 | 80 | 42.11 |
| 超过信用期1月内 | 50 | 40 | 21.05 |
| 超过信用期2月内 | 40 | 30 | 15.79 |
| 超过信用期3月内 | 30 | 20 | 10.53 |
| 超过信用期半年内 | 20 | 10 | 5.26 |
| 超过信用期1年内 | 10 | 5 | 2.63 |
| 超过信用期1年以上 | 15 | 5 | 2.63 |
| 合 计 | 265 | 190 | 100 |

从账龄分析表可以看到,企业的应收账款在信用期内及超过信用期各时间档次的金额及比重,也即账龄结构。一般,逾期拖欠时间越长,收回的难度越大,也越可能形成坏账。通过账龄结构分析,做好信用记录,可以研究和制订新的信用政策和收账政策。

#### 2)建立坏账准备金制度

在市场经济条件下,坏账损失难以避免。为使各会计年度合理负担坏账损失,减少企业的风险,应当建立应收账款坏账准备金制度。按现行企业财务制度规定,企业在年末可按应收账款余额的 3‰~5‰ 计提坏账准备金。

### 3)收账政策的制订

收账政策是指客户违反信用条件,拖欠甚至拒付账款时企业应采取的策略。

（1）企业应投入一定收账费用以减少坏账的发生

一般来说,随着收账费用的增加,坏账损失会逐渐减少,但收账费用不是越多越好,因为收账费用增加到一定数额后,坏账损失不再减少,说明在任何情况下坏账损失都是不可避免的。收账费用投入多少为好,要在增加的收账费用和减少的坏账损失之间进行权衡。

（2）企业对客户欠款的催收应做到有理、有利、有节

对超过信用期限不多的客户宜采用电话、信件等方式"提醒"对方付款。对久拖不还的欠款,应具体调查分析客户欠款不还的原因。如客户确因财务困难而无力支付,则应与客户协商沟通,寻求解决问题的办法,甚至可以对客户予以适当帮助,使之进行债务重整等。如客户欠款属恣意赖账,品质恶劣,则应逐渐加大催账力度,直至诉诸法律,并将该客户从信用名单中剔除。对客户采取强硬措施应尽量避免,珍惜与客户之间的友情,有利于企业树立良好形象,便于以后的商业交流。

## 6.4 存货的管理

### 6.4.1 存货与存货成本

存货是指企业在生产经营过程中为销售或者耗用而储备的物资。它包括材料、燃料、低值易耗品、在产品、半成品、产成品及外购商品等。存货在企业的流动资产中占较大的比重。它是一种变现能力较差的流动资产。

企业持有存货的目的主要是:保证生产或销售的必要物资储备;出于价格的考虑,在原料价格低廉时,大量储备,以降低采购成本。

对存货的管理重点在于提高存货的使用效率,力求把存货资金占用控制在一定的水平之内。为此,需要对与存货相关的成本费用进行分析和研究。在存货管理中,通常需要考虑的成本费用有取得成本、储存成本和缺货成本。

### 1)取得成本

取得成本是指为取得某种存货而发生的支出。它由购置成本和订货成本构成。

购置成本是指存货本身的价值,即存货的买价。它是存货单价与数量的乘积。在无商业折扣的情况下,购置成本是不随采购次数等变动而变动的,是存货决策的一项无关成本。

订货成本是指为组织采购存货而发生的费用。订货成本有一部分与订货次数无关,如常设采购机构的基本开支等。这类固定性的订货成本与决策无关。订货成本中另一部分与订货次数有关,如差旅费、邮电费等。这类变动性的订货成本是决策中的相关成本。

2）储存成本

储存成本是指存货在储存过程中发生的支出。储存成本有一部分是固定性的,如仓库折旧费、仓库员工的固定工资等。这类成本与决策无关。储存成本中另一部分为与存货储存数额成正比的变动成本,如存货资金的应计利息、存货损失、存货保险费等。这类变动性的储存成本是决策中的相关成本。

3）缺货成本

缺货成本是指由于存货不足而造成的损失。例如,材料供应中断造成的停工损失;产成品库存短缺造成的延迟发货的信誉损失及丧失销售机会损失;材料缺货而采用替代材料的额外支出。缺货成本中有些是机会成本,只能作大致的估算。当企业允许缺货时,缺货成本随平均存货的减少而增加。它是存货决策中的相关成本。

## 6.4.2　存货的成本模型

与持有成本有关的成本,包括以下 3 种:

1）取得成本的模型

取得成本是指为取得某种存货而支出的成本,通常用 $TC_a$ 来表示。它又分为订货成本和购置成本。

（1）订货成本

订货成本是指取得订单的成本。例如,办公费、差旅费、邮资、电报电话费、运输费等支出。订货成本中有一部分与订货次数无关,如常设采购机构的基本开支等,称为固定的订货成本,用 $F_1$ 表示;另一部分与订货次数有关,如差旅费、邮资等,称为变动的订货成本。每次订货的变动成本用 $K$ 表示;订货次数等于存货年需要量 $D$ 与每次进货量 $Q$ 之商。订货成本的计算公式为

$$年订货成本 = \frac{D}{Q} \times K + F_1$$

（2）购置成本

购置成本是指为购买存货本身所支出的成本,即存货本身的价值。通常用数量与单价的乘积来确定。年需要量用 $D$ 表示,单价用 $U$ 表示,则购置成本为 $DU$,即

$$取得成本 = 订货成本 + 购置成本 = 订货变动成本 + 订货固定成本 + 购置成本$$

$$TC_a = \frac{D}{Q} \times K + F_1 + DU$$

2）储存成本

储存成本是指为保持存货而发生的成本。它包括存货占用资金所应计的利息、仓库费用、保险费用、存货破损和变质损失等,通常用 $TC_c$ 表示。

储存成本也分为固定成本和变动成本。固定成本与存货数量的多少无关,如仓库折旧、仓库职工的固定工资等,常用 $F_2$ 表示。变动成本与存货的数量有关,如存货资金的应计利

息、存货的破损和变质损失、存货的保险费用等,单位储存变动成本用 $K_c \dfrac{Q}{2}$ 表示。用公式表达的储存成本为

$$储存成本 = 储存固定成本 + 储存变动成本$$

$$TC_c = F_2 + K_c \frac{Q}{2}$$

### 3)缺货成本

缺货成本是指由于存货供应中断而造成的损失。它包括材料供应中断造成的停工损失、产成品库存缺货造成的拖欠发货损失、丧失销售机会的损失及造成的商誉损失等。如果生产企业以紧急采购代用材料解决库存材料中断之急,则缺货成本表现为紧急额外购入成本。缺货成本用 $TC_s$ 表示。

如果以 $TC$ 来表示储备存货的总成本。其计算公式为

$$TC = TC_a + TC_c + TC_s = \frac{D}{Q} \times K + F_1 + DU + F_2 + K_c \frac{Q}{2} + TC_s$$

企业存货的最优化就是使企业存货总成本即上式 $TC$ 值最小。

## 6.4.3  存货决策

存货的决策涉及 4 项内容:进货项目的决策;供货单位的选择;进货时间的决定;进货批量的确定。财务部门要做的是决定进货时间和决定进货批量(分别用 $T$ 和 $Q$ 表示)。按照存货管理的目的,安排合理的进货批量和进货时间,使存货的总成本最低。这个批量称为经济订货量或经济订货批量。

### 1)经济订货量基本模型

经济订货量基本模型是在下列假设条件下建立的:

①企业能够及时补充存货,即需要订货时便可立即取得存货。

②能集中到货,而不是陆续入库。

③不允许缺货,即无缺货成本,$TC_s$ 为零。

④需求量稳定且能预测,即 $D$ 为常量。

⑤存货单价不变,不考虑现金折扣,即 $U$ 为常量。

⑥企业现金充足,不会因现金短缺而影响进货。

⑦所需存货供应充足,不会因买不到需要的存货而影响正常的生产经营。

在上述假设条件下,存货总成本的计算公式可简化为

$$TC = TC_a + TC_c + TC_s = \frac{D}{Q} \times K + F_1 + DU + F_2 + K_c \frac{Q}{2} + TC_s$$

当 $F_1, K, D, U, K_c, F_2$ 为常数时,$TC$ 的大小取决于 $Q$。

根据上述公式,为了求出存货总成本 $TC$ 的极小值,从数学的角度,只要对上述公式求一阶导数即可,并令导数等于零,可得

$$Q^* = \sqrt{\frac{2KD}{K_c}}$$

显然,每次订货量少,则储存成本小,但必然导致订货次数增多,引起订货成本增大;反之,每次订货量多,则储存成本高,但可使订货次数减少,导致订货成本降低。可知,每次订货量太多或太少都不好。存货控制就是要寻求最优的订货量 $Q^*$,使全年存货相关总成本达到最小值 $TC^*$。这个 $Q^*$ 就是经济订货量,或称经济批量。

经济订货量条件下最低存货总成本的计算公式为

$$TC(Q^*) = \sqrt{2KDK_c}$$

年最佳订货次数 $N$ 的计算公式为

$$N = \frac{D}{Q^*}$$

经济订货量条件下存货占用资金的计算公式为

$$W = \frac{UQ^*}{2}$$

订货批量存货与成本、订货费用和持有成本的关系如图 6.2 所示。

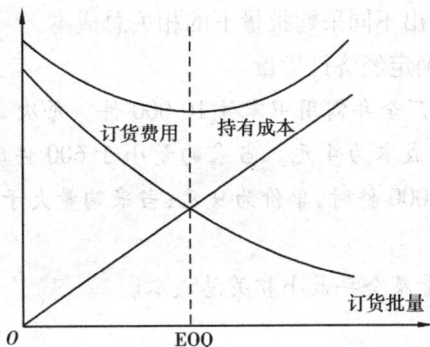

图 6.2　订货批量存货与成本、订货费用和持有成本的关系

最优订货批量出现在变动性订货成本和变动性储存成本之和最小,即变动性订货成本和变动性储存成本相等时。

【例 6.6】　企业全年耗用甲种材料 1 800 kg,该材料单价为 20 元,年单位储存成本为 4元,一次订货成本为 25 元。

要求:①确定经济订货批量;

②确定最小相关总成本;

③确定最佳订货次数;

④确定最佳订货周期;

⑤确定最佳存货资金占用额。

解:依上述资料计算:

①经济批量 $= \sqrt{\dfrac{2 \times 1\ 800 \text{ kg} \times 25 \text{ 元}}{4 \text{ 元}}} = 150 \text{ kg}$

②最小相关总成本 = $\sqrt{2 \times 1\,800\,元 \times 25\,元 \times 4\,元}$ = 600 元

③最佳订货次数 = 1 800 kg ÷ 150 kg = 12 次

④最佳订货周期 = 360 天 ÷ 12 = 30 天

⑤最佳存货资金占用额 = 20 元 × $\dfrac{150\,kg}{2}$ = 1 500 元

### 2）商业折扣模型

经济订货量基本模型假设中的"存货单价不变"假设也有可能与实际不符，因为在实际工作中销售方为了吸引客户购买更多的商品，往往给客户一定的商业折扣（销售数量折扣）。因此，在进行经济订货量计算时，应考虑到商业折扣因素的影响。

假定采购单价为 $U$，采购成本为 $TC_K$，这时采购成本随采购单价的大小而变动。此时，采购成本是存货决策的一项相关成本，则存货相关总成本 $TC$ 为

$$TC = TC_K + TC_c + TC_s = \frac{D}{Q} \times K + DU + K_c \frac{Q}{2}$$

商业折扣条件下的经济订货量可按以下程序求解：

①按基本模型求出订货量。

②按商业折扣条款计算出不同采购批量下的相关总成本。

③比较各相关总成本，确定经济订货量。

【例6.7】 假设求精工厂全年需用甲零件 10 000 件。每次变动性订货成本为 50 元，每件甲零件年平均变动性储存成本为 4 元。当采购量小于 600 件时，单价为 10 元；当采购量大于或等于 600 件且小于 1 000 件时，单价为 9 元；当采购量大于或等于 1 000 件时，单价为 8 元。

要求：计算最优采购批量及全年最小相关总成本。

解：先计算经济批量

$$Q^* = \sqrt{\frac{2 \times 50\,元 \times 10\,000\,件}{4\,元}} = 500\,件$$

这时，甲零件单价为 10 元。

相关总成本为

$TC(Q^*) = 10\,元 \times 10\,000\,件 + \sqrt{2 \times 50\,元 \times 10\,000\,件 \times 4\,元} = 102\,000\,元$

当单价为 9 元时

$Q_1 = 600\,件$

$TC_1 = 9\,元 \times 10\,000\,件 + 50\,元 \times \dfrac{10\,000\,件}{600\,件} + 4\,元 \times \dfrac{600\,件}{2}$

$\approx 92\,033.33\,元$

当单价为 8 元时

$Q_2 = 1\,000\,件$

$TC_2 = 8\,元 \times 10\,000\,件 + 50\,元 \times \dfrac{10\,000\,件}{1\,000\,件} + 4\,元 \times \dfrac{1\,000\,件}{2}$

= 82 500 元

本例最优采购批量 1 000 件,全年最少相关总成本为 82 500 元。

### 3）存货 ABC 控制法

ABC 控制法的要点是把企业的存货物资按其金额大小划分为 A,B,C 3 类,然后根据重要性在控制管理中分别对待。

A 类物资是指品种少、实物量少而价值高的物资,其成本金额约占 70%,而实物量不超过 20%。

C 类物资是指品种多、实物量多而价值低的物资,其成本金额约占 10%,而实物量不低于 50%。

B 类物资介于 A 类和 C 类物资之间,其成本金额约占 20%,而实物量不超过 30%。

对于 A 类物资应经常检查库存,严格管理,科学地制订其资金定额,并按经济批量模型合理进货。对于 C 类物资不必严加控制,一次进货可适当多些,待发现存量已经不多时再次进货即可。对于 B 类物资采取比较严格的管理,视具体情况部分参照 A 类,部分参照 C 类控制。

当企业存货品种繁多、单价高低悬殊、存量多寡不一时,使用 ABC 控制法可分清主次、抓住重点、区别对待,使存货控制更方便、更有效。

### 4）分级归口控制

分级归口控制是指按照使用资金和管理资金相结合、物资管理和资金管理相结合的原则,将存货资金定额按各职能部门所涉及的业务归口管理,各职能部门再将资金定额计划层层分解落实到车间、班组乃至个人,实行分级管理。

### 5）适时性管理

适时性管理是指企业在生产经营过程中努力实现经营需求与存货供应同步,存货传送与存货消耗同步,使存货库存最小化。适时性管理能有效地降低存货资金的占用,提高流动资金的使用效率。

## 本章小结

1.流动资产的特点有流动性、继起性、并存性及补偿性。流动资产如同企业的血液不断地周转循环。营运资金是企业流动资产中满足偿还短期债务后可用于生产经营的流动资金。

2.企业置存货币资金是为了满足交易性需要、预防性需要和投机性需要。通常会发生 4 种成本,即持有成本、转换成本、短缺成本及管理成本。最佳货币资金持有量的确定方法有成本分析模式和存货分析模式。

3.应收账款的信用政策包括信用标准、信用条件和收账政策。信用条件的优化要点是以增加的销售利润与增加的各项成本之和作比较。

4.存货管理的要点有两个方面：存货资金定额的测算和存货控制。

5.存货控制的方法有经济批量模型、陆续到货模型、商业折扣模型、存货 ABC 控制法、分级归口控制及适时性管理。

# 第7章 利润分配管理

**【知识目标】**

1. 掌握利润分配的概念。
2. 了解股利分配政策和影响股利的因素。
3. 了解股利支付的方式。

**【能力目标】**

1. 能够识别利润分配的顺序。
2. 能够计算发放股票股利后的每股收益。

**【重点难点】**

1. 股利分配政策。
2. 企业利润分配的一般程序。

**【案例导入】**

北京用友软件股份有限公司于2001年5月18日上市,上市当日开盘价就为每股76元,已经比发行价每股36.68元高出2倍有余,当日最高更是创下了每股100元的辉煌价格,并以每股92元报收,创出中国股市新股上市首日最高的收盘价。2002年4月28日,用友软件再次吸引了人们的眼球——股东大会审议通过2001年度分配方案为10股派6元(含税)。刚刚上市一年即大比例分红,一时之间市场上众说纷纭,董事长王文京更是由于其大股东的地位成为旋涡中心,因为按照王文京对用友软件的持股比例推算,他可以从这次股利派现中分得3 312万元!这样高额的现金股利发放究竟是在一个什么样的情况下酝酿出炉的,出于什么样的目的,是否符合用友软件的企业发展思路,是否具有大股东套现的嫌疑呢?

## 7.1 利润分配概述

企业年度决算后实现的利润总额,要在国家、企业的所有者和企业之间进行分配。利润分配关系着国家、企业、职工及所有者各方面的利益,是一项政策性较强的工作,必须严格按照国家的法规和制度执行。利润分配的结果形成了国家的所得税收入,投资者的投资报酬和企业的留用利润等不同的项目。其中,企业的留用利润是指盈余公积金、公益金和未分配利润。由于税法具有强制性和严肃性,缴纳税款是企业必须履行的义务,从这个意义上看,财务管理中的利润分配,主要是指企业的净利润分配。利润分配的实质就是确定给投资者分红与企业留用利润的比例。

### 7.1.1 利润分配基本原则

**1）依法分配原则**

为规范企业的利润分配行为，国家制定和颁布了若干法规，这些法规规定了企业利润分配的基本要求、一般程序和重大比例。企业的利润分配必须依法进行，这是正确处理企业各项财务关系的关键。

**2）分配与积累并重原则**

企业的利润分配要正确处理长期利益和近期利益这两者的关系，坚持分配与积累并重。企业除按规定提取法定盈余公积金以外，可适当留存一部分利润作为积累，这部分未分配利润仍归企业所有者所有。这部分积累的净利润不仅可为企业扩大生产筹措资金，增强企业发展能力和抵抗风险的能力，同时，还可供未来年度进行分配，起到以丰补歉、平抑利润分配数额波动、稳定投资报酬率的作用。

**3）兼顾职工利益原则**

企业的净利润归投资者所有，是企业的基本制度。但企业职工不一定是企业的投资者，净利润就不一定归他们所有，而企业的利润是由全体职工的劳动创造的，他们除了获得工资和奖金等劳动报酬以外，还应以适当的方式参与净利润的分配，如在净利润中提取公益金，用于企业职工的集体福利设施支出。公益金是所有者权益的一部分，职工对这些福利设施具有使用权并负有保管之责，但没有所有权。

**4）投资与收益对等原则**

企业利润分配应当体现"谁投资谁收益"、收益大小与投资比例相适应，即投资与收益对等原则，这是正确处理企业与投资者利益关系的立足点。投资者因投资行为，以出资额依法享有利润分配权，就要求企业在向投资者分配利润时，要遵守公开、公平、公正的"三公"原则，不搞幕后交易，不帮助大股东侵蚀小股东利益，一视同仁地对待所有投资者，任何人不得以在企业中的其他特殊地位牟取私利，这样才能从根本上保护投资者的利益。

### 7.1.2 利润分配的一般程序

利润分配程序是指公司制企业根据适用法律、法规或规定，对企业一定期间实现的净利润进行分派必须经过的先后步骤。

根据我国《公司法》等有关规定，非股份制企业当年实现的利润总额应按国家有关税法的规定作相应的调整，然后依法交纳所得税。交纳所得税后的净利润按下列顺序进行分配：

（1）弥补以前年度的亏损

按我国财务和税务制度的规定，企业的年度亏损，可由下一年度的税前利润弥补，下一年度税前利润尚不足于弥补的，可由以后年度的利润继续弥补，但用税前利润弥补以前年度亏损的连续期限不超过5年。5年内弥补不足的，用本年税后利润弥补。本年净利润＋年初未分配利润为企业可供分配的利润，只有可供分配的利润大于零时，企业才能进行后续分配。

（2）提取法定盈余公积金

可供分配的利润大于零是计提法定盈余公积金的必要条件。法定盈余公积金以净利润扣除以前年度亏损为基数,按 10% 提取。即企业年初未分配利润为借方余额时,法定盈余公积金计提基数为:本年净利润 – 年初未分配利润（借方）余额。若企业年初未分配利润为贷方余额时,法定盈余公积金计提基数为本年净利润,未分配利润贷方余额在计算可供投资者分配的净利润时计入。当企业法定盈余公积金达到注册资本的 50% 时,可不再提取。法定盈余公积金主要用于弥补企业亏损和按规定转增资本金,但转增资本金后的法定盈余公积金一般不低于注册资本的 25%。

（3）提取法定公益金

法定公益金是以法定盈余公积金相同基数的 5% ~ 10% 计提的职工公共利益资金。它主要用于企业职工的福利设施支出。

（4）向投资者分配利润

企业本年净利润扣除弥补以前年度亏损、提取法定盈余公积金和公益金后的余额,加上年初未分配利润贷方余额,即为企业本年可供投资者分配的利润,按照分配与积累并重原则,确定应向投资者分配的利润数额。

**【例 7.1】**　某公司 2005 年初未分配利润账户的贷方余额为 37 万元,2005 年发生亏损 100 万元,2006—2010 年间的每年税前利润为 10 万元,2011 年税前利润为 15 万元,2012 年税前利润为 40 万元。所得税税率为 25%,盈余公积金（含公益金）计提比例为 15%。

要求:

①2011 年是否交纳的所得税? 是否计提盈余公积金（含公益金）?

②2012 年可供给投资者分配的利润为多少?

**解:**①2011 年初未分配利润 = 37 万元 – 100 万元 + 10 万元 × 5 = – 13 万元（为以后年度税后利润应弥补的亏损）

2011 年应交纳所得税 = 15 万元 × 25% = 3.75 万元

本年税后利润 = 15 万元 – 3.75 万元 = 11.25 万元

企业可供分配的利润 = 11.25 万元 – 13 万元 = – 1.75 万元［不能计提盈余公积金（含公益金）］

②2012 年税后利润 = 40 万元 × （1 – 25%）= 30 万元

可供给分配的利润 = 30 万元 – 1.75 万元 = 28.25 万元

计提盈余公积金（公益金）= 28.25 万元 × 15% = 4.237 5 万元

可供给投资者分配的利润 = 28.25 万元 – 4.237 5 万元 = 24.012 5 万元

分配给投资者的利润是投资者从企业获得的投资回报。向投资者分配利润应遵循纳税在先、企业积累在先、无盈余不分利的原则,其分配顺序在利润分配的最后阶段。这体现了投资者对企业的权利、义务以及投资者所承担的风险。

从上述利润分配程序来看,股利来源于企业的税后利润,但净利润不能全部用于发放股利,股份制企业必须按照有关法规和公司章程规定的顺序、比例,在提取了法定盈余公积金、公益金后,才能向优先股股东支付股息,在提取了任意盈余公积金之后,才能向普通股股东发放股利。如股份公司当年无利润或出现亏损,原则上不得分配股利,但为维护公司股票的信誉,经股东大会特别决议,可按股票面值较低比率用盈余公积金支付股利,支付股利后的留存的法定盈余公积金不得低于注册资本的25%。

## 7.2 股利分配政策

股利分配政策是指企业管理层对与股利有关的事项所采取的方针策略。股利分配在公司制企业经营理财决策中,始终占有重要地位。这是因为股利的发放,既关系到公司股东的经济利益,又关系到公司的未来发展。通常较高的股利,一方面可使股东获取可观的投资收益;另一方面还会引起公司股票市价上涨,从而使股东除股利收入外还获得了资本利得。但是,过高的股利必将使公司留存收益大量减少,或者影响公司未来发展,或者大量举债,增加公司资本成本负担,最终影响公司未来收益,进而降低股东权益。而较低的股利,虽然使公司有较多的发展资金,但与公司股东的愿望相背离,股票市价可能下降,公司形象将受到损害。因此,对公司管理当局而言,如何均衡股利发放与企业的未来发展,并使公司股票价格稳中有升,便成为企业经营管理层孜孜以求的目标。

### 7.2.1 股利分配政策类型

股利分配政策的核心问题是确定支付股利与留用利润的比例,即股利支付率问题。目前,企业财务管理中,常用的股利政策主要有以下4种类型:

#### 1)剩余股利政策

剩余股利政策主张,企业未来有良好的投资机会时,根据企业设定的最佳资本结构,确定未来投资所需的权益资金,首先最大限度地使用留用利润来满足投资方案所需的权益资本,然后将剩余部分作为股利发放给股东。

【例7.2】 某企业遵循剩余股利政策,其目标资本结构为资产负债率60%。

要求:

①如果该年的税后利润为60万元,在没有增发新股的情况下,企业可以从事的最大投资支出是多少?

②如果企业下一年拟投资100万元,企业将支付股利多少?

**解**:①企业最大的投资支出 = 60 万元/(1 − 60%) = 150 万元

②企业支付股利 = 60 万元 − 100 万元 × (1 − 60%) = 20 万元

剩余股利政策成立的基础是:大多数投资者认为,如果企业再投资的收益率高于投资者在同样风险下其他投资的收益率,他们宁愿把利润保留下来用于企业再投资,而不是用于支付股利。例如,企业有投资收益率达12%的再投资机会,而股东取得股息后再投资的收益率只有10%时,则股东们愿意选择利润保留于企业。股东取得股息再投资后10%的收益率,就是企业利润留存的成本。如果投资者能够找到其他投资机会,使得投资收益大于企业利用保留利润再投资的收益,则投资者更喜欢发放现金股利。这意味着投资者对于盈利的留存或发放股利毫无偏好,关键是企业投资项目的净现值必须大于零。

剩余股利政策的优点是:可最大限度地满足企业对再投资的权益资金需要,保持理想的资本结构,并能使综合资本成本最低。其缺点是:忽略了不同股东对资本利得与股利的偏好,损害那些偏好现金股利的股东利益,从而有可能影响股东对企业的信心。此外,企业采用剩余股利政策是以投资的未来收益为前提的,由于企业管理层与股东之间存在信息不对称,股东不一定了解企业投资未来收益水平,因而也会影响股东对企业的信心。

### 2）固定股利政策

固定股利政策表现为每股股利支付额固定的形式。其基本特征是:不论经济情况如何,也不论企业经营好坏,不降低股利的发放额,将企业每年的每股股利支付额,稳定在某一特定水平上保持不变,只有企业管理当局认为企业的盈利确已增加,而且未来的盈利足以支付更多的股利时,企业才会提高每股股利支付额。

稳定的股利政策的实行比较广泛。如果企业的盈利下降,而股利并未减少,那么,投资者会认为企业未来的经济情况会有好转。因此,一般的投资者都比较喜欢投资于稳定的股利支付政策的企业。而稳定的股利政策则有助于消除投资者心中的不确定感,对于那些期望每期有固定数额收入的投资者,则更喜欢比较稳定的股利政策。因此,许多企业都在努力促使其股利的稳定性。固定股利政策的缺点主要在于,股利的支付与盈利相脱节,当盈利较低时仍要支付固定股利,这可能会出现资金短缺、财务状况恶化,影响企业的长远发展。这种股利政策适用于盈利稳定或处于成长期的企业。

### 3）固定股利支付率政策

固定股利支付率政策是将每年盈利的某一固定百分比作为股利分配给股东。实行这一政策的企业认为,只有维持固定股利支付率,才能使股利与公司盈利紧密结合,体现多盈多分、少盈少分、不盈不分的原则,这样才算真正做到公平的对待每一股东。这一政策的问题在于,如果企业的盈利各年间波动不定,则其股利也随之波动。由于股利随盈利而波动会影响股东对企业未来经营的信心,不利于企业股票的市场价格的稳定与上涨。因此,大多数企业并不采用这一股利政策。

### 4）正常股利加额外股利政策

正常股利加额外股利政策是介于固定股利与固定股利支付率之间的一种股利政策。其特征是:企业一般每年都支付较低的固定股利,当盈利增长较多时,再根据实际情况加付额外股利。即当企业盈余较低或现金投资较多时,可维护较低的固定股利,而当企业盈利有较大幅度增加时,则加付额外股利。这种政策既能保证股利的稳定性,使依靠股利度日的股东有比较稳定的收入,从而吸引住这部分股东,又能做到股利和盈利有较好的配合,使企业具有较大的灵活性。这种股利政策适用于盈利与现金流量波动不够稳定的企业,因而也被大多数企业所采用。

## 7.2.2 影响股利分配的因素

理论上,股利是否影响企业价值存在相当大的分歧。现实经济生活中,企业仍然是要进行股利分配的。当然,企业分配股利并不是无所限制,总是要受到一些因素的影响,一般认为,企业股利政策的影响因素主要有法律因素、企业因素、股东意愿及其他因素等方面。

### 1）法律因素

为了保护债权人、投资者和国家的利益,有关法规对企业的股利分配有以下限制:

(1)资本保全限制

资本保全限制规定,企业不能用资本发放股利。例如,我国法律规定:各种资本公积准备不能转增股本,已实现的资本公积只能转增股本,不能分派现金股利;盈余公积主要用于弥补亏损和转增股本,一般情况下不得用于向投资者分配利润或现金股利。

(2)资本积累限制

企业积累限制规定,企业必须按税后利润的一定比例和基数提取法定公积金和法定公益金。企业当年出现亏损时,一般不得给投资者分配利润。

(3)偿债能力限制

偿债能力限制是指企业按时足额偿付各种到期债务的能力。如果企业已经无力偿付到期债务或因支付股利将使其失去偿还能力,则企业不能支付现金股利。

### 2）企业因素

企业资金的灵活周转是企业生产经营得以正常进行的必要条件。因此,企业长期发展和短期经营活动对现金的需求,便成为对股利的最重要的限制因素。其相关因素主要有:

(1)资产的流动性

企业现金股利的分配应以一定资产流动性为前提。如果企业的资产流动性越好,说明其变现能力越强,股利支付能力也就越强。高速成长的盈利性企业,其资产可能缺乏流动性,因为它们的大部分资金投资在固定资产和永久性流动资产上了,这类企业当期利润虽然多但资产变现能力差,企业的股利支付能力就会削弱。

(2)投资机会

有着良好投资机会的企业需要有强大的资金支持,因而往往少发现金股利,将大部分盈余留存下来进行再投资;缺乏良好投资机会的企业,保留大量盈余的结果必然是大量资金闲置,于是倾向于支付较高的现金股利。因此,处于成长中的企业因一般具有较多的良好投资机会而多采取低股利政策,许多处于经营收缩期的企业,则因缺少良好的投资机会而多采取高股利政策。

(3)筹资能力

如果企业规模大、经营好、利润丰厚,其筹资能力一般很强,那么在决定股利支付数额时,有较大选择余地。但对那些规模小、新创办、风险大的企业,其筹资能力有限,这类企业应尽量减少现金股利支付,而将利润更多地留存在企业,作为内部筹资。

(4)盈利的稳定性

企业的现金股利来源于税后利润。盈利相对稳定的企业,有可能支付较高股利;盈利不稳定的企业,一般采用低股利政策。这是因为对于盈利不稳定的企业,低股利政策可减少因盈利下降而造成的股利无法支付、企业形象受损、股价急剧下降的风险,还可将更多的盈利用于再投资,以提高企业的权益资本比重,减少财务风险。

（5）资本成本

留用利润是企业内部筹资的一种重要方式。同发行新股或举借债务相比，它不但筹资成本较低，而且具有很强的隐蔽性。企业如果一方面大量发放股利，而另一方面又以支付高额资本成本为代价筹集其他资本，那么，这种舍近求远的做法无论如何是不恰当的，甚至有损于股东利益。因此，从资本成本考虑，如果企业扩大规模而需要增加权益资本时，不妨采取低股利政策。

### 3）股东意愿

股东在避税、规避风险、稳定收入和股权稀释等方面的意愿，也会对企业的股利政策产生影响。毫无疑问，企业的股利政策不可能使每个股东财富最大化，企业制定股利政策的目的在于，对绝大多数股东的财富产生有利影响。

（1）避税考虑

企业的股利政策不得不受到股东的所得税负影响。在我国，由于现金股利收入的税率是20%，而股票交易尚未征收资本利得税。因此，低股利支付政策可给股东带来更多的资本利得收入，达到避税目的。

（2）规避风险

"双鸟在林，不如一鸟在手。"在一部分投资者看来，股利的风险小于资本利得的风险，当期股利的支付解除了投资者心中的不确定性。因此，他们往往会要求企业支付较多的股利，从而减少股东投资风险。

（3）稳定收入

如果一个企业拥有很大比例的富有股东，这些股东多半不会依赖企业发放的现金股利维持生活，它们对定期支付现金股利的要求不会显得十分迫切。相反，如果一个企业绝大部分股东属于低收入阶层以及养老基金等机构投资者，他们需要企业发放的现金股利来维持生活或用于发放养老金等，因此，这部分股东特别关注现金股利，尤其是稳定的现金股利发放。

（4）股权稀释

企业必须认识到高股利支付率会导致现有股东股权和盈利的稀释，如果企业支付大量现金股利，然后再发行新的普通股以融通所需资金，现有股东的控制权就有可能被稀释。另外，随着新普通股的发行，流通在外的普通股股数增加，最终将导致普通股的每股盈利和每股市价的下降，对现有股东产生不利影响。

### 4）其他因素

影响股利政策的其他因素主要包括不属于法规规范的债务合同约束，政府对机构投资者的投资限制，以及因通货膨胀带来的企业对重置实物资产的特殊考虑等。

（1）债务合同约束

企业的债务合同特别是长期债务合同，往往有限制企业现金股利支付的条款，这使得企业只能采用低股利政策。

（2）机构投资者的投资限制

机构投资者包括养老基金、储蓄银行、信托基金、保险企业及其他一些机构。机构投资者对投资股票种类的选择，往往与股利特别是稳定股利的支付有关。如果某种股票的连续几年不支付股利或所支付的股利金额起伏较大，则该股票一般不能成为机构投资者的投资对象。因此，如果某一企业想更多地吸引机构投资者，则应采用较高而且稳定的股利政策。

（3）通货膨胀的影响

在通货膨胀的情况下，企业固定资产折旧的购买水平会下降，会导致没有足够的资金来源重置固定资产。这时，较多的留存利润就会当成弥补固定资产折旧购买力水平下降的资金来源。因此，在通货膨胀时期，企业股利政策往往偏紧。

## 7.3 股利种类

企业通常以多种形式发放股利，股利支付形式一般有现金股利、股票股利、财产股利及负债股利。其中，最为常见的是现金股利和股票股利。在现实生活中，我国上市公司的股利分配广泛采用一部分股票股利和一部分现金股利的做法。其效果是股票股利和现金股利的综合。

### 1）现金股利

现金股利是指企业现金的方式向股东支付股利，也称红利。现金股利是企业最常见的，也是最易被投资者接受的股利支付方式。企业支付现金股利，除了要有累计的未分配利润外，还要有足够的现金。因此，企业在支付现金前，必须做好财务上安排，以便有充足的现金支付股利。因为企业一旦向股东宣告发放股利，就对股东承担了支付的责任，必须如期履约；否则，不仅会丧失企业信誉，而且会带来不必要的麻烦。

### 2）股票股利

股票股利是指应分给股东的股利以额外增发股票形式来发放。以股票作为股利，一般都是按在册股东持有股份的一定比例来发放，对于不满一股的股利仍采用现金发放。股票股利最大的优点就是节约现金支出，因而常被现金短缺的企业所采用。

发放股票股利时，在企业账面上，只需减少未分配利润项目金额的同时，增加股本和资本公积等项目金额，并通过中央清算登记系统增加股东持股数量。显然，发放股票股利是一种增资行为，需经股东大会同意，并按法定程序办理增资手续。但发放股票股利与其他的增资行为不同的是，它不增加股东财富，企业的财产价值和股东的股权结构也不会改变，改变的只是股东权益内部各项目的金额。

某企业在发放股票股利前，股东权益情况见表7.1。

【例7.3】 假定该企业宣布发放10%的股票股利，即发放20 000股普通股股票，现有股东每持100股可得10股新发股票。如该股票当时市价20元，发放股票股利以市价计算。

未分配利润划出的资金为：20元×200 000×10% = 400 000元

普通股股本增为：1元×200 000×10% = 20 000元

资本公积增加为:400 000 元 – 20 000 元 = 380 000 元

发放股票股利后,企业股东权益各项目见表7.2。

表7.1　发放股票股利前的股东权益情况　　　　　　单位:元

| 项　目 | 金　额 |
| --- | --- |
| 普通股股本(面值1元,已发行200 000股) | 200 000 |
| 盈余公积(含公益金) | 400 000 |
| 资本公积 | 400 000 |
| 未分配利润 | 2 000 000 |
| 股东权益合计 | 3 000 000 |

表7.2　发放股票股利后的股东权益情况　　　　　　单位:元

| 项　目 | 金　额 |
| --- | --- |
| 普通股股本(面值1元,已发行220 000股) | 220 000 |
| 盈余公积(含公益金) | 400 000 |
| 资本公积 | 780 000 |
| 未分配利润 | 1 600 000 |
| 股东权益合计 | 3 000 000 |

可见,发放股票股利,不会对企业股东权益总额产生影响,但会发生资金在各股东权益项目之间的再分配。

值得说明的是,上例中以市价计算股票股利价格的做法是很多西方国家所通行的;我国股票股利价格是以股票面值计算的。

发放股票股利后,如果盈利总额不变,会由于普通股股数增加而引起每股盈余和每股市价的下降;但股东所持股票的市场价值总额仍保持不变。

尽管股票股利不直接增加股东的财富,也不增加企业的价值,但对股东和企业都有好处。

对股东的意义在于:

①如果企业在发放股票股利后同时发放现金股利,股东会因为持股数的增加而得到更多的现金。

②有时企业发行股票股利后,股价并不成同比例下降,这样便增加了股东的财富。因为股票股利通常为成长中的企业所采用,投资者可能会认为,企业的盈余将会有大幅度增长,并能抵消增发股票所带来的消极影响,从而使股价稳定不变或略有上升。

③在股东需要现金时,可将分得的股票股利出售,从中获得纳税上的好处。

对企业的意义在于:

①能达到节约现金的目的。企业采用股票股利或股票股利与现金股利相互配合的政策,既能使股东满意,又能使企业留存一定现金,便于进行再投资,有利于企业长期发展。

②在盈余和现金股利不变的情况下,发放股票股利可降低每股价值,从而吸引更多的投资者。

## 7.4　股利支付程序

企业通常在年度末计算出当期盈利之后,才决定向股东发放股利。但是,在资本市场中,股票可以自由交换,公司的股东也经常变换。那么,哪些人应该领取股利,对此,公司必须事先确定与股利支付相关的时间界限。这个时间界限包括:

### 1)股利宣告日

股利一般是按每年度或每半年进行分配。一般来说,分配股利首先要由公司董事会向公众发布分红预案,在发布分红预案的同时或之后,公司董事会将公告召开公司股东大会的日期。股利宣告日是指董事会将股东大会决议通过的分红方案(或发放股利情况)予以公告的日期。在公告中,将宣布每股股利、股权登记日、除息日和股利支付日等事项。

### 2)股权登记日

股权登记日是指有权领取股利的股东资格登记截止日期。只有在股权登记日前在公司股东名册上有名的股东,才有权分享当期股利。在股权登记日以后列入名单的股东无权领取股利。

### 3)除息日

除息日是指领取股利的权利与股票相互分离的日期。在除息日前,股利权从属与股票,持有股票者即享有领取股利的权利;从除息日开始,股利权与股票相分离,新购入股票的人不能享有股利。除息日的确定是证券市场交割方式决定的。因为股票的买卖的交接、过户需要一定的时间。在美国,当股票交割方式采用例行日交割时,股票在成交后的第五个营业日才办理交割,即在股票登记日的 4 个营业日以前购入股票的新股东,才有资格领取股利。在我国,由于采用次日交割方式,则除息日与登记日差一个工作日。

### 4)股利发放日

股利发放日是指向股东发放股利的日期。

以上海证券交易所为例,某股份公司董事会在股东大会召开后公布最后分红方案的公告中称:"在 2013 年 3 月 10 日 M 公司在某地召开的股东大会上,通过了董事会关于每股普通股分派股息 0.4 元的 2012 年度股息分配方案。股权登记日是 2013 年 4 月 17 日,除息日是 2013 年 4 月 18 日,股利支付日为 2013 年 4 月 24 日,特此公告。"此例中,股利宣告日是 3 月 10 日;股权登记日是 4 月 17 日;除息日是 4 月 18 日;股利发放日为 4 月 24 日。

## 本章小结

1. 财务管理中的利润分配,主要是指企业的净利润分配,利润分配的实质就是确定给投资者分红与企业留用利润的比例。为了正确处理企业与各方面的财务关系,企业利润分配必须遵循依法分配原则、分配与积累并重原则、兼顾职工利益原则及投资与收益对等原则。

2. 利润分配程序是指公司制企业根据适用法律、法规或规定，对企业一定期间实现的净利润进行分派必须经过的先后步骤。

根据我国《公司法》等有关规定，非股份制企业当年实现的利润总额应按国家有关税法的规定作相应的调整，然后依法交纳所得税。交纳所得税后的净利润按下列顺序进行分配：

①弥补以前年度的亏损。

②提取法定盈余公积金。

③提取法定公益金。

④向投资者分配利润。

股份制企业的利润分配程序如下：

①弥补以前年度亏损。

②提取法定盈余公积金。

③提取法定公益金。

④支付优先股股息。

⑤提取任意盈余公积金。

⑥支付普通股股利。

3. 股利分配政策是指企业管理层对与股利有关的事项所采取的方针策略。其核心问题是确定股利支付率。目前，财务管理中，常用的股利政策主要有以下4种类型：

①剩余股利政策。

②固定股利政策。

③固定股利支付率政策。

④正常股利加额外股利政策。

4. 企业股利政策的影响因素主要有法律因素、企业因素、股东意愿及其他因素等。其中法律因素有：

①资本保全限制。

②资本积累限制。

③偿债能力限制。

企业因素有：

①资产的流动性。

②投资机会。

③筹资能力。

④盈利的稳定性。

⑤资本成本。

股东意愿有：

①避税考虑。

②规避风险。

③稳定收入。

④股权稀释。

其他因素有：

①债务合同约束。

②机构投资者的投资限制。

③通货膨胀的影响。

5.股利种类。企业股利支付形式一般有现金股利、股票股利、财产股利和负债股利，其中，最为常见的是现金股利和股票股利。

①现金股利。现金股利是指企业现金的方式向股东支付股利，也称红利。现金股利是企业最常见的，也是最易被投资者接受的股利支付方式。现金股利支付会使企业的现金与未分配利润同时减少。

②股票股利。股票股利是指应分给股东的股利以额外增发股票形式来发放。股票股利发放，只涉及所有者权益内部结构的调整，所有者权益总额不变。

6.股利支付程序。企业通常在利润分配时，公司必须事先确定与股利支付相关的时间界限。这个时间界限包括：

①股利宣告日。

②股权登记日。

③除息日。

④股利发放日。

# 第8章 财务预算

【知识目标】

1. 理解财务预算的概念、内容和作用。
2. 了解固定预算、增量预算和定期预算的含义和内容。
3. 掌握财务预算的编制程序和方法。

【能力目标】

1. 能够利用固定预算法和弹性预算法编制财务预算。
2. 能够编制现金预算表。

【重点难点】

财务预算的编制程序和方法。

【案例导入】

潍坊亚星集团于10年前从德国引进年产6 000 t的CPE装置,经过4次改造,目前已达年产5万t,仅这一产品就为企业年创销售收入6个多亿,无论从产量还是数量上都已经超过了美国、德国和日本。但是,集团董事长陈华森认识到:企业有两个轮子,只有一个轮子在转动,那这个企业只能在原地打转,而不会前进。没有正确的财务管理,只有好的产品是不行的,关键是我们能不能管好这个产品。因此,亚星集团于5年前确立了以财务管理为中心的企业管理机制。实施以财务管理为中心,要从组织上、制度上、行为上和监督上体现出来。亚星集团成立了财务预算处,具体负责企业的全面预算管理,用全面预算控制这个新的概念来代替计划经济下旧的管理体制。例如,曾有一个车间提出购买冷冻压缩机用的一种钢管,报了一个计划,物资采购部门和仓储部门也不知道是做什么用的,结果就买回来了,财务部门则付款了事,后来检查发现,钢管的数量足够他们用一百年。为解决物资采购方面存在的问题,集团实施了"购销比价管理"。通过一系列具体措施,做好了财务管理的基础工作,这些都是和全面预算控制有机地结合在一起的。

## 8.1 财务预算概述

### 8.1.1 财务预算的概念及内容

全面预算就是企业未来一定期间内全部经营活动各项具体目标的计划与相应措施的数量说明。具体包括特种决策预算、日常业务预算和财务预算3大类内容。其中,财务预算是一系列专门反映企业未来一定预算期内预计财务状况和经营成果,以及现金收支等价值指标的各种预算总称。具体包括反映现金收支活动的现金预算、反映企业财务状况的预计资产负债表、反映企业财务成果的预计损益表和预计现金流量表等内容。

## 8.1.2 财务预算的作用

财务预算是企业全面预算体系中的组成部分,它在全面预算体系中具有重要的作用。其主要表现在:

### 1)财务预算使决策目标具体化、系统化和定量化

在现代企业财务管理中,财务预算必须服从决策目标的要求,尽量做到全面地、综合地协调、规划企业内部各部门、各层次的经济关系与职能,使之统一服从于未来经营总体目标的要求。同时,财务预算又能使决策目标具体化、系统化和定量化,能够明确规定企业有关生产经营人员各自职责及相应的奋斗目标,做到人人事先心中有数。

### 2)财务预算是总预算,其余预算是辅助预算

财务预算作为全面预算体系中的最后环节,可以从价值方面总括地反映经营特种决策预算与业务预算的结果,使预算执行情况一目了然。

### 3)财务预算有助于财务目标的顺利实现

通过财务预算,可以建立评价企业财务状况的标准,以预算数作为标准的依据,将实际数与预算数对比,及时发现问题和调整偏差,使企业的经济活动按预定的目标进行,从而实现企业的财务目标。

编制财务预算,并建立相应的预算管理制度,可以指导与控制企业的财务活动,提高预见性,减少盲目性,使企业的财务活动有条不紊地进行。

## 8.1.3 全面预算的编制程序

企业预算的编制涉及经营管理的各个部门,只有执行人参与预算的编制,才能使预算成为他们自愿努力完成的目标,而不是外界强加给他们的枷锁。企业预算的编制程序如下:

①最高领导机构根据长期规划,利用本量利分析等工具,提出企业一定时期的总目标,并下达规划指标。

②最基层成本控制人员自行草编预算,使预算较为可靠、较为符合实际。

③各部门汇总部门预算,并初步协调本部门预算,编出销售、生产、财务等预算。

④预算委员会审查、平衡各预算,汇总出公司的总预算。

⑤经过行政首长批准,审议机构通过或者驳回修改预算。

⑥主要预算指标报告给董事会或上级主管单位,讨论通过或者驳回修改。

⑦批准后的预算下达给各部门执行。

## 8.2 现金预算的编制

现金预算的内容,包括现金收入、现金支出、现金多余或不足的计算,以及不足部分的筹

措方案和多余部分的利用方案等。现金预算实际上是其他预算有关现金收支部分的汇总，以及收支差额平衡措施的具体计划。它的编制要以其他各项预算为基础，或者其他预算在编制时要为现金预算做好数据准备。

下面分别介绍各项预算，以及它们如何为编制现金预算准备数据。

## 8.2.1　销售预算

销售预算是整个预算的编制起点，其他预算的编制都以销售预算作为基础。表 8.1 是某公司的销售预算。

表 8.1　销售预算

| 季　度 | 一 | 二 | 三 | 四 | 全　年 |
|---|---|---|---|---|---|
| 预计销售量/件 | 100 | 160 | 200 | 240 | 700 |
| 预计单位售价/元 | 200 | 200 | 200 | 200 | 200 |
| 销售收入/元 | 20 000 | 32 000 | 40 000 | 48 000 | 140 000 |
| 预计现金收入/元 | | | | | |
| 上年应收账款/元 | 6 200 | | | | 6 200 |
| 一季度(销货 20 000)/元 | 12 000 | 8 000 | | | 20 000 |
| 二季度(销货 32 000)/元 | | 19 200 | 12 800 | | 32 000 |
| 三季度(销货 40 000)/元 | | | 24 000 | 16 000 | 40 000 |
| 四季度(销货 48 000)/元 | | | | 28 800 | 28 800 |
| 现金收入合计/元 | 18 200 | 27 200 | 36 800 | 44 800 | 127 000 |

销售预算的主要内容是销量、单价和销售收入。销量是根据市场预测或销货合同并结合企业生产能力确定的。单价是通过价格决策确定的。销售收入是两者的乘积，在销售预算中计算得出。销售预算通常要分品种、分月份、分销售区域、分推销员来编制。为了简化，此处只划分了季度销售数据。

销售预算中通常还包括预计现金收入的计算，其目的是为编制现金预算提供必要的资料。第一季度的现金收入包括两部分，即上年应收账款在本年第一季度收到的货款，以及本季度销售中可能收到的货款。在本例中，假设每季度销售收入中，本季度收到现金 60%，另外的 40% 要到下季度才能收到。

## 8.2.2　生产预算

生产预算是在销售预算的基础上编制的。其主要内容有销售量、期初和期末存货以及生产量。表 8.2 是某公司的生产预算。

表8.2 生产预算 单位:件

| 季 度 | 一 | 二 | 三 | 四 | 全 年 |
|---|---|---|---|---|---|
| 预计销售量 | 100 | 160 | 200 | 240 | 700 |
| 加:预计期末存货 | 16 | 20 | 24 | 20 | 20 |
| 合 计 | 116 | 180 | 224 | 260 | 720 |
| 减:预计期初存货 | 10 | 16 | 20 | 24 | 10 |
| 预计生产量 | 106 | 164 | 204 | 236 | 710 |

通常,企业的生产和销售不能做到"同步同量",需要有一定的存货,以保证在发生意外需求时按时供货,并可均衡生产。存货数量通常按下期销售量的一定百分比确定,本例按10%安排期末存货。年初存货是编制预算时预计的,年末存货根据长期销售趋势来确定。本例假设年初有存货 10 件,年末有存货 20 件。

生产预算的"预计销售量"来自销售预算,其他数据由表中数据计算得出:

$$预计期末存货 = 下季度销售量 \times 10\%$$

$$预计期初存货 = 上季度期末存货$$

$$预计生产量 = 预计销售量 + 预计期末存货 - 预计期初存货$$

### 8.2.3 直接材料预算

直接材料预算是以生产预算为基础编制的,同时要考虑原材料存货水平。表 8.3 是某公司的直接材料预算。其主要内容有直接材料的单位产品用量、生产需用量、期初和期末存量等。预计生产量的数据来自生产预算,单位产品材料用量的数据来自标准成本资料或消耗定额资料,生产需用量是上述两项的乘积。年初和年末的材料存货量是根据当前情况和长期销售预测估计的,本例中假定年初、年末的材料存货量分别为 300 件、400 件。各季度期末材料存量根据下季度生产量的一定百分比确定,本例按 20% 计算。各季度期初材料存量是上季度的期末存货。各季度预计采购量可计算为

$$预计采购量 = 生产需用量 + 期末存量 - 期初存量$$

为了便于以后编制现金预算,通常要预计材料采购各季度的现金支出。每个季度的现金支出包括偿还上期应付账款和本期应支付的采购货款。本例假设材料采购的货款有 50% 在本季度内付清,另外 50% 在下季度付清。这个百分比是根据经验确定的。如果材料品种很多,需要单独编制各种材料存货预算。

表 8.3 直接材料预算

| 季 度 | 一 | 二 | 三 | 四 | 全 年 |
|---|---|---|---|---|---|
| 预计生产量/件 | 106 | 164 | 204 | 236 | 710 |
| 单位产品材料用量/kg | 10 | 10 | 10 | 10 | 10 |
| 生产需用量/kg | 1 060 | 1 640 | 2 040 | 2 360 | 7 100 |

| 季 度 | 一 | 二 | 三 | 四 | 全 年 |
|---|---|---|---|---|---|
| 加:预计期末存量/kg | 328 | 408 | 472 | 400 | 400 |
| 合 计/kg | 1 388 | 2 048 | 2 512 | 2 760 | 7 500 |
| 减:预计期初存量/kg | 300 | 328 | 408 | 472 | 300 |
| 预计材料采购量/kg | 1 088 | 1720 | 2 104 | 2 288 | 7 200 |
| 单 价/元 | 5 | 5 | 5 | 5 | 5 |
| 预计采购金额/元 | 5 440 | 8 600 | 10 520 | 11 440 | 36 000 |
| 预计现金支出/元 | | | | | |
| 上年应付账款/元 | 2 350 | | | | 2 350 |
| 第一季度(购货 5 440)/元 | 2 720 | 2 720 | | | 5 440 |
| 第二季度(购货 8 600)/元 | | 4 300 | 4 300 | | 8 600 |
| 第三季度(购货 10 520)/元 | | | 5 260 | 5 260 | 10 520 |
| 第四季度(购货 11 440)/元 | | | | 5 720 | 5 720 |
| 合 计/元 | 5 070 | 7 020 | 9 560 | 10 980 | 32 630 |

## 8.2.4 直接人工预算

直接人工预算也是以生产预算为基础编制的。其主要内容有预计产量、单位产品工时、人工总工时、每小时人工成本和人工总成本。预计产量数据来自生产预算。单位产品工时和每小时人工成本数据来自标准成本资料。某公司的直接人工预算见表8.4。由于人工工资都需要使用现金支付,因此,不需另外预计现金支出,可直接参加现金预算的汇总。

表 8.4 直接人工预算

| 季 度 | 一 | 二 | 三 | 四 | 全 年 |
|---|---|---|---|---|---|
| 预计产量/件 | 106 | 164 | 204 | 236 | 710 |
| 单位产品工时/h | 10 | 10 | 10 | 10 | 10 |
| 人工总工时/h | 1 060 | 1 640 | 2 040 | 2 360 | 7 100 |
| 每小时人工成本/元 | 2 | 2 | 2 | 2 | 2 |
| 人工总成本/元 | 2 120 | 3 280 | 4 080 | 4 720 | 14 200 |

## 8.2.5 制造费用预算

制造费用通常分为变动制造费用和固定制造费用两部分。变动制造费用以生产预算为基础来编制,计算公式为

某季度的变动制造费用＝该季度的生产工时×单位变动制造费用

例如,第一季度的间接人工费用 ＝第一季度生产工时×0.1＝1 060×0.1 元＝106 元。

如果有完善的标准成本资料,用单位产品的标准成本与产量相乘,即可得到相应的预算金额。如果没有标准成本资料,就需要逐项预计计划产量需要的各项制造费用。

固定制造费用需要逐项进行预计,通常与本期产量无关。首先按每季度实际需要的支付额预计,然后求出全年数。表 8.5 是某公司的制造费用预算。

表 8.5　制造费用预算　　　　　　　　　　　　单位:元

| 季　度 | 一 | 二 | 三 | 四 | 全　年 |
|---|---|---|---|---|---|
| 变动制造费用: | | | | | |
| 间接人工(0.1/h) | 106 | 164 | 204 | 236 | 710 |
| 间接材料(0.1/h) | 106 | 164 | 204 | 236 | 710 |
| 修理费(0.2/h) | 212 | 328 | 408 | 472 | 1 420 |
| 水电费(0.1/h) | 106 | 164 | 204 | 236 | 710 |
| 小计 | 530 | 820 | 1 020 | 1 180 | 3 550 |
| 固定制造费用: | | | | | |
| 修理费 | 900 | 900 | 900 | 900 | 3 600 |
| 折旧 | 1 000 | 1 000 | 1 000 | 1 000 | 4 000 |
| 管理人员工资 | 200 | 200 | 200 | 200 | 800 |
| 保险费 | 450 | 480 | 460 | 460 | 1 850 |
| 财产税 | 100 | 100 | 100 | 100 | 400 |
| 小计 | 2 650 | 2 680 | 2 660 | 2 660 | 10 650 |
| 合计 | 3 180 | 3 500 | 3 680 | 3 840 | 14 200 |
| 减:折旧 | 1 000 | 1 000 | 1 000 | 1 000 | 4 000 |
| 现金支出的费用 | 2 180 | 2 500 | 2 680 | 2 840 | 10 200 |

为了便于以后编制产品成本预算,需要计算小时费用率,即

$$变动制造费用分配率＝\frac{3\ 550\ 元}{7\ 100\ h}＝0.5\ 元/h$$

$$固定制造费用分配率＝\frac{10\ 650\ 元}{7\ 100\ h}＝1.5\ 元/h$$

为了便于以后编制现金预算,需要预计现金支出。制造费用中,除折旧费外都须支付现金。因此,根据每个季度制造费用数额扣除折旧费后,即可得出现金支出的费用。

### 8.2.6　产品成本预算

产品成本预算是生产预算、直接材料预算、直接人工预算及制造费用预算的汇总。其主

要内容是产品的单位成本和总成本。单位产品成本的有关数据来自上述两个预算。

生产量、期末存货量来自生产预算,销售量来自销售预算。生产成本、存货成本和销货成本等数据,根据单位成本和有关数据计算得出。表8.6是某公司的单位成本预算。

表8.6 产品成本预算 单位:元

| 成本项目 | 单位成本 | | | 生产成本（710 件） | 期末存货（20 件） | 销货成本（700 件） |
|---|---|---|---|---|---|---|
| | 每千克或每小时 | 投入 | 成本 | | | |
| 直接材料 | 5 | 10 kg | 50 | 35 500 | 1 000 | 35 000 |
| 直接人工 | 2 | 10 h | 20 | 14 200 | 400 | 14 000 |
| 变动制造费用 | 0.5 | 10 h | 5 | 3 550 | 100 | 3 500 |
| 固定制造费用 | 1.5 | 10 h | 15 | 10 650 | 300 | 10 500 |
| 合计 | | | 90 | 63 900 | 1 800 | 63 000 |

## 8.2.7 销售及管理费用预算

销售费用预算是指为了实现销售预算所需支付的费用预算。它以销售预算为基础。在草拟销售费用预算时,要对过去的销售费用进行分析,考查过去销售费用支出的必要性和效果。销售费用预算应与销售预算相配合,应有按品种、按地区、按用途的具体预算数额。表8.7是某公司的销售及管理费用预算。

表8.7 销售及管理费用预算 单位:元

| 费用项目 | 金 额 |
|---|---|
| 销售费用: | |
| 销售人员工资 | 2 000 |
| 广告费 | 5 500 |
| 包装、运输费 | 3 000 |
| 保管费 | 2 700 |
| 管理费用: | |
| 管理人员薪金 | 4 000 |
| 福利费 | 800 |
| 保险费 | 600 |
| 办公费 | 1 400 |
| 合计 | 20 000 |
| 每季度支付现金(20 000÷4) | 5 000 |

管理费用是搞好一般管理业务所必要的费用。随着企业规模的扩大,一般管理职能变得日益重要,其费用也相应增加。在编制管理费用预算时,要分析企业的业务成绩和一般经济状况,务必做到费用合理化。管理费用多属于固定成本,因此,一般是以过去的实际开支为基础,按预算期的可预见变化来调整。重要的是,必须充分考查每种费用的支出是否必要。

### 8.2.8 现金预算

现金预算包括现金收入、现金支出、现金多余或不足、资金的筹集和运用(见表8.8)。

现金收入包括期初现金余额和预算期现金收入。销货取得的现金收入是其主要来源。期初的现金余额是在编制预算时预计的(也可用上年期末余额表示),销货现金收入的数据来自销售预算,可供使用现金是期初余额与本期现金收入之和。

现金支出包括预算期的各项现金支出。直接材料、直接人工、制造费用、销售及管理费用的数据分别来自上述有关预算。此外,还包括所得税、购置设备和股利分配等现金支出,有关数据分别来自另行编制的专门预算。

表8.8 现金预算　　　　　　　　　　单位:元

| 季　度 | 一 | 二 | 三 | 四 | 全　年 |
|---|---|---|---|---|---|
| 期初现金余额 | 8 000 | 7 830 | 6 230 | 6 160 | 8 000 |
| 加:销货现金收入(表8.1) | 18 200 | 27 200 | 36 800 | 44 800 | 127 000 |
| 可供使用现金 | 26 200 | 35 030 | 43 030 | 50 960 | 135 000 |
| 减:各项支出 | | | | | |
| 直接材料(表8.3) | 5 070 | 7 020 | 9 560 | 10 980 | 32 630 |
| 直接人工(表8.4) | 2 120 | 3 280 | 4 080 | 4 720 | 14 200 |
| 制造费用(表8.5) | 2 180 | 2 500 | 2 680 | 2 840 | 10 200 |
| 销售及管理费用(表8.7) | 5 000 | 5000 | 5 000 | 5 000 | 20 000 |
| 所得税 | 4 000 | 4 000 | 4 000 | 4 000 | 16 000 |
| 购买设备 | | 10 000 | | | 10 000 |
| 股利 | | 8 000 | | 8 000 | 16 000 |
| 支出合计 | 18 370 | 39 800 | 25 320 | 35 540 | 119 030 |
| 现金多余或不足 | 7 830 | -4 770 | 17 710 | 15 420 | 15 970 |
| 向银行借款 | | 11 000 | | | 11 000 |
| 还银行借款 | | | 11 000 | | 11 000 |
| 短期借款利息(年利10%) | | | 550 | | 550 |
| 长期借款利息(年利12%) | | | | 1 080 | 1 080 |
| 期末现金余额 | 7 830 | 6 230 | 6 160 | 14 340 | 14 340 |

"现金多余或不足"栏列示现金收入合计与现金支出合计的差额。差额为正,说明收大于支,现金有多余,可用于偿还过去向银行取得的借款,或者用于短期投资;差额为负,说明支大于收,现金不足,要向银行取得新的借款。本例中,该企业需要保留的现金余额至少为 6 000 元,不足此数时需要向银行借款。假设银行借款的金额要求是 1 000 元的倍数,则第二季度借款额为

借款额 = 最低现金余额 + 现金不足额 = 6 000 元 + 4 770 元 = 10 770 元 ≈ 11 000 元

偿还借款时,一般按"每期期初借入,每期期末归还"来预计利息,故本例第二季度借款到第三季度还款时,借款期为 6 个月。假设利率为 10%,利息按还款金额计算,则应计利息为 $\frac{11\ 000\ 元 \times 10\%}{12} \times 6 = 550$ 元。

此外,还应将长期借款利息纳入预算。本例中,长期借款期初余额为 9 000 元,利率为 12%,预计在第四季度支付利息 1 080(9 000 元 × 12%)元。

现金预算的编制以各项营业预算和资本预算为基础。它反映各预算期的收入款项和支出款项,并作对比说明。其目的在于资金不足时筹措资金,资金多余时及时处理现金余额,并且提供现金收支的控制限额,发挥现金管理的作用。

## 本章小结

1. 财务预算是一系列专门反映企业未来一定预算期内预计财务状况和经营成果,以及现金收支等价值指标的各种预算总称。它包括现金预算、预计利润表、预计资产负债表及预计现金流量表。

财务预算的作用如下:财务预算使决策目标具体化、系统化和定量化;财务预算是总预算,其余预算是辅助预算;财务预算有助于财务目标的顺利实现。

2. 固定预算和弹性预算的特点:固定预算是针对某一特定业务量编制的;弹性预算是针对一系列可能达到的预计业务量水平编制的。

3. 增量预算和零基预算的特点:增量预算是以基期成本费用水平为基础;零基预算是一切从零开始。

4. 定期预算和滚动预算的特点:定期预算一般以会计年度为单位定期编制;滚动预算的要点在于不将预算期与会计年度挂钩,而是始终保持在 12 个月。

5. 现金预算的内容包括现金收入、现金支出、现金收支差额和资金的筹集及应用。现金预算实际上是销售预算、生产预算、直接材料预算、直接人工预算、制造费用预算、产品生产成本预算、销售及管理费用预算等预算中有关现金收支部分的汇总。现金预算的编制,要以其他各项预算为基础。

6. 预计财务报表的编制包括预计利润表的编制、预计资产负债表的编制和预计的现金流量表的编制。

# 第 9 章  财务控制

【知识目标】

1. 理解财务控制的概念、作用。
2. 了解成本中心、利润中心、投资中心的概念、特征、类型等。
3. 熟悉责任中心的概念、特征。

【能力目标】

1. 能够识别财务控制的种类。
2. 能够计算成本中心的考核指标。
3. 能够计算利润中心的考核指标。

【重点难点】

1. 成本中心、利润中心、投资中心的概念、特征、类型。
2. 成本中心、利润中心的考核指标。

【案例导入】

### 宝钢股份公司财务管理经验分析

宝山钢铁股份有限公司财务管理经验的核心内容如下：

①成为业务最佳合作伙伴是以提升财务决策支持能力为目的。财务工作的重点从过去的主要为企业外部服务转变为主要为企业内部管理服务,即管理会计处于更加突出的位置。目前,随着信息系统的不断完善,公司以满足外部信息披露为主要目标的财务会计工作所占比例有所下降,月度会计报表能在月初两个工作日内编制完成。财务人员的工作重点是围绕公司当前生产经营的重点、难点问题,推进价值管理,推进降本增效工作。

②财务的服务和控制都是为了促进(帮助)业务部门的价值增值,而不是站在业务部门的对立面,强调对业务部门运作情况进行协调、服务和参谋。财务人员的工作不再是业务的事后核算和监督,已经从价值角度对前台业务进行基础支持,具体表现在:参加公司产品产销研一体化小组,从事配煤配矿方案研究,以及公司预算计划总体平衡等。

③财务是一项技术性很强的工作,它有自己独有的一套术语和概念。随着时间的推移,财务人员已经习惯用财务语言来思考和发表观点。但对于一个没有财务工作经验的业务部门来说,这些专业语言非常陌生。财务所提供的信息不是采用单纯的财务术语,而要更适合业务部门的理解和使用。近几年,宝钢股份公司加大了对现场人员成本核算、标准成本制度、作业成本管理等知识的普及推广,提升现场人员综合素质,构建起了财务人员与现场人员的共同沟通语言。

④财务以系统观念、关注流程、参与业务的视角实践后台管理,而不是在自己办公室内

做低效或无效的工作。就现代企业竞争而言，没有良性的产销活动，就没有好的财会资源掌控。产销活动是前方战斗，财会是后方支持。如果前方失败，后方就没有生存余地。财务部门与销售部门建立起了工作机制，大力推进产品盈利能力管理。每月财务人员根据明细产品盈利数据，向有关部门提交月度产品盈利能力分析报告，从价值角度提出改善产品结构、改进盈利机会的建议。

⑤基于"财会信息是业务自动化的副产品"的理念，财务与业务部门应分享彼此的信息资源，而不是不考虑对方的需求而形成彼此的信息孤岛。通过整合成本预算、成本实绩、成本分析、成本绩效衡量、成本标准维护及专项成本等各方面信息，建立起了"成本管理信息门户"，授权向现场管理者开放信息，以满足公司不同层次的决策需要。

⑥财务部门和业务部门通过建立良好的信息沟通渠道与协作关系，在业务运作的每个需控制的环节，按照成本效益原则，分配双方的责任，而不是所有的控制环节都由财务来承担。

## 9.1　财务控制概述

### 9.1.1　企业财务控制概念与特征

企业财务控制是指利用有关信息和特定手段，对企业财务活动实施影响或调节，以保证其财务预算实现的全过程。财务控制作为企业财务管理工作的重要环节。它具有以下特征：

1）价值控制

财务控制对象是以实现财务预算为目标的财务活动。它是企业财务管理的重要内容。财务管理以资金运动为主线，以价值管理为特征，决定了财务控制必须实行价值控制。

2）综合控制

财务控制以价值为手段，可将不同部门、不同层次和不同岗位的各种业务活动综合起来，实行目标控制。

### 9.1.2　财务控制应具备的条件

1）建立组织机构

通常情况下，企业为了确定财务预算，应建立决策和预算编制机构；为了组织和实施日常财务控制，应建立日常监督、协调、仲裁机构；为了考评预算的执行情况，应建立相应的考核评价机构。在实际工作中，可根据需要将这些机构的职能进行归并或合并到企业的常设机构中。为将企业财务预算分解落实到各部门、各层次和各岗位，还要建立各种执行预算的责任中心。按照财务控制要求建立相应组织机构，是实施企业财务控制的组织保证。

2）建立责任会计核算体系

企业的财务预算通过责任中心形成责任预算，而责任预算和总预算的执行情况都必须由会计核算来提供。通过责任会计核算,及时提供相关信息,以正确地考核与评价责任中心的工作业绩。通过责任会计汇总核算,进而了解企业财务预算的执行情况,分析存在的问题及原因,为提高企业的财务控制水平和正确的财务决策提供依据。

### 3)制订奖罚制度

一般而言,人的工作努力程度往往受到业绩评价和奖励办法的极大影响。通过制订奖罚制度,明确业绩与奖惩之间的关系,可有效地引导人们约束自己的行为,争取尽可能好的业绩。恰当的奖惩制度是保证企业财务控制长期有效运行的重要因素。因此,奖惩制度的制订要体现财务预算目标要求,要体现公平、合理和有效的原则,要体现过程考核与结果考核的结合,真正发挥奖惩制度在企业财务控制中应有的作用。

## 9.1.3 财务控制原则

### 1)经济原则

实施财务控制总是有成本发生的,企业应根据财务管理目标要求,有效地组织企业日常财务控制。只有当财务控制所取得的收益大于其代价时,这种财务控制措施才是必要的、可行的。

### 2)目标管理及责任落实原则

企业的目标管理要求已纳入财务预算,将财务预算层层分解,明确规定有关方面或个人应承担的责任控制义务,并赋予其相应的权利,使财务控制目标和相应的管理措施落到实处,成为考核的依据。

### 3)例外管理原则

企业日常财务控制涉及企业经营的各个方面,财务控制人员要将注意力集中在那些重要的、不正常、不符合常规的预算执行差异上。通过例外管理,一方面可分析实际脱离预算的原因来达到日常控制的目的,另一方面可检验预算的制订是否科学与先进。

## 9.2 责任中心

责任中心是指具有一定的管理权限,并承担相应经济责任的企业内部责任单位,是一个责权利结合的实体。划分责任中心的标准是:凡是可以划清管理范围,明确经济责任,能够单独进行业绩考核的内部单位,无论大小都可成为责任中心。

责任中心按其责任权限范围及业务活动的特点不同,可分为成本中心、利润中心和投资中心3大类。

## 9.2.1 成本中心

成本中心是指对成本或费用承担责任的责任中心。成本中心往往没有收入,其职责是用一定的成本去完成规定的具体任务。一般包括产品生产的生产部门、提供劳务的部门和有一定费用控制指标的企业管理部门。

成本中心是责任中心中应用最为广泛的一种责任中心形式。任何发生成本的责任领域都可确定为成本中心,上至企业,下至车间、工段、班组,甚至个人都可以划分为成本中心。成本中心的规模不一,一个成本中心可由若干个更小的成本中心组成,因而在企业可以形成一个逐级控制,并层层负责的成本中心体系。

### 1)成本中心的类型

广义的成本中心有两种类型:标准成本中心和费用中心。

标准成本中心是以实际产出量为基础,并按标准成本进行成本控制的成本中心。通常,制造业工厂、车间、工段、班组等是典型的标准成本中心。在产品生产中,这类成本中心的投入与产出有着明确的函数对应关系,它不仅能够计量产品产出的实际数量,而且每个产品因有明确的原材料、人工和制造费用的数量标准和价格标准,从而对生产过程实施有效的弹性成本控制。实际上,任何一项重复性活动只要能够计量产出的实际数量,并且能够建立起投入与产出之间的函数关系,都可作为标准成本中心。

费用中心是指产出物不能以财务指标衡量,或者投入与产出之间没有密切关系的有费用发生的单位。它通常包括一般行政管理部门、研究开发部门及某些销售部门。一般行政管理部门的产出难以度量,研究开发和销售活动的投入量与产出量没有密切的联系。费用中心的费用控制应重在预算总额的审批上。

狭义的成本中心,是将标准成本中心划分为基本成本中心和复合成本中心两种。前者是指没有下属的成本中心,它是属于较低层次的成本中心;后者是指有若干个下属成本中心,它是属于较高层次的成本中心。

### 2)成本中心的责任成本与可控成本

由成本中心承担责任的成本就是责任成本。它是该中心的全部可控成本之和。基本成本中心的责任成本就是其可控成本,复合成本中心的责任成本既包括本中心的责任成本,也包括下属成本中心的责任成本,各成本中心的可控成本之和即是企业的总成本。

可控成本是指责任单位在特定时期内,能够直接控制其发生的成本。作为可控成本必须同时具备以下条件:

①责任中心能够通过一定的方式预知成本的发生。

②责任中心能够对发生的成本进行计量。

③责任中心能够通过自己的行为对这些成本加以调节和控制。

④责任中心可将这些成本的责任分解落实。

凡不能同时满足上述条件的成本就是不可控成本。对于特定成本中心来说,它不应当承担不可控成本的相应责任。

正确判断成本的可控性是成本中心承担责任成本的前提。从整个企业的空间范围和较长时间来看,所有的成本都是人的某种决策或行为的结果,都是可控的。但是,对于特定的人或时间来说,则有些是可控的,有些是不可控的。因此,对成本的可控性理解应注意以下 3 个方面:

①成本的可控性总是与特定责任中心相关,与责任中心所处管理层次的高低、管理权限

及控制范围的大小有直接关系。

同一成本项目,受到责任中心层次高低影响其可控性不同。就整个企业而言,所有的成本都是可控成本。而对于企业内部的各部门、车间、工段、班组和个人来讲,则既有其各自的可控成本又有其各自的不可控成本。有些成本对于较高层次的责任中心来说属于可控成本,而对于其下属的较低层次的责任中心来讲,可能就是不可控成本。例如,车间主任的工资,尽管要计入产品成本,但不是车间的可控成本,而它的上级则可以控制。反之,属于较低层次责任中心的可控成本,则一定是其所属较高层次责任中心的可控成本。至于下级责任中心的某项不可控成本对于上一级的责任中心来说,就有两种可能,要么仍然属于不可控成本,要么是可控成本。

成本的可控性要受到管理权限和控制范围的约束。同一成本项目,对于某一责任中心来讲是可控成本,而对于处在同一层次的另一责任中心来讲却是不可控成本。例如,广告费对于销售部门是可控的,但对于生产部门却是不可控的;又如,直接材料的价格差异对于采购部门来说是可控的,但对于生产耗用部门却是不可控的。

②成本的可控性要联系时间范围考虑。

一般来说,在消耗或支付的当期成本是可控的,一旦消耗或支付就不可控了。例如,折旧费、租赁费等成本是过去决策的结果,这在添置设备和签订租约时是可控的,而使用设备或执行契约时就无法控制了。成本的可控性是一个动态概念,随着时间推移,成本的可控性还会随企业管理条件的变化而变化。例如,某成本中心管理人员工资过去是不可控成本,但随着用工制度的改革,该责任中心既能决定工资水平,又能决定用工人数,则管理人员工资成本就转化为可控成本了。

③成本的可控性与成本性态和成本可辨认性的关系。

一般来讲,一个成本中心的变动成本大都是可控成本,固定成本大都是不可控成本。直接成本大都是可控成本,间接成本大都是不可控成本。但实际上也并不如此,需要结合有关情况具体分析。例如,广告费、科研开发费、教育培训费等酌量性固定成本是可控的。某个成本中心所使用的固定资产的折旧费是直接成本,但不是可控成本。

### 3)成本中心的责任成本与产品成本

作为产品制造的标准成本中心,必然会同时面对责任成本和产品成本两个问题,承担责任成本还必须了解这两个成本的区别与联系。责任成本和产品成本的主要区别是:

(1)成本归集的对象不同

责任成本是以责任成本中心为归集对象;产品成本则以产品为对象。

(2)遵循的原则不同

责任成本遵循"谁负责谁承担"的原则,承担责任成本的是"人";产品成本则遵循"谁收益谁负担"的原则,负担产品成本的是"物"。

(3)核算的内容不同

责任成本的核算内容是可控成本;产品成本的构成内容是指应归属于产品的全部成本,它既包括可控成本,又包括不可控成本。

（4）核算的目的不同

责任成本的核算目的是为了实现责权利的协调统一,考核评价经营业绩,调动各个责任中心的积极性;产品成本的核算目的是为了反映生产经营过程的耗费,规定配比的补偿尺度,确定经营成果。

责任成本和产品成本的联系是:两者内容同为企业生产经营过程中的资金耗费。就一个企业而言,一定时期发生的广义产品成本总额应当等于同期发生的责任成本总额。

### 4）成本中心考核指标

由于成本中心只对成本负责,对其评价和考核的主要内容是责任成本,即通过各责任成本中心的实际成本与预算责任成本的比较,以此评价各成本中心责任预算的执行情况。成本中心考核指标包括成本（费用）变动额和变动率两个指标。其计算公式为

成本（费用）变动额 = 实际责任成本（或费用）- 预算责任成本（或费用）

成本（费用）变动率 = 成本（费用）变动额 / 预算责任成本（费用）×100%

在进行成本中心指标考核时,如果预算产量与实际产量不一致时,首先应按弹性预算的方法调整预算指标,然后再按上述指标进行计算。

【例9.1】 某企业内部一车间为成本中心,生产甲产品,预算产量为4 000件,单位成本100元;实际产量5 000件,单位成本95元。

要求:计算该成本中心的成本变动额和变动率。

**解**:成本变动额 = 95元×5 000 - 100元×5 000 = -25 000元

成本变动率 = -25 000元/（100元×5 000） = -5%

### 5）成本中心责任报告

成本中心责任报告是以实际产量为基础,反映责任成本预算实际执行情况,揭示实际责任成本与预算责任成本差异的内部报告。成本中心通过编制责任报告,以反映、考核和评价责任中心责任成本预算的执行情况。

【例9.2】 表9.1是某成本中心责任报告。

表9.1 某成本中心责任报告 单位:元

| 项 目 | 实 际 | 预 算 | 差 异 |
|---|---|---|---|
| 下属责任中心转来的责任成本 | | | |
| 甲班组 | 11 400 | 11 000 | +400 |
| 乙班组 | 13 700 | 14 000 | -300 |
| 合 计 | 25 100 | 25 000 | +100 |
| 本成本中心的可控成本 | | | |
| 间接人工 | 1 580 | 1 500 | +80 |
| 管理人员工资 | 2 750 | 2 800 | -50 |
| 设备维修费 | 1 300 | 1 200 | +100 |
| 合 计 | 5 630 | 5 500 | +130 |
| 本责任中心的责任成本合计 | 30 730 | 30 500 | +230 |

由表 9.1 的计算可知,该成本中心实际责任成本较之预算责任成本增加 230 元,上升了 0.8%,这主要在于本成本中心的可控成本增加 130 元和下属责任中心转来的责任成本增加 100 元所致。究其主要原因是设备维修费超支 100 元和甲班组责任成本超支 400 元,没有完成责任成本预算。乙班组责任成本减少 300 元,初步表明责任成本控制有成效。

## 9.2.2 利润中心

利润中心是既能控制成本,又能控制收入,并且对利润负责的责任中心。它是处于比成本中心高一层次的责任中心,其权利和责任都相对较大。利润中心通常是那些具有产品或劳务生产经营决策权的部门。

### 1)利润中心类型

利润中心分为自然利润中心和人为利润中心两种。

自然利润中心是指能直接对外销售产品或提供劳务取得收入而给企业带来收益的利润中心。这类责任中心一般具有产品销售权、价格制订权、材料采购权及生产决策权,具有很大的独立性。

人为利润中心是不能直接对外销售产品或提供劳务,只能在企业内部各责任中心之间按照内部转移价格相互提供产品或劳务而形成的利润中心。大多数成本中心都可转化为人为利润中心。这类责任中心一般也具有相对独立的经营管理权,即能够自主决定本利润中心生产的产品品种、产品产量、作业方法、人员调配及资金使用等。但这些部门提供的产品或劳务主要在企业内部转移,很少对外销售。

### 2)利润中心考核指标

由于利润中心既是对其发生的成本负责,又对其发生的收入和实现的利润负责。因此,利润中心业绩评价和考核的重点是边际贡献和利润,但对于不同范围的利润中心来说,其指标的表现形式也不相同。如某公司采用事业部制,其考核指标可采用以下形式,即

部门边际贡献 = 部门销售收入总额 - 部门变动成本总额

部门经理可控利润 = 部门边际贡献 - 部门经理可控固定成本

部门可控利润 = 部门经理边际贡献 - 部门经理不可控固定成本

部门税前利润 = 部门边际贡献 - 分配的公司管理费用

指标一,部门边际贡献是利润中心考核指标中的一个中间指标。

指标二,它反映了部门经理在其权限范围内有效使用资源的能力,部门经理可控制收入,以及变动成本和部分固定成本,因而可对可控利润承担责任,该指标主要用于评价部门经理的经营业绩。这里的主要问题是,要将各部门的固定成本进一步区分为可控成本和不可控成本,这是因为有些费用虽然可以追溯到有关部门,却不为部门经理所控制,如广告费、保险费等。因此,在考核部门经理业绩时,应将其不可控成本从中剔除。

指标三,主要用于对部门的业绩评价和考核,用以反映该部门补偿共同性固定成本后对企业利润所作的贡献。如果要决定该部门的取舍,部门可控利润是有重要意义的信息。

指标四,用于计算部门提供的可控利润必须抵补总部的管理费用等,否则企业作为一个

整体就不会盈利。这样,部门经理可集中精力增加收入并降低可控成本,为企业实现预期的利润目标作出应有的贡献。

【例9.3】 某企业的某部门(利润中心)的有关资料如下:

| 部门销售收入 | 100万元 |
|---|---|
| 部门销售产品的变动生产成本和变动性销售费用 | 74万元 |
| 部门可控固定成本 | 6万元 |
| 部门不可控固定成本 | 8万元 |
| 分配的公司管理费用 | 5万元 |

该部门的各级利润考核指标分别是:

① 部门边际贡献 = 100万元 - 74万元 = 26万元

② 部门经理可控利润 = 26万元 - 6万元 = 20万元

③ 部门可控利润 = 20万元 - 8万元 = 12万元

④ 部门税前利润 = 12万元 - 5万元 = 7万元

### 3)利润中心责任报告

利润中心通过编制责任报告可集中反映利润预算的完成情况,并对其产生的差异的原因进行具体分析。

【例9.4】 表9.2是某利润中心责任报告。

表9.2 某利润中心责任报告　　　单位:万元

| 项 目 | 实 际 | 预 算 | 差 异 |
|---|---|---|---|
| 销售收入 | 250 | 240 | +10 |
| 变动成本 | | | |
| 变动生产成本 | 154 | 148 | +6 |
| 变动销售成本 | 34 | 35 | −1 |
| 变动成本合计 | 188 | 183 | +5 |
| 边际贡献 | 62 | 57 | +5 |
| 固定成本 | | | |
| 直接发生的固定成本 | 16.4 | 16 | +0.4 |
| 上级分配的固定成本 | 13 | 13.5 | −0.5 |
| 固定成本合计 | 29.4 | 29.5 | −0.1 |
| 营业利润 | 32.6 | 27.5 | +5.1 |

由表9.2的计算可知,该利润中心的实际利润超额完成预算5.1万元。如果剔除上级分配来的固定成本这一因素,则利润超额完成4.6万元。

## 9.2.3 投资中心

投资中心是指既要对成本、利润负责又要对投资效果负责的责任中心。投资中心与利润中心的主要区别是:利润中心没有投资决策权,需要在企业确定投资方向后组织具体的经营;而投资中心则不仅在产品生产和销售上享有较大的自主权,而且具有投资决策权,能够相对独立地运用其所掌握的资金,有权购置或处理固定资产,扩大或削减现有的生产能力。投资中心是最高层次的责任中心,它具有最大的决策权,也承担最大的责任。一般而言,大型集团所属的子公司、分公司、事业部往往都是投资中心。

投资中心拥有投资决策权和经营决策权,同时各投资中心在资产和权益方面应划分清楚,以便准确地算出各投资中心的经济效益,对其进行正确的评价和考核。

### 1)投资中心的考核指标

投资中心评价与考核的内容是利润及投资效果,反映投资效果的指标主要是投资报酬率和剩余收益。

（1）投资报酬率

投资报酬率是投资中心所获得的利润占投资额（或经营资产）的比率。它可以反映投资中心的综合盈利能力。其计算公式为

投资报酬率 ＝ 净利润（或营业利润）/ 投资额（或经营资产）×100%

投资报酬率指标可分解为

投资报酬率 ＝ 投资（或经营资产）周转率×销售利润率

上述公式中,投资额（或经营资产）应按平均投资额（或平均经营资产）计算。

投资报酬率是一个相对数正指标,其数值越大越好。

目前,有许多企业采用投资报酬率作为评价投资中心业绩的指标。该指标的优点是:投资报酬率能反映投资中心的综合盈利能力,并且由于剔除了因投资额不同而导致的利润差异的不可比因素,因而具有横向可比性,有利于判断各投资中心经营业绩的优劣。此外,投资利润率可作为选择投资机会的依据,有利于优化资源配置。

这一评价指标的不足之处是缺乏全局观念。当一个投资项目的投资报酬率低于某投资中心的投资报酬率而高于整个企业的投资报酬率时,虽然企业希望接受这个投资项目,但该投资中心可能拒绝它;当一个投资项目的投资报酬率高于该投资中心的投资报酬率而低于整个企业的投资报酬率时,该投资中心可能只考虑自己的利益而接受它,而不顾企业整体利益是否受到损害。

假设某个部门现有资产200万元,年净利润44万元,投资报酬率为22%。部门经理目前面临一个投资报酬率为17%的投资机会,投资额为50万元,每年净利润8.5万元。企业投资报酬率为15%。尽管对整个企业来说,由于该项目投资报酬率高于企业投资报酬率应当利用这个投资机会,但它却使这个部门的投资报酬率由过去的22%下降到21%,即

投资报酬率 ＝ （44 ＋8.5）/（200 ＋50）＝21%

同理,当情况与此相反,假设该部门现有一项资产价值50万元,每年获利8.5万元,投资报酬率17%,该部门经理却愿意放弃该项资产,以提高部门的投资报酬率,即

投资报酬率 ＝（44 －8.5）/（200 －50）＝23.67%

当使用投资报酬率作为业绩评价标准时,部门经理可通过加大公式分子或减少公式的分母来提高这个比率。这样做会失去不是最有利但可以扩大企业总净利的项目。从引导部门经理采取与企业总体利益一致的决策来看,投资报酬率并不是一个很好的指标。

因此,为了使投资中心的局部目标与企业的总体目标保持一致,以弥补投资报酬率这一指标的不足,还可采用剩余收益指标来评价、考核投资中心的业绩。

(2)剩余收益

剩余收益是指投资中心获得的利润扣减投资额按预期最低投资报酬率计算的投资报酬后的余额。其计算公式为

$$剩余收益 = 利润 - 投资额 × 预期最低投资报酬率$$

$$剩余收益 = 投资额(投资利润率 - 预期最低投资报酬率)$$

以剩余收益作为投资中心经营业绩评价指标,各投资中心只要投资利润率大于预期最低投资报酬率,即剩余收益大于零,该项投资项目就是可行的。剩余收益是一个绝对数正指标,这个指标越大,说明投资效果越好。

**【例 9.5】**　某企业有若干个投资中心,平均投资报酬率为 15%。其中,甲投资中心的投资报酬率为 20%,该中心的经营资产平均余额为 150 万元。预算期甲投资中心有一追加投资的机会,投资额为 100 万元,预计利润为 16 万元。投资报酬率为 16%。

要求:

①假定预算期甲投资中心接受了上述投资项目,分别用投资报酬率和剩余收益指标来评价考核甲投资中心追加投资后的工作业绩。

②分别从整个企业和甲投资中心的角度,说明是否应当接受这一追加投资项目。

**解:**①甲投资中心接受投资后的评价指标分别为

$$投资报酬率 = (150 × 20\% + 16)/(150 + 100) = 18.40\%$$

$$剩余收益 = 16 万元 - 100 万元 × 15\% = 1 万元$$

从投资报酬率指标看,甲投资中心接受投资后的投资报酬率为 18.40%,低于该中心原有的投资报酬率 20%,追加投资使甲投资中心的投资报酬率指标降低了。从剩余收益指标看,甲投资中心接受投资后可增加剩余收益 1 万元,大于零,表明追加投资使甲投资中心可行。

②如果从整个企业的角度看,该追加投资项目的投资报酬率为 16%,高于企业的投资报酬率 15%;剩余收益为 1 万元,大于零。结论是:无论从哪个指标看,企业都应当接受该项追加投资。

如果从甲投资中心看,该追加投资项目的投资报酬率为 16%,低于该中心的投资报酬率 20%,若仅用这个指标来考核投资中心的业绩,则甲投资中心不会接受这项追加投资(因为这将导致甲投资中心的投资报酬率指标由 20% 降低为 18.40%);但若以剩余收益指标来考核投资中心的业绩,则甲投资中心会因为剩余收益增加了 1 万元,而愿意接受该项追加投资。

通过上例可以看出,利用剩余收益指标考核投资中心的工作业绩,能使个别投资中心的局部利益与企业整体利益达到一致,避免投资中心本位主义倾向。

需要注意的是,以剩余收益作为评价指标,所采用的投资报酬率的高低对剩余收益的影响很大,通常应以整个企业的平均投资报酬率作为最低报酬率。

### 2) 投资中心责任报告

投资中心责任报告的结构与成本中心和利润中心类似。通过编制投资中心责任报告，可反映该投资中心投资业绩的具体情况。

**【例9.6】** 表9.3是某投资中心责任报告。

表9.3  某投资中心责任报告　　　　　　　　　　单位:万元

| 项　目 | 实　际 | 预　算 | 差　异 |
|---|---|---|---|
| 营业利润(1) | 600 | 450 | +150 |
| 平均经营资产(2) | 3 000 | 2 500 | +500 |
| 投资报酬率(3)=(1)/(2) | 20% | 18% | +2% |
| 按最低投资报酬率15%计算的投资报酬<br>(4)=(2)×15% | 450 | 375 | +75 |
| 剩余收益(5)=(1)-(4) | 150 | 75 | +75 |

由表9.3的计算可知，该投资中心的投资报酬率和剩余收益指标都超额完成了预算，表明给投资中心投资业绩比较好。

## 9.3　内部转移价格

企业内部各责任单位,既相互联系又相互独立开展各自的活动,它们经常相互提供产品和劳务,为了正确评价企业内部各责任中心的经营业绩,明确区分各自的经济责任,使各责任中心的业绩考核建立在客观而可比的基础上,企业必须根据各自责任中心业务活动的具体特点,正确制订企业内部的转移价格。

### 9.3.1　内部转移价格的含义

内部转移价格是指企业内部各责任中心之间转移中间产品或相互提供劳务,而发生内部结算和进行内部责任结转所使用的计价标准。例如,上道工序加工完成的产品转移到下道工序继续加工;辅助生产部门为基本生产车间提供劳务等,都是一个责任中心向另一个责任中心"出售"产品或提供劳务,都必须采用内部转移价格进行结算。又如,某工厂生产车间与材料采购部门是两个成本中心,若生产车间所耗用的原材料由于质量不符合原定标准,而发生的超过消耗定额的不利差异,也应由生产车间以内部转移价格结转给采购部门。

在任何企业中,各责任中心之间的相互结算,以及责任成本的转账业务都是经常发生的,它们都需要依赖一个公正、合理的内部转移价格作为计价的标准。由于内部转移价格对于提供产品或劳务的生产部门来说表示收入,对于使用这些产品或劳务的购买部门来说则表示成本。因此,这种内部转移价格有以下两个明显的特征:

①在内部转移价格一定的情况下,卖方(产品或劳务的提供方)必须不断改善经营管理,降低成本和费用,以其收入抵偿支出,取得更多利润。买方(产品或劳务的接受方)则必须在

一定的购置成本下,千方百计降低再生产成本,提高产品或劳务的质量,争取较高的经济效益。

②内部转移价格所影响的买卖双方都存在于同一企业中,在其他条件不变的情况下,内部转移价格的变化会使买卖双方的收入或内部利润向相反方向变化,但就企业整体来看,内部转移价格无论怎样变化,企业总利润是不变的,变动的只是内部利润在各责任中心之间的分配份额。

### 9.3.2 内部转移价格种类

内部转移价格主要有市场价格、协商价格、双重价格及以"成本"作为内部转移价格4种。

#### 1)市场价格

市场价格是根据产品或劳务的市场供应价格作为计价基础。以市场价格作为内部转移价格的责任中心,应该是独立核算的利润中心。通常是假定企业内部各责任中心都处于独立自主的状态,即有权决定生产的数量、出售或购买的对象及其相应的价格。在西方国家,通常认为市场价格是制订内部转移价格的最好依据。因为市场价格客观公正,对买卖双方无所偏袒,而且还能激励卖方努力改善经营管理,不断降低成本,在企业内部创造一种竞争的市场环境,让每个利润中心都成为名副其实的独立生产经营单位,以利于相互竞争,最终通过利润指标来考核和评价其工作成果。

在采用市价作为计价基础时,为了保证各责任中心的竞争建立在与企业的总目标相一致的基础上,企业内部的买卖双方一般应遵守以下的基本原则:①如果卖方愿意对内销售,且售价不高于市价时,买方有购买的义务,不得拒绝;②如果卖方售价高于市价,买方有向外界市场购入的自由;③若卖方宁愿对外界销售,则应有不对内销售的权利。

然而,以市场价格作为内部转移价格的计价基础,也有其自身的局限性。这是因为企业内部相互转让的产品或提供的劳务,往往是本企业专门生产的,具有特定的规格,或需经过进一步加工才能出售的中间产品,因而往往没有相应的市价作为依据。

#### 2)协商价格

协商价格简称"议价",是指买卖双方以正常的市场价格为基础,定期共同协商,确定出一个双方都愿意接受的价格作为计价标准。成功的协商价格依赖于两个条件:①要有一个某种形式的外部市场,两个部门的经理可自由地选择接受或是拒绝某一价格。如果根本没有可能从外部取得或销售中间产品,就会使一方处于垄断状态,这样的价格不是协商价格,而是垄断价格。②当价格协商的双方发生矛盾不能自行解决,或双方谈判可能导致企业非最优决策时,企业的高一级管理阶层要进行必要的干预,当然这种干预是有限的、得体的,不能使整个谈判变成上级领导裁决一切问题。

协商价格的上限是市价,下限是单位变动成本。具体价格应由买卖双方在其上下限范围内协商议定。这是由于:①外部售价一般包括销售费、广告费及运输费等,这是内部转移价格中所不包含的,因而内部转移价格会低于外部售价;②内部转移的中间产品一般数量较大,故单位成本较低;③售出单位大多拥有剩余生产能力,因而议价只需略高于单位变动成本就行。

采用协商价格的缺陷是:在双方协商过程中,不可避免地要花费很多人力、物力和时间,当买卖双方的负责人协商相持不下时,往往需要企业高层领导进行裁定。这样就丧失了分权管理的初衷,也很难发挥激励责任单位的作用。

### 3)双重价格

双重价格是由买卖双方分别采用不同的内部转移价格作为计价的基础。如对产品(半成品)的"出售"部门,可按协商的市场价格计价;而对"购买"部门,则按"出售"部门的单位变动成本计价;其差额由会计部门进行调整。西方国家采用的双重价格通常有以下两种形式:

(1)双重市场价格

即当某种产品或劳务在市场上出现几种不同价格时,买方采用最低的市价,卖方则采用最高的市价。

(2)双重转移价格

即卖方按市价或协议价作为计价基础,而买方则按卖方的单位变动成本作为计价基础。

采用双重价格的好处是:既可较好地满足买卖双方不同的需要,也便于激励双方在生产经营上充分发挥其主动性和积极性。

### 4)以"成本"作为内部转移价格

以产品或劳务的成本作为内部转移价格,是制订转移价格的最简单方法。由于成本的概念不同,以"成本"作为内部转移价格也有多种不同形式。它们对转移价格的制订、业绩评价将产生不同的影响。

(1)标准成本法

即以各中间产品的标准成本作为内部转移价格。这种方法适用于成本中心产品(半成品)或劳务的转移,其最大优点是能将管理和核算工作结合起来。由于标准成本在制订时就已排除无效率的耗费,因此,以标准成本作为转移价格能促进企业内买卖双方改善生产经营,降低成本。其缺点是不一定使企业利益最大化。例如,中间产品标准成本为30元,单位变动成本24元,卖方有闲置生产能力,当买方只能接受26元以下的内部转移价格时,此法不能促成内部交易,从而使企业整体丧失一部分利益。

(2)标准成本加成法

即根据产品(半成品)或劳务的标准成本加上一定的合理利润作为计价基础。当转移产品(半成品)或劳务涉及利润中心或投资中心时,可将标准成本加利润作为转移价格,以分清双方责任。但是,利润的确定难免带有主观随意性。

(3)标准变动成本

它是以产品(半成品)或劳务的标准变动成本作为内部转移价格,符合成本习性,能够明确揭示成本与产量的关系,便于考核各责任中心的业绩,也利于经营决策。其不足之处是产品(半成品)或劳务中不包含固定成本,不能鼓励企业内卖方进行技术革新,也不利于长期投资项目的决策。

## 本章小结

1. 企业财务控制是指利用有关信息和特定手段,对企业财务活动实施影响或调节,以保证其财务预算实现的全过程。财务控制作为企业财务管理工作的重要环节,具有价值控制、综合控制的特征。建立相应组织机构、建立责任会计核算体系、制订奖惩制度是实行财务控制应具备的条件。财务控制要遵循讲求效益、目标管理及责任落实和例外管理原则。

2. 责任中心是指具有一定的管理权限,并承担相应经济责任的企业内部责任单位。划分责任中心的标准是:凡是可以划清管理范围,明确经济责任,能够单独进行业绩考核的内部单位,无论大小都可成为责任中心。责任中心按其责任权限范围及业务活动的特点不同,可分为成本中心、利润中心和投资中心 3 大类。

3. 成本中心是指只对成本负责的责任中心。它是指不形成收入、只负责产品生产的生产部门、提供劳务的部门和有一定费用控制指标的企业管理部门。由成本中心承担责任的成本就是责任成本。它是该中心的全部可控成本之和。正确判断成本的可控性是成本中心承担责任成本的前提,对成本的可控性理解应注意:成本的可控性总是与特定责任中心相关,与责任中心所处管理层次的高低、管理权限及控制范围的大小有直接关系。成本的可控性要受到管理权限和控制范围的约束,成本的可控性要联系时间范围考虑,要区别成本的可控性与成本性态和成本可辨认性的关系,责任成本与产品成本的关系。成本中心考核指标包括成本(费用)变动额和变动率两个指标。

4. 利润中心是既能控制成本,又能控制收入的责任中心,它是处于比成本中心高一层次的责任中心。利润中心通常是那些具有产品或劳务生产经营决策权的部门。利润中心分为自然利润中心和人为利润中心两种。利润中心业绩评价和考核的重点是边际贡献和利润,但对于不同范围的利润中心来说,其指标的表现形式也不相同。

5. 投资中心是指既要对成本、利润负责,又要对投资效果负责的责任中心。它是比利润中心更高层次的责任中心。投资中心评价与考核的内容是利润及投资效果。反映投资效果的指标主要是投资报酬率和剩余收益。

6. 内部转移价格是指企业内部各责任中心之间转移中间产品或相互提供劳务,而发生内部结算和进行内部责任结转所使用的计价标准。内部转移价格主要有市场价格、协商价格、双重价格及以"成本"作为内部转移价格 4 种。

# 第 10 章　财务分析

【知识目标】

1. 了解财务分析与评价的概念与作用。

2. 把握财务分析与评价的主要内容。

3. 熟悉财务分析与评价的主体及其财务分析的目的。

4. 了解财务分析与评价的局限性。

【能力目标】

1. 能够计算流动比率、速动比率和现金比率。

2. 能够计算资产负债率、产权比率、利息保障倍数及有形净值率。

3. 能够计算存货周转率、应收账款周转率和总资产周转率。

4. 能够进行盈利能力分析和现金流量分析。

【重点难点】

1. 偿债能力、营运能力和获利能力等指标的分析方法。

2. 各财务分析与评价指标的逻辑关系

3. 杜邦分析法。

【案例导入】

　　新星电脑公司是一家在本地小有名气的私营电脑销售和服务公司,其市场一直很好。最近学计算机专业的公司老板小王犯愁了:一所学校计算中心 600 台某种品牌电脑销售安装合同刚刚接下来,可原来代理的这种品牌电脑生产商最近因为欠的货款较多不愿发货,而银行又因为前次贷款尚未还清,也不愿意再追加贷款,更有几个公司骨干技术人员因为经常加班又没有及时兑现加班工资而离开了公司。小王纳闷:公司效益一直很好,业务也应接不暇,为什么出现这样的局面? 他找到了学财务的中学同学小张帮他出主意。小张认真分析了新星公司的会计报表,详细了解了公司的经营情况,找到了问题的症结:原来新星公司最近几个月做了几笔较大的业务,可都是先付一半货款,半年后再付另一半货款,结果不仅占用了所代理的厂家资金,公司也垫付了大量的费用,导致资金周转不灵。

## 10.1　财务分析概述

### 10.1.1　财务分析的概念

　　财务分析又称财务报表分析,财务报表是企业财务状况和经营成果的信息载体,但财务报表所列示的各类项目的金额,如果孤立地看,并无多大意义,必须与其他数据相比较,才能成为有用的信息。这种参照一定标准将财务报表的各项数据与有关数据进行比较、评价就是企业财务分析。具体来说,财务分析就是以财务报表和其他资料为依据和起点,采用专门方法,系统分析和评价企业的财务状况、经营成果和现金流量状况的过程。其目的是评价过去的经营业绩,衡量现在的财务状况,预测未来的发展趋势。

## 10.1.2　财务分析的目的

对外发布的财务报表,是根据使用人的一般要求设计的,并不一定适合特定报表使用人的特定要求。报表使用人要从中选择自己需要的信息,去粗取精,并研究其相互关系,使之符合特定决策的要求。企业财务报表的主要使用人有 7 类,他们对财务报表分析的目的各不相同。

### 1)债权人

首要目的是评估企业的短期及长期偿债能力,因而他们关心的是企业的资本结构、资金的主要来源及用途,据以制订贷款的利率水平、贷款限额、保障条款等。因此,债权人对企业财务报表的分析着重关心的是企业未来的偿债能力,为决定是否出让债权,要评价其价值。

### 2)投资人

因对企业的净资产拥有所有权,同时也是企业最终风险的承担者。因此,他们更关心企业的当前收益、未来收益和稳定增长趋势,以企业的获利能力为其财务分析的首要目的。为了考查经营者的业绩,还要分析企业资产的盈利水平、破产风险和竞争能力。

### 3)经营者

为了进行有效的财务决策而进行财务分析,涉及的内容最广泛,几乎包括外部使用人关心的所有问题。

### 4)供应商

通过财务报表分析,尽量多地了解客户的信用状况,以决定是否长期合作,以及是否改变信用政策。

### 5)政府

通过财务分析了解企业纳税情况、遵守政府法规和市场秩序的情况,监督企业对社会责任的履行程度。

### 6)雇员和工会

要通过分析判断企业盈利与雇员的收入、保险、福利之间是否相适应。

### 7)中介机构(会计师事务所)

注册会计师通过财务分析可以确定审计的重点,他们通过财务分析为各类报表使用人提供专业咨询服务。

## 10.1.3　财务分析的内容

财务分析的内容主要包括以下 4 个方面:

### 1) 偿债能力分析

偿债能力是指企业如期偿付债务的能力。它包括短期偿债能力和长期偿债能力。由于短期债务是企业日常经营活动中弥补营运资金不足的一个重要来源,通过分析有助于判断企业短期资金的营运能力以及营运资金的周转状况。通过对长期偿债能力的分析,不仅可判断企业的经营状况,还可促使企业提高融通资金的能力,因为长期负债是企业资本化资金的重要组成部分,也是企业的重要融资途径。而从债权人的角度看,通过偿债能力分析,有助于了解其贷款的安全性,以保证其债务本息能够即时、足额地得以偿还。

### 2) 营运能力分析

营运能力分析主要是从企业所运用的资产进行全面分析。分析企业各项资产的使用效果、资金周转的快慢以及挖掘资金的潜力,提高资金的使用效果。

### 3) 盈利能力分析

盈利能力分析主要通过将资产、负债、所有者权益与经营成果相结合来分析企业的各项报酬率指标,从而从不同角度判断企业的获利能力。

### 4) 现金流量分析

现金流量分析主要通过现金流量的结构分析、流动性分析、获取现金能力分析、财务弹性分析及收益质量分析 5 个方面来分析评价企业资金的来龙去脉、融投资能力和财务弹性。

在以上 4 个方面的财务分析指标中,偿债能力是财务目标实现的稳健保证,营运能力与现金流量是财务目标实现的物质基础,盈利能力是三者共同作用的结果,同时也对三者的增强起着推动作用,四者相辅相成,共同构成企业财务分析的基本内容。

## 10.2 财务分析的方法

财务分析方法多种多样,但常用的有以下 3 种方法:比率分析法、因素分析法和趋势分析法。

### 10.2.1 比率分析法

比率分析法是把两个相互联系的项目加以对比,计算出比率,以确定经济活动变动情况的分析方法。比率指标主要有以下 3 类:

### 1) 效率比率

效率比率是反映经济活动中投入与产出、所费与所得的比率,以考查经营成果,评价经济效益的指标。例如,成本利润率、销售利润率和资本利润率等指标。

### 2) 结构比率

结构比率又称构成比率,是某项经济指标的某个组成部分与总体的比率。它反映部分与总体的关系。其计算公式为

$$结构比率 = \frac{某个组成部分}{总体数额}$$

利用结构比率可以考查总体中某部分形成与安排的合理性,以协调各项财务活动。

### 3)相关比率

相关比率是将两个不同但又有一定关联的项目加以对比得出的比率,以反映经济活动的各种相互关系。实际上,财务分析的许多指标都是这种相关比率,如流动比率、资金周转率等。

比率分析法的优点是:计算简便,计算结果容易判断分析,而且可使某些指标在不同规模企业间进行比较。但要注意以下 3 点:

（1）对比项目的相关性

计算比率的分子和分母必须具有相关性,否则就不具有可比性。构成比率指标必须是部分与总体的关系;效率比率指标要具有某种投入产出关系;相关比率指标分子、分母也要有某种内在联系,否则比较就毫无意义。

（2）对比口径的一致性

计算比率的子项和母项在计算时间、范围等方面要保持口径一致。

（3）衡量标准的科学性

要选择科学、合理的参照标准与之对比,以便对财务状况作出恰当评价。

## 10.2.2　因素分析法

一个经济指标往往是由多种因素造成的。它们各自对某一个经济指标都有不同程度的影响。只有将这一综合性的指标分解成各个构成因素,才能从数量上把握每一个因素的影响程度,给工作指明方向。这种通过逐步分解来确定几个相互联系的因素对某一综合性指标的影响程度的分析方法称为因素分析法或连环替代法。

因素分析法既可全面分析各因素对某一经济指标的影响,又可单独分析某个因素对某一经济指标的影响,在财务分析中颇为广泛。但应用因素分析法须注意以下 4 个问题:

### 1)因素分解的关联性

即构成经济指标的各因素确实是形成该项指标差异的内在原因,它们之间存在着客观的因果关系。

### 2)因素替代的顺序性

替代因素时,必须按照各因素的依存关系,排列成一定顺序依次替代,不可随意加以颠倒,否则各个因素的影响值就会得出不同的计算结果。在实际工作中,往往是先替代数量因素,后替代质量因素;先替代实物量、劳动量因素,后替代价值量因素;先替代原始的、主要的因素,后替代派生的、次要的因素;在有除号的关系式中,先替代分子,后替代分母。

### 3)顺序替代的连环性

计算每个因素变动的影响数值时,都是在前一次计算的基础上进行的,并采用连环比较的方法确定因素变化影响结果。只有保持这种连环性,才能使各因素影响之和等于分析指标变动的总差异。

4）计算结果的假定性

由于因素分析法计算各个因素变动的影响值会因替代计算顺序的不同而有差别,因此,计算结果具有一定顺序上的假定性和近似性。

## 10.2.3 趋势分析法

趋势分析法是将两期或连续数期财务报告中相同指标进行对比,确定其增减变动的方向、数额和幅度,以说明企业财务状况及经营成果变动趋势的一种方法。趋势分析法主要有以下 3 种比较方式:

### 1）重要财务指标的比较

这种方法是将不同时期财务报告中相同的重要指标或比率进行比较,直接观察其增减变动情况幅度及发展趋势。它又分为以下两种比率:

（1）定基动态比率

它是将分析期数额与某一固定基期数额对比计算的比率。其计算公式为

$$定基动态比率 = \frac{分析期指标}{固定基期指标}$$

（2）环比动态比率

它是将每一分析期数额与前一期同一指标进行对比计算得出的动态比率。其计算公式为

$$环比动态比率 = \frac{分析期指标}{分析前期指标}$$

### 2）会计报表的比较

这种方法是将连续数期的会计报表有关数字并行排列,比较相同指标的增减变动金额及幅度,以此来说明企业财务状况和经营成果的发展变化。一般可通过编制比较资产负债表、比较损益表及比较现金流量表来进行,计算出各有关项目增减变动的金额及变动百分比。

### 3）会计报表项目构成的比较

这种方法是以会计报表中某个总体指标作为 100% ,再计算出报表各构成项目占该总体指标的百分比,依次来比较各个项目百分比的增减变动,以及判断有关财务活动的变化趋势。这种方法即可用于同一企业不同时期财务状况的纵向比较,又可用于不同企业间的横向比较,并且还可消除不同时期(不同企业)间业务规模差异的影响,有助于正确分析企业财务状况及发展趋势。

但采用趋势分析法时,应注意以下 3 个问题:

①用于对比的各项指标的计算口径要一致。

②剔除偶然性因素的影响,使分析数据能反映正常的经营及财务状况。

③对有显著变动的指标要作重点分析。

## 10.3 财务指标分析

前已述及,财务指标分析的内容包括偿债能力分析、营运能力分析、盈利能力分析及现金流量分析 4 个方面,下面将分别加以介绍。

### 10.3.1 偿债能力分析

企业偿债能力是反映企业财务状况和经营能力的重要标志。企业偿债能力低,不仅说明企业资金紧张,难以支付日常经营支出,而且说明企业资金周转不灵,难以偿还到期债务,甚至面临破产危险。企业偿债能力分析包括短期偿债能力分析和长期偿债能力分析。

#### 1）短期偿债能力分析

企业短期债务一般要用流动资产来偿付。短期偿债能力是指企业流动资产对流动负债及时足额偿还的保证程度,是衡量流动资产变现能力的重要标志。企业短期偿债能力的衡量指标主要有流动比率、速动比率和现金比率。

（1）流动比率

流动比率是企业流动资产与流动负债之比。其计算公式为

$$流动比率 = \frac{流动资产}{流动负债}$$

流动比率可反映短期偿债能力。它表明企业每 1 元流动负债有多少流动资产作为偿付担保,反映企业可用在短期内转变为现金的流动资产偿还到期流动负债的能力。通常情况下,这个比率越高,表示短期偿债能力越强,流动负债获得清偿的机会越大,债权人的安全性也越大。但是,过高的流动比率也并非好现象。过高的流动比率可能是由于企业滞留在流动资产上的资金过多所致,这恰恰反映了企业未能有效地利用资金,从而会影响企业的获利能力。企业能否偿还短期债务,要看有多少债务,以及有多少可变现偿债的流动资产。流动资产越多,短期债务越少,则偿债能力越强。

一般认为,生产企业合理的最低流动比率是 2。这是因为流动资产中变现能力最差的存货金额约占流动资产总额的一半,剩下的流动性较大的流动资产至少要等于流动负债,企业短期偿债能力才会有保证。人们长期以来的这种认识因其未能从理论上证明,还不能成为统一标准。

运用流动比率进行分析时,要注意以下两个问题:

①流动比率高,一般认为偿债保证程度较强,但并不一定有足够的现金或银行存款偿债,因为流动资产除了货币资金以外,还有存货、应收账款和待摊费用等项目,有可能出现虽说流动比率高,但真正用来偿债的现金和存款却严重短缺的现象。因此,分析流动比率时,还需进一步分析流动资产的构成项目。

②计算出来的流动比率,只有和同行业平均流动比率、本企业历史流动比率进行比较,才能知道这个比率是高还是低。这种比较通常并不能说明流动比率为什么这么高或低,要找出过高或过低的原因还必须分析流动资产和流动负债所包括的内容以及经营上的因素。

一般情况下,营业周期、流动资产中的应收账款和存货的周转速度是影响流动比率的主要因素。

为便于说明,本章各项财务比率的计算,将主要采用 XYZ 公司作为例子。该公司的资产负债表、利润表见表 10.1、表 10.2。

### 表 10.1 资产负债表

编制单位:XYZ 公司　　　　　　　　2016 年 12 月 31 日　　　　　　　　单位:万元

| 资　产 | 年初数 | 年末数 | 负债及所有者权益 | 年初数 | 年末数 |
|---|---|---|---|---|---|
| 流动资产: | | | 流动负债: | | |
| 　货币资金 | 125 | 250 | 　短期借款 | 225 | 300 |
| 　短期投资 | 60 | 30 | 　应付票据 | 20 | 25 |
| 　应收票据 | 55 | 40 | 　应付账款 | 545 | 500 |
| 　应收账款 | 995 | 1 990 | 　预收账款 | 20 | 50 |
| 　预付账款 | 20 | 60 | 　其他应付款 | 60 | 35 |
| 　其他应收款 | 110 | 110 | 　应付工资 | 5 | 10 |
| 　存货 | 1 630 | 595 | 　应付福利费 | 80 | 60 |
| 　待摊费用 | 55 | 200 | 　未交税金 | 20 | 25 |
| 　一年内到期的长期股权投资 | 0 | 225 | 　未付利润 | 50 | 140 |
| | | | 　其他未交款 | 5 | 35 |
| 　流动资产合计 | 3 050 | 3 500 | 　预提费用 | 25 | 45 |
| | | | 　待扣税金 | 20 | 10 |
| 长期投资 | 225 | 150 | 　一年内到期的长期负债 | 0 | 250 |
| 固定资产: | | | 　其他流动负债 | 25 | 15 |
| 　固定资产原价 | 8 085 | 10 000 | 　流动负债合计 | 1 100 | 1 500 |
| 　减:累计折旧 | 3 310 | 3 810 | 长期负债: | | |
| 　固定资产净值 | 4 775 | 6 190 | 　长期借款 | 1 225 | 2 250 |
| 　固定资产清理 | 60 | 0 | 　应付债券 | 1 300 | 1 200 |
| 　在建工程 | 175 | 90 | 　其他长期负债 | 375 | 350 |
| 　固定资产合计 | 5 010 | 6 280 | 　长期负债合计 | 2 900 | 3 800 |
| 无形及递延资产: | | | 所有者权益: | | |
| 　无形资产 | 40 | 30 | 　实收资本 | 3 000 | 3 000 |
| 　递延资产 | 75 | 25 | 　资本公积 | 50 | 80 |
| 其他长期资产 | 0 | 15 | 　盈余公积 | 200 | 370 |
| | | | 　未分配利润 | 1 150 | 1 250 |
| | | | 　所有者权益合计 | 4 400 | 4 700 |
| 资产总计 | 8 400 | 10 000 | 负债及所有者权益总计 | 8 400 | 10 000 |

表 10.2　利润表

编制单位:XYZ 公司　　　　　　2016 年度　　　　　　　　　　单位:万元

| 项　目 | 上年实际 | 本年累计 |
|---|---|---|
| 一、主营业务收入 | 14 250 | 15 000 |
| 减:主营业务成本 | 12 515 | 13 220 |
| 　　主营业务税金及附加 | 140 | 140 |
| 二、主营业务利润 | 1 595 | 1 640 |
| 加:其他业务利润 | 180 | 100 |
| 减:营业费用 | 100 | 110 |
| 　　管理费用 | 200 | 230 |
| 　　财务费用 | 480 | 550 |
| 三、营业利润 | 995 | 850 |
| 加:投资收益 | 120 | 200 |
| 　　营业外收入 | 85 | 50 |
| 减:营业外支出 | 25 | 100 |
| 四、利润总额 | 1 175 | 1 000 |
| 减:所得税 | 375 | 320 |
| 五、净利润 | 800 | 680 |

【例 10.1】　根据表 10.1 资料,XYZ 公司 2016 年年初与年末的流动资产分别为 3 050 万元、3 500 万元,流动负债分别为 1 100 万元、1 500 万元,则该公司流动比率为

$$年初流动比率 = \frac{3\ 050\ 万元}{1\ 100\ 万元} = 2.773$$

$$年末流动比率 = \frac{3\ 500\ 万元}{1\ 500\ 万元} = 2.333$$

XYZ 公司年初年末流动比率均大于 2,说明该企业具有较强的短期偿债能力。流动比率虽然可用来评价流动资产总体的变现能力,但流动资产中包含像存货这类变现能力较差的资产,如能将其剔除,其所反映的短期偿债能力更加令人可信,这个指标就是速动比率。

(2)速动比率

速动比率是企业速动资产与流动负债之比。速动资产是指流动资产减去变现能力较差且不稳定的存货、待摊费用等后的余额。其计算公式为

速动比率 = 速动资产 ÷ 流动负债

为什么在计算速动比率时要把存货从流动资产中剔除呢? 主要是因为:

①在流动资产中,存货的变现速度最慢。

②由于某种原因,部分存货可能已损失报废还没作处理。

③部分存货已抵押给某债权人。

④存货估价还存在着成本与合理市价相差悬殊的问题。

综合上述原因,把存货从流动资产总额中扣除计算的速动比率,更能够客观地反映企业

的短期偿债能力。根据经验,一般认为速动比率为1较合适,速动比率过低,企业面临偿债风险;但速动比率过高,会因占用现金及应收账款过多而增加企业的机会成本。这仅是一般的看法,因为行业不同,速动比率会有很大差别,没有统一标准的速动比率。

影响速动比率可信性的重要因素是应收账款的变现能力。账面上的应收账款不一定都能变成现金,实际坏账可能比计提的准备要多;季节性的变化,可能使报表的应收账款数额不能反映平均水平。这些情况外部使用人不易了解,但财务人员却有可能作出估计。

【例10.2】 根据表10.1资料,XYZ公司2016年的年初速动资产为1 365万元(125万元+60万元+55万元+995万元+20万元+110万元),年末速动资产为2 480万元(250万元+30万元+40万元+1 990万元+110万元+60万元)。XYZ公司的速动比率为

$$年初速动比率 = \frac{1\ 365\ 万元}{1\ 100\ 万元} = 1.24$$

$$年末速动比率 = \frac{2\ 480\ 万元}{1\ 500\ 万元} = 1.65$$

XYZ公司2016年年初年末的速动比率都比一般公认标准高,一般认为其短期偿债能力较强,但进一步分析可以发现,在XYZ公司的速动资产中应收账款比重很高(分别占73%和80%),而应收账款不一定能按时收回。因此,还必须计算分析第三个重要比率——现金比率。

(3)现金比率

现金比率是企业现金类资产与流动负债的比率。现金类资产包括企业所拥有的货币资金和持有的有价证券(即资产负债表中的短期投资)。它是速动资产扣除应收账款后的余额。速动资产扣除应收账款后计算出来的金额,最能反映企业直接偿付流动负债的能力。现金比率一般认为20%以上为好。但这一比率过高,就意味着企业流动负债未能得到合理运用,而现金类资产获利能力低,这类资产金额太高会导致企业机会成本增加。现金比率计算公式为

$$现金比率 = \frac{现金 + 有价证券}{流动负债}$$

【例10.3】 根据表10.1资料,XYZ公司的现金比率为

$$年初现金比率 = \frac{125\ 万元 + 60\ 万元}{1\ 100\ 万元} = 0.168$$

$$年末现金比率 = \frac{250\ 万元 + 30\ 万元}{1\ 500\ 万元} = 0.187$$

XYZ公司虽然流动比率和速动比率都较高,而现金比率偏低,说明该公司短期偿债能力还是有一定风险,应缩短收账期,加大应收账款催账力度,以加速应收账款资金的周转。

2)长期偿债能力分析

长期偿债能力是指企业偿还长期负债的能力。其分析指标主要有3项:资产负债率、产权比率和利息保障倍数。

(1)资产负债率

资产负债率是企业负债总额与资产总额之比。其计算公式为

$$资产负债率 = (负债总额 \div 资产总额) \times 100\%$$

资产负债率反映债权人所提供的资金占全部资金的比重,以及企业资产对债权人权益的保障程度。这一比率越低(50%以下),表明企业的偿债能力越强。

事实上,对这一比率的分析,还要看站在谁的立场上。从债权人的立场看,债务比率越低越好,企业偿债有保证,贷款不会有太大风险;从股东的立场看,在全部资本利润率高于借款利息率时,负债比率越大越好,因为股东所得到的利润就会加大。从财务管理的角度看,在进行借入资本决策时,企业应当审时度势,全面考虑,充分估计预期的利润和增加的风险,权衡利害得失,作出正确的分析和决策。

**【例 10.4】** 根据表 10.1 资料,XYZ 公司的资产负债率为

$$年初资产负债率 = \frac{1\ 100\ 万元 + 2\ 900\ 万元}{8\ 400\ 万元} \times 100\% = 47.62\%$$

$$年末资产负债率 = \frac{1\ 500\ 万元 + 3\ 800\ 万元}{10\ 000\ 万元} \times 100\% = 53\%$$

XYZ 公司年初资产负债率为 47.62%,低于 50%,而年末资产负债率为 50%,虽然偏高,但在合理的范围内,说明 XYZ 公司有一定的偿债能力和负债经营能力。

但是,并非企业所有的资产都可作为偿债的物质保证。待摊费用、递延资产等不仅在清算状态下难以作为偿债的保证,即便在持续经营期间,上述资产的摊销价值也需要依靠存货等资产的价值才能得以补偿和收回,其本身并无直接的变现能力;相反,还会削弱其他资产的变现能力,无形资产能否用于偿债,也存在极大的不确定性。

(2)产权比率

产权比率又称资本负债率,是负债总额与所有者权益之比。它是企业财务结构稳健与否的重要标志。其计算公式为

$$产权比率 = 负债总额 \div 所有者权益 \times 100\%$$

产权比率不仅反映了由债务人提供的资本与所有者提供的资本的相对关系,而且反映了企业自有资金偿还全部债务的能力。因此,它又是衡量企业负债经营是否安全有利的重要指标。一般来说,这一比率越低,表明企业长期偿债能力越强,债权人权益保障程度越高,承担的风险越小,一般认为这一比率为 1:1,即 100%以下时,应该是有偿债能力的,但还应结合企业的具体情况加以分析。当企业的资产收益率大于负债成本率时,负债经营有利于提高资金收益率,获得额外的利润,这时的产权比率可适当高些。产权比率高,是高风险、高报酬的财务结构;产权比率低,是低风险、低报酬的财务结构。

**【例 10.5】** 根据表 10.1 资料,XYZ 公司的产权比率为

$$年初产权比率 = \frac{1\ 100\ 万元 + 2\ 900\ 万元}{4\ 400\ 万元} \times 100\% = 90.91\%$$

$$年末产权比率 = \frac{1\ 500\ 万元 + 3\ 800\ 万元}{4\ 700\ 万元} \times 100\% = 112.77\%$$

由计算可知,XYZ 公司年初的产权比率不是很高,而年末的产权比率偏高,表明年末该公司举债经营程度偏高,财务结构不很稳定。

产权比率与资产负债率对评价偿债能力的作用基本一致,只是资产负债率侧重于分析

债务偿付安全性的物质保障程度,产权比率则侧重于揭示财务结构的稳健程度以及自有资金对偿债风险的承受能力。

与设置有形资产负债率指标的原因相同,对产权比率也可适当调整成为有形净值负债率。其计算公式为

$$有形净值负债率 = 负债总额 \div 有形净值总额 \times 100\%$$

其中有形净值总额 = 有形资产总额 - 负债总额

【例 10.6】 根据表 10.1 资料,XYZ 公司有形净值负债率为

$$年初有形净值负债率 = \frac{4\,000\ 万元}{8\,230\ 万元 - 4\,000\ 万元} \times 100\%$$
$$= 94.56\%$$

$$年末有形净值负债率 = \frac{5\,300\ 万元}{9\,745\ 万元 - 5\,300\ 万元} \times 100\%$$
$$= 119.24\%$$

有形净值负债率指标实质上是产权比率指标的延伸,能更为谨慎、保守地反映在企业清算时债权人投入的资本对所有者权益的保障程度。

(3)利息保障倍数

利息保障倍数是指企业息税前利润与利息费用之比,又称已获利息倍数。它用以衡量偿付借款利息的能力。其计算公式为

$$利息保障倍数 = 息税前利润 \div 利息费用$$

式中,"息税前利润"是指利润表中未扣除利息费用和所得税前的利润;"利息费用"是指本期发生的全部应付利息,不仅包括财务费用中的利息费用,还应包括计入固定资产成本的资本化利息。资本化利息虽然不在利润表中扣除,但仍然是要偿还的。利息保障倍数的重点是衡量企业支付利息的能力,没有足够大的息税前利润,利息的支付就会发生困难。

利息保障倍数不仅反映了企业获利能力的大小,而且反映了获利能力对偿还到期债务的保证程度。它既是企业举债经营的前提依据,也是衡量企业长期偿债能力大小的重要标志。要维持正常偿债能力,利息保障倍数至少应大于 1,且比值越高,企业长期偿债能力越强。如果利息保障倍数过低,企业将面临亏损、偿债的安全性与稳定性下降的风险。

【例 10.7】 根据表 10.2 资料,假定表中财务费用全部为利息费用,资本化利息为 0,则 XYZ 公司利息保障倍数为

$$上年利息保障倍数 = \frac{1\,175\ 万元 + 480\ 万元}{480\ 万元} = 3.45$$

$$本年利息保障倍数 = \frac{1\,000\ 万元 + 550\ 万元}{550\ 万元} = 2.82$$

从以上计算结果看,XYZ 公司这两年的利息保障倍数虽不太高,但大于 1,说明有一定的偿债能力,但还需要与其他企业特别是本行业平均水平进行比较来分析评价。从稳健角度看,还要比较本企业连续几年的该项指标进行分析评价。

## 10.3.2 营运能力分析

企业的经营活动离不开各项资产的运用,对企业营运能力的分析,实质上就是对各项资

产的周转使用情况进行分析。一般而言,资金周转速度越快,说明企业的资金管理水平越高,资金利用效率越高。企业营运能力分析主要包括流动资产周转情况分析、固定资产周转率和总资产周转率 3 个方面。

### 1)流动资产周转情况分析

反映流动资产周转情况的指标主要有营业周期、存货周转率、应收账款周转率及流动资产周转率。

（1）营业周期

营业周期是指从取得存货开始到销售存货并收回现金为止的这段时间。营业周期的长短取决于存货周转天数和应收账款周转天数。营业周期的计算公式为

$$营业周期 = 存货周转天数 + 应收账款周转天数$$

把存货周转天数和应收账款周转天数加在一起计算的营业周期,指的是需要多长时间能将期末存货全部转变为现金。一般情况下,营业周期短,说明资金周转速度快;营业周期长,说明资金周转速度慢。营业周期的长短取决于存货周转天数和应收账款周转天数。换句话说,决定流动比率高低的主要因素是存货周转天数和应收账款周转天数。

（2）存货周转率

在流动资产中,存货所占比重较大,存货的流动性将直接影响企业的流动比率。因此,必须特别重视对存货的分析。存货流动性的分析一般通过存货周转率来进行。

存货周转率(次数)是指一定时期内企业销售成本与存货平均资金占用额的比率。它是衡量和评价企业购入存货、投入生产、销售收回等各环节管理效率的综合性指标。其计算公式为

$$存货周转次数 = 销货成本 \div 存货平均余额$$
$$存货平均余额 = (期初存货 + 期末存货) \div 2$$
$$存货周转天数 = 计算期天数 \div 存货周转次数$$
$$= 计算期天数 \times 存货平均余额 \div 销货成本$$

【例 10.8】　根据表 10.1、表 10.2 资料,XYZ 公司 2016 年度销售成本为 13 220 万元,期初存货 1 630 万元,期末存货 595 万元,该公司存货周转率指标为

$$存货周转次数 = \frac{13\ 220\ 万元}{(1\ 630\ 万元 + 595\ 万元) \div 2} = 11.88\ 次$$

$$存货周转天数 = 360\ 天 \div 11.88 = 30\ 天$$

一般来讲,存货周转速度越快,存货占用水平越低,流动性越强,存货转化为现金或应收账款的速度就越快,这样会增强企业的短期偿债能力及获利能力。通过存货周转速度分析,有利于找出存货管理中存在的问题,尽可能降低资金占用水平。

（3）应收账款周转率

应收账款在流动资产中有着举足轻重的地位,及时收回应收账款,不仅增强了企业的短期偿债能力,也反映出企业管理应收账款的效率。

应收账款周转率(次数)是指一定时期内应收账款平均收回的次数。它是一定时期内商品或产品销售收入净额与应收账款平均余额的比值。其计算公式为

$$应收账款周转次数 = 销售收入净额 ÷ 应收账款平均余额$$

其中

$$销售收入净额 = 销售收入 - 销售折扣与折让$$
$$应收账款平均余额 = （期初应收账款 + 期末应收账款）÷ 2$$
$$应收账款周转天数 = 计算期天数 ÷ 应收账款周转次数$$
$$= 计算期天数 × 应收账款平均余额 ÷ 销售收入净额$$

式中，应收账款包括会计报表中"应收账款"和"应收票据"等全部赊销账款在内，且其金额应为扣除坏账后的金额。

应收账款周转率反映了企业应收账款周转速度的快慢及企业对应收账款管理效率的高低。在一定时期内周转次数多，周转天数少表明：

①企业收账迅速，信用销售管理严格。

②应收账款流动性强，从而增强企业短期偿债能力。

③可减少收账费用和坏账损失，相对增加企业流动资产的投资收益。

④通过比较应收账款周转天数及企业信用期限，可评价客户的信用程度，调整企业信用政策。

【例10.9】 根据表10.1、表10.2资料，XYZ公司2016年度销售收入净额15 000万元，2016年年末应收账款、应收票据净额为2 030万元（1 990万元 + 40万元），年初数为1 050万元（995万元 + 55万元），则2016年该公司应收账款周转率指标计算为

$$应收账款周转次数 = \frac{15\ 000\ 万元}{（2\ 030\ 万元 + 1\ 050\ 万元）÷ 2} = 9.74\ 次$$

$$应收账款周转天数 = 360\ 天 ÷ 9.74 = 37\ 天$$

在评价应收账款周转率指标时，应将计算出的指标与该企业前期、与行业平均水平或其他类似企业相比较来判断该指标的高低。

（4）流动资产周转率

流动资产周转率是反映企业流动资产周转速度的指标。流动资产周转率（次数）是一定时期销售收入净额与企业流动资产平均占用额之间的比率。其计算公式为

$$流动资产周转次数 = 销售收入净额 ÷ 流动资产平均余额$$
$$流动资产周转天数 = 计算期天数 ÷ 流动资产周转次数$$
$$= 计算期天数 × 流动资产平均余额 ÷ 销售收入净额$$

式中

$$流动资产平均余额 = （期初流动资产 + 期末流动资产）÷ 2$$

在一定时期内，流动资产周转次数越多，表明以相同的流动资产完成的周转额越多，流动资产利用效果越好；流动资产周转天数越少，表明流动资产在经历生产销售各阶段所占用的时间越短，可相对节约流动资产，增强企业盈利能力。

【例10.10】 根据表10.1、表10.2资料，XYZ公司2016年销售收入净额15 000万元，2016年流动资产期初数为3 050万元，期末数为3 500万元，则该公司流动资产周转指标计算为

$$流动资产周转次数 = \frac{15\,000\,万元}{(3\,050\,万元 + 3\,500\,万元) \div 2} = 4.58\,次$$

$$流动资产周转天数 = 360\,天 \div 4.58 = 78.6\,天$$

#### 2) 固定资产周转率

固定资产周转率是指企业年销售收入净额与固定资产平均净额的比率。它是反映企业固定资产周转情况,从而衡量固定资产利用效率的一项指标。其计算公式为

$$固定资产周转率 = 销售收入净额 \div 固定资产平均净值$$

式中

$$固定资产平均净值 = (期初固定资产净值 + 期末固定资产净值) \div 2$$

固定资产周转率高,说明企业固定资产投资得当,结构合理,利用效率高;反之,如果固定资产周转率不高,则表明固定资产利用效率不高,提供的生产成果不多,企业的营运能力不强。

【例 10.11】 根据表 10.1、表 10.2 资料,XYZ 公司 2015 年、2016 年的销售收入净额分别为 14 250 万元、15 000 万元,2016 年年初固定资产净值为 4 775 万元,2016 年年末为 6 190 万元。假设 2015 年年初固定资产净值为 4 000 万元,则固定资产周转率计算为

$$2015\,年固定资产周转率 = \frac{14\,250\,万元}{(4\,000\,万元 + 4\,775\,万元) \div 2} = 3.25\,次$$

$$2016\,年固定资产周转率 = \frac{15\,000\,万元}{(4\,775\,万元 + 6\,190\,万元) \div 2} = 2.74\,次$$

通过以上计算可知,2016 年固定资产周转率为 2.74 次,2015 年固定资产周转率为 3.25 次,说明 2016 年度周转速度要比上年要慢,其主要原因在于固定资产净值增加幅度要大于销售收入净额增长幅度,说明企业营运能力有所减弱。这种减弱幅度是否合理,还要视公司目标及同行业水平的比较而定。

#### 3) 总资产周转率

总资产周转率是企业销售收入净额与企业资产平均总额的比率。其计算公式为

$$总资产周转率 = 销售收入净额 \div 资产平均总额$$

$$资产平均总额 = (期初资产总额 + 期末资产总额) \div 2$$

这一比率用来衡量企业全部资产的使用效率,如果该比率较低,说明企业全部资产营运效率较低,可采用薄利多销或处理多余资产等方法,加速资产周转,提高运营效率;如果该比率较高,说明资金周转快,销售能力强,资产运营效率高。

【例 10.12】 根据表 10.1、表 10.2 资料,2015 年 XYZ 公司销售收入净额为 14 250 万元,2016 年为 15 000 万元,2016 年年初资产总额为 8 400 万元,2016 年年末为 10 000 万元。假设 2015 年初资产总额为 7 500 万元,则该公司 2015 年、2016 年总资产周转率计算为

$$2015\,年总资产周转率 = \frac{14\,250\,万元}{(7\,500\,万元 + 8\,400\,万元) \div 2} = 1.79\,次$$

$$2016\,年总资产周转率 = \frac{15\,000\,万元}{(8\,400\,万元 + 10\,000\,万元) \div 2} = 1.63\,次$$

从上述计算可知,XYZ 公司 2016 年总资产周转率比上年减慢,这与前面计算分析固定

资产周转速度减慢结论一致,该公司应扩大销售额,处理闲置资产,以提高资产使用效率。

### 10.3.3 盈利能力分析

不论是投资人、债权人,还是经理人员,都会非常重视和关心企业的盈利能力。盈利能力就是企业获取利润、资金不断增殖的能力。反映企业盈利能力的指标主要有销售毛利率、销售净利率、成本利润率、总资产报酬率、净资产收益率及资本保值增值率。

#### 1)销售毛利率

销售毛利率是销售毛利与销售收入之比。其计算公式为

$$销售毛利率 = 销售毛利 \div 销售收入$$

其中

$$销售毛利 = 主营业务收入(销售收入) - 主营业务成本(销售成本)$$

销售毛利率表示每1元销售收入扣除销售产品或商品的成本后,有多少钱可用于各项期间费用和形成盈利。毛利率是企业销售净利率的最初基础,没有足够大的毛利率便不能盈利。该比率越高,说明企业的获利能力越强。

【例10.13】 根据表10.2资料,可计算 XYZ 公司销售毛利率为

$$2015\ 年销售毛利率 = \frac{14\ 250\ 万元 - 12\ 515\ 万元}{14\ 250\ 万元} = 12.18\%$$

$$2016\ 年销售毛利率 = \frac{15\ 000\ 万元 - 13\ 220\ 万元}{15\ 000\ 万元} = 11.87\%$$

#### 2)销售净利率

销售净利率是净利润与销售收入之比。其计算公式为

$$销售净利率 = 净利润 \div 销售收入$$

该指标反映每1元销售收入带来的净利润的多少,表示销售收入的收益水平。从销售净利率的指标关系看,净利额与销售净利率成正比关系,而销售收入额与销售净利率成反比关系。企业在增加销售收入额的同时,必须相应地获得更多的净利润,才能使销售净利率保持不变或有所提高。通过分析销售净利率的升降变动,可使企业在扩大销售的同时,注意改进经营管理,提高盈利水平。

【例10.14】 根据表10.2资料,可计算销售净利率为

$$2015\ 年销售净利率 = \frac{800}{14\ 250} = 5.61\%$$

$$2016\ 年销售净利率 = \frac{680}{15\ 000} = 4.53\%$$

从上述计算分析可知,2016年各项销售利润率指标均比上年有所下降,说明企业盈利能力有所下降,企业应查明原因,采取相应措施,提高盈利水平。

#### 3)总资产净利率

总资产净利率是企业净利与平均资产总额的百分比。其计算公式为

$$总资产净利率 = \frac{净利润}{资产平均总额} = \frac{净利润}{(期初资产 + 期末资产) \div 2}$$

把企业一定期间的净利润与企业的资产相比较,表明企业资产利用的综合效果。该指标越高,表明资产的利用效率越高,说明企业在增收节支等方面取得了良好的效果,否则相反。

企业的资产是由投资人投入或举债形成的。净利的多少与企业资产的数量、资产的结构、经营管理水平有着密切的关系。资产净利润水平的潜力可用该指标与本企业前期、与计划、与本行业平均水平和本行业内先进企业进行对比,分析形成差异的原因。一般而言,影响资产净利率高低的因素主要是产品的价格和单位成本的高低,产品产量和销售数量的多少,以及资金占用量的大小等。

可利用总资产净利率来分析经营中存在的问题。提高销售利润率、加速资金周转是提高总资产净利率的主要途径。

**【例 10.15】** 据表 10.1、表 10.2 资料,XYZ 公司 2016 年年初资产总额 8 400 万元,年末资产总额 10 000 万元,净利润 680 万元,则 XYZ 公司总资产净利率计算为

$$2016\ 年总资产净利率 = \frac{680\ 万元}{(8\ 400\ 万元 + 10\ 000\ 万元) \div 2} \times 100\% = 7.39\%$$

### 4) 净资产收益率

净资产收益率又称自有资金利润率或权益报酬率,是净利润与平均所有者权益的比值。它反映企业自有资金的投资收益水平。其计算公式为

$$净资产收益率 = 净利润 \div 平均所有者权益 \times 100\%$$

该指标是企业盈利能力指标的核心,也是杜邦财务指标体系的核心,更是投资者关注的重点。

**【例 10.16】** 据表 10.1、表 10.2 资料,XYZ 公司 2015 年净利润为 800 万元,年末所有者权益为 4 400 万元;2016 年净利润为 680 万元,年末所有者权益为 4 700 万元。假设 2015 年初所有者权益为 4 000 万元,则 XYZ 公司净资产收益率为

$$2015\ 年净资产收益率 = \frac{800\ 万元}{(4\ 000\ 万元 + 4\ 400\ 万元) \div 2} \times 100\% = 19.05\%$$

$$2016\ 年净资产收益率 = \frac{680\ 万元}{(4\ 400\ 万元 + 4\ 700\ 万元) \div 2} \times 100\% = 14.95\%$$

由于该公司所有者权益的增长快于净利润的增长,2016 年净资产收益率要比上年低了 4 个多百分点,盈利能力明显降低。

# 10.4 财务综合分析

## 10.4.1 财务综合分析概述

### 1) 财务综合分析的概念

在第 3 节中,已介绍了企业偿债能力、营运能力和盈利能力以及现金流量等各种财务分析指标,但单独分析任何一项财务指标,就跟盲人摸象一样,都难以全面评价企业的经营与

财务状况。要作全面的分析,必须采取适当的方法,对企业财务进行综合分析与评价。所谓财务综合分析,就是将企业营运能力、偿债能力和盈利能力等方面的分析纳入一个有机的分析系统之中,全面地对企业财务状况、经营状况进行解剖和分析,从而对企业经济效益做出较为准确的评价与判断。

**2)财务综合分析的特点**

一个健全有效的财务综合指标体系必须具有以下特点:

(1)评价指标要全面

设置的评价指标要尽可能涵盖偿债能力、营运能力和盈利能力等方面的考核要求。

(2)主辅指标功能要匹配

在分析中,要做到:

①要明确企业分析指标的主辅地位。

②要能从不同侧面、不同层次反映企业财务状况,揭示企业经营业绩。

(3)满足各方面经济需求

设置的指标评价体系既要能满足企业内部管理者决策的需要,也要能满足外部投资者和政府管理机构决策及实施宏观调控的要求。

## 10.4.2 财务综合分析的方法

财务综合分析的方法主要有两种:杜邦财务分析体系法和沃尔比重评分法。本书只介绍杜邦财务分析体系法。

杜邦财务分析体系法首先由美国杜邦公司的经理创立并首先在杜邦公司成功运用,称为杜邦系统(The Du Pont System)。它是利用财务指标间的内在联系,对企业综合经营理财能力及经济效益进行系统的分析与评价的方法。

根据表 10.1、表 10.2 的资料,可作出 XYZ 杜邦财务分析的基本结构图,如图 10.1 所示。

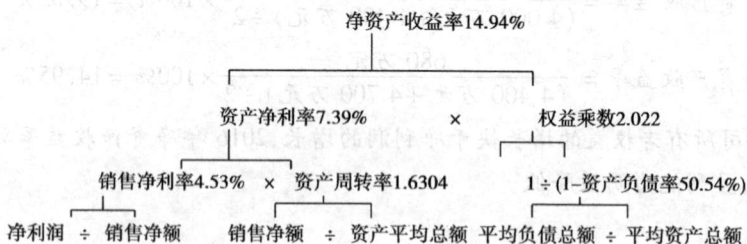

图 10.1 杜邦财务分析的基本结构图

在杜邦分析图中,净资产收益率反映所有者投入资本的获利能力,反映企业筹资、投资、资产运营等活动的效率。它是一个综合性最强、最具代表性的一个指标,是杜邦系统的核心。该指标的高低取决于总资产净利率与权益乘数。

总资产净利率是净利润与总资产平均余额之比,它等于销售净利率与总资产周转率之积。

权益乘数是平均资产与平均权益之比,等于 1 – 资产负债率的倒数,可表示为

$$权益乘数 = 1 \div (1 - 资产负债率)$$

式中,资产负债率是指全年平均资产负债率。它是企业全年平均负债总额与全年平均资产总额之比。

权益乘数主要受资产负债率的影响。负债比率大,权益乘数就高,说明企业有较高的负债程度,给企业带来了较多的杠杆利益,同时也给企业带来了较多的风险。企业既要充分、有效地利用全部资产,提高资产利用效率,又要妥善安排资金结构。

销售净利率是净利润与销售收入之比。它是反映企业盈利能力的重要指标。提高这一比率的途径有扩大销售收入和降低成本费用等。

资产周转率是销售收入与资产平均总额之比,是反映企业运用资产以产生销售收入能力的指标。对资产周转率的分析,除了分析资产构成部分在总占有量上是否合理外,还可通过流动资产周转率、存货周转率、应收账款周转率等有关资产使用效率的分析,以判明影响资产调整的主要问题所在。

可见,杜邦体系就是通过自上而下地分析、指标的层层分解来揭示出企业各项指标间的结构关系,查明各主要指标的影响因素,为决策者优化经营理财状况、提高企业经营效率提供思路。

## 本章小结

1.财务分析就是以财务报表和其他资料为依据和起点,采用专门方法,系统分析和评价企业的财务状况、经营成果和现金流量状况的过程。财务分析是评价财务状况及经营业绩的重要依据,是实现理财目标的重要手段,也是实施正确投资决策的重要步骤。

2.财务分析方法多种多样,但常用的有以下 3 种方法:比率分析法、因素分析法和趋势分析法。

3.财务分析的内容主要包括以下 4 个方面:偿债能力分析、营运能力分析、盈利能力分析及现金流量分析。企业偿债能力分析包括短期偿债能力分析和长期偿债能力分析。企业短期偿债能力的衡量指标主要有流动比率、速动比率和现金比率。长期偿债能力是指企业偿还长期负债的能力,其分析指标主要有 3 项:资产负债率、产权比率和利息保障倍数。企业营运能力分析主要包括流动资产周转情况分析、固定资产周转率和总资产周转率 3 个方面。企业盈利能力的一般分析指标主要有销售利润率、成本利润率、资产利润率、净资产收益率及资本保值增值率。

4.财务综合分析就是将企业营运能力、偿债能力和盈利能力等方面的分析纳入一个有机的分析系统之中,全面地对企业财务状况、经营状况进行解剖和分析,从而对企业经济效益做出较为准确的评价与判断。财务综合分析的方法主要有两种:杜邦财务分析体系法和沃尔比重评分法。

## 附表 1 复利终值系数表($F/P$，$i$，$n$)

(a)

| n＼i | 1% | 2% | 3% | 4% | 5% | 6% | 7% | 8% |
|---|---|---|---|---|---|---|---|---|
| 1 | 1.010 0 | 1.020 0 | 1.030 0 | 1.040 0 | 1.050 0 | 1.060 0 | 1.070 0 | 1.080 0 |
| 2 | 1.020 1 | 1.040 4 | 1.060 9 | 1.081 6 | 1.102 5 | 1.123 6 | 1.144 9 | 1.166 4 |
| 3 | 1.030 3 | 1.061 2 | 1.092 7 | 1.124 9 | 1.157 6 | 1.191 0 | 1.225 0 | 1.259 7 |
| 4 | 1.040 6 | 1.082 4 | 1.125 5 | 1.169 9 | 1.215 5 | 1.262 5 | 1.310 8 | 1.360 5 |
| 5 | 1.051 0 | 1.104 1 | 1.159 3 | 1.216 7 | 1.276 3 | 1.338 2 | 1.402 6 | 1.469 3 |
| 6 | 1.061 5 | 1.126 2 | 1.194 1 | 1.265 3 | 1.340 1 | 1.418 5 | 1.500 7 | 1.586 9 |
| 7 | 1.072 1 | 1.148 7 | 1.229 9 | 1.315 9 | 1.407 1 | 1.503 6 | 1.605 8 | 1.713 8 |
| 8 | 1.082 9 | 1.171 7 | 1.266 8 | 1.368 6 | 1.477 5 | 1.593 8 | 1.718 2 | 1.850 9 |
| 9 | 1.093 7 | 1.195 1 | 1.304 8 | 1.423 3 | 1.551 3 | 1.689 5 | 1.838 5 | 1.999 0 |
| 10 | 1.104 6 | 1.219 0 | 1.343 9 | 1.480 2 | 1.628 9 | 1.790 8 | 1.967 2 | 2.158 9 |
| 11 | 1.115 7 | 1.243 4 | 1.384 2 | 1.539 5 | 1.710 3 | 1.898 3 | 2.104 9 | 2.331 6 |
| 12 | 1.126 8 | 1.268 2 | 1.425 8 | 1.601 0 | 1.795 9 | 2.012 2 | 2.252 2 | 2.518 2 |
| 13 | 1.138 1 | 1.293 6 | 1.468 5 | 1.665 1 | 1.885 6 | 2.132 9 | 2.409 8 | 2.719 6 |
| 14 | 1.149 5 | 1.319 5 | 1.512 6 | 1.731 7 | 1.979 9 | 2.260 9 | 2.578 5 | 2.937 2 |
| 15 | 1.161 0 | 1.345 9 | 1.558 0 | 1.800 9 | 2.078 9 | 2.396 6 | 2.759 0 | 3.172 2 |
| 16 | 1.172 6 | 1.372 8 | 1.604 7 | 1.873 0 | 2.182 9 | 2.540 4 | 2.952 2 | 3.425 9 |
| 17 | 1.184 3 | 1.400 2 | 1.652 8 | 1.947 9 | 2.292 0 | 2.692 8 | 3.158 8 | 3.700 0 |
| 18 | 1.196 1 | 1.428 2 | 1.702 4 | 2.025 8 | 2.406 6 | 2.854 3 | 3.379 9 | 3.996 0 |
| 19 | 1.208 1 | 1.456 8 | 1.753 5 | 2.106 8 | 2.527 0 | 3.025 6 | 3.616 5 | 4.315 7 |
| 20 | 1.220 2 | 1.485 9 | 1.806 1 | 2.191 1 | 2.653 3 | 3.207 1 | 3.869 7 | 4.661 0 |
| 21 | 1.232 4 | 1.515 7 | 1.860 3 | 2.278 8 | 2.786 0 | 3.399 6 | 4.140 6 | 5.033 8 |
| 22 | 1.244 7 | 1.546 0 | 1.916 1 | 2.369 9 | 2.925 3 | 3.603 5 | 4.430 4 | 5.436 5 |
| 23 | 1.257 2 | 1.576 9 | 1.973 6 | 2.464 7 | 3.071 5 | 3.819 7 | 4.740 5 | 5.871 5 |
| 24 | 1.269 7 | 1.608 4 | 2.032 8 | 2.563 3 | 3.225 1 | 4.048 9 | 5.072 4 | 6.341 2 |
| 25 | 1.282 4 | 1.640 6 | 2.093 8 | 2.665 8 | 3.386 4 | 4.291 9 | 5.427 4 | 6.848 5 |
| 26 | 1.295 3 | 1.673 4 | 2.156 6 | 2.772 5 | 3.555 7 | 4.549 4 | 5.807 4 | 7.396 4 |
| 27 | 1.308 2 | 1.706 9 | 2.221 3 | 2.883 4 | 3.733 5 | 4.822 3 | 6.213 9 | 7.988 1 |
| 28 | 1.321 3 | 1.741 0 | 2.287 9 | 2.998 7 | 3.920 1 | 5.111 7 | 6.648 8 | 8.627 1 |
| 29 | 1.334 5 | 1.775 8 | 2.356 6 | 3.118 7 | 4.116 1 | 5.418 4 | 7.114 3 | 9.317 3 |
| 30 | 1.347 8 | 1.811 4 | 2.427 3 | 3.243 4 | 4.321 9 | 5.743 5 | 7.612 3 | 10.062 7 |

(b)

| $n$ \ $i$ | 9% | 10% | 11% | 12% | 13% | 14% | 15% | 16% |
|---|---|---|---|---|---|---|---|---|
| 1 | 1.090 0 | 1.1 | 1.110 0 | 1.120 0 | 1.130 0 | 1.140 0 | 1.150 0 | 1.160 0 |
| 2 | 1.188 1 | 1.210 0 | 1.232 1 | 1.254 4 | 1.276 9 | 1.299 6 | 1.322 5 | 1.345 6 |
| 3 | 1.295 0 | 1.331 0 | 1.367 6 | 1.404 9 | 1.442 9 | 1.481 5 | 1.520 9 | 1.560 9 |
| 4 | 1.411 6 | 1.464 1 | 1.518 1 | 1.573 5 | 1.630 5 | 1.689 0 | 1.749 0 | 1.810 6 |
| 5 | 1.538 6 | 1.610 5 | 1.685 1 | 1.762 3 | 1.842 4 | 1.925 4 | 2.011 4 | 2.100 3 |
| 6 | 1.677 1 | 1.771 6 | 1.870 4 | 1.973 8 | 2.082 0 | 2.195 0 | 2.313 1 | 2.436 4 |
| 7 | 1.828 0 | 1.948 7 | 2.076 2 | 2.210 7 | 2.352 6 | 2.502 3 | 2.660 0 | 2.826 2 |
| 8 | 1.992 6 | 2.143 6 | 2.304 5 | 2.476 0 | 2.658 4 | 2.852 6 | 3.059 0 | 3.278 4 |
| 9 | 2.171 9 | 2.357 9 | 2.558 0 | 2.773 1 | 3.004 0 | 3.251 9 | 3.517 9 | 3.803 0 |
| 10 | 2.367 4 | 2.593 7 | 2.839 4 | 3.105 8 | 3.394 6 | 3.707 2 | 4.045 6 | 4.411 4 |
| 11 | 2.580 4 | 2.853 1 | 3.151 8 | 3.478 6 | 3.835 9 | 4.226 2 | 4.652 4 | 5.117 3 |
| 12 | 2.812 7 | 3.138 4 | 3.498 5 | 3.896 0 | 4.334 5 | 4.817 9 | 5.350 3 | 5.936 0 |
| 13 | 3.065 8 | 3.452 3 | 3.883 3 | 4.363 5 | 4.898 0 | 5.492 4 | 6.152 8 | 6.885 8 |
| 14 | 3.341 7 | 3.797 5 | 4.310 4 | 4.887 1 | 5.534 8 | 6.261 3 | 7.075 7 | 7.987 5 |
| 15 | 3.642 5 | 4.177 2 | 4.784 6 | 5.473 6 | 6.254 3 | 7.137 9 | 8.137 1 | 9.265 5 |
| 16 | 3.970 3 | 4.595 0 | 5.310 9 | 6.130 4 | 7.067 3 | 8.137 2 | 9.357 6 | 10.748 0 |
| 17 | 4.327 6 | 5.054 5 | 5.895 1 | 6.866 0 | 7.986 1 | 9.276 5 | 10.761 3 | 12.467 7 |
| 18 | 4.717 1 | 5.559 9 | 6.543 6 | 7.690 0 | 9.024 3 | 10.575 2 | 12.375 5 | 14.462 5 |
| 19 | 5.141 7 | 6.115 9 | 7.263 3 | 8.612 8 | 10.197 4 | 12.055 7 | 14.231 8 | 16.776 5 |
| 20 | 5.604 4 | 6.727 5 | 8.062 3 | 9.646 3 | 11.523 1 | 13.743 5 | 16.366 5 | 19.460 8 |
| 21 | 6.108 8 | 7.400 2 | 8.949 2 | 10.803 8 | 13.021 1 | 15.667 6 | 18.821 5 | 22.574 5 |
| 22 | 6.658 6 | 8.140 3 | 9.933 6 | 12.100 3 | 14.713 8 | 17.861 0 | 21.644 7 | 26.186 4 |
| 23 | 7.257 9 | 8.954 3 | 11.026 3 | 13.552 3 | 16.626 6 | 20.361 6 | 24.891 5 | 30.376 2 |
| 24 | 7.911 1 | 9.849 7 | 12.239 2 | 15.178 6 | 18.788 1 | 23.212 2 | 28.625 2 | 35.236 4 |
| 25 | 8.623 1 | 10.834 7 | 13.585 5 | 17.000 1 | 21.230 5 | 26.461 9 | 32.919 0 | 40.874 2 |
| 26 | 9.399 2 | 11.918 2 | 15.079 9 | 19.040 1 | 23.990 5 | 30.166 6 | 37.856 8 | 47.414 1 |
| 27 | 10.245 1 | 13.110 0 | 16.738 7 | 21.324 9 | 27.109 3 | 34.389 9 | 43.535 3 | 55.000 4 |
| 28 | 11.167 1 | 14.421 0 | 18.579 9 | 23.883 9 | 30.633 5 | 39.204 5 | 50.065 6 | 63.800 4 |
| 29 | 12.172 2 | 15.863 1 | 20.623 7 | 26.749 9 | 34.615 8 | 44.693 1 | 57.575 5 | 74.008 5 |
| 30 | 13.267 7 | 17.449 4 | 22.892 3 | 29.959 9 | 39.115 9 | 50.950 2 | 66.211 8 | 85.849 9 |

(c)

| i\n | 17% | 18% | 19% | 20% | 21% | 22% | 23% | 24% |
|---|---|---|---|---|---|---|---|---|
| 1 | 1.170 0 | 1.180 0 | 1.190 0 | 1.200 0 | 1.210 0 | 1.220 0 | 1.230 0 | 1.240 0 |
| 2 | 1.368 9 | 1.392 4 | 1.416 1 | 1.440 0 | 1.464 1 | 1.488 4 | 1.512 9 | 1.537 6 |
| 3 | 1.601 6 | 1.643 0 | 1.685 2 | 1.728 0 | 1.771 6 | 1.815 8 | 1.860 9 | 1.906 6 |
| 4 | 1.873 9 | 1.938 8 | 2.005 3 | 2.073 6 | 2.143 6 | 2.215 3 | 2.288 9 | 2.364 2 |
| 5 | 2.192 4 | 2.287 8 | 2.386 4 | 2.488 3 | 2.593 7 | 2.702 7 | 2.815 3 | 2.931 6 |
| 6 | 2.565 2 | 2.699 6 | 2.839 8 | 2.986 0 | 3.138 4 | 3.297 3 | 3.462 8 | 3.635 2 |
| 7 | 3.001 2 | 3.185 5 | 3.379 3 | 3.583 2 | 3.797 5 | 4.022 7 | 4.259 3 | 4.507 7 |
| 8 | 3.511 5 | 3.758 9 | 4.021 4 | 4.299 8 | 4.595 0 | 4.907 7 | 5.238 9 | 5.589 5 |
| 9 | 4.108 4 | 4.435 5 | 4.785 4 | 5.159 8 | 5.559 9 | 5.987 4 | 6.443 9 | 6.931 0 |
| 10 | 4.806 8 | 5.233 8 | 5.694 7 | 6.191 7 | 6.727 5 | 7.304 6 | 7.925 9 | 8.594 4 |
| 11 | 5.624 0 | 6.175 9 | 6.776 7 | 7.430 1 | 8.140 3 | 8.911 7 | 9.748 9 | 10.657 1 |
| 12 | 6.580 1 | 7.287 6 | 8.064 2 | 8.916 1 | 9.849 7 | 10.872 2 | 11.991 2 | 13.214 8 |
| 13 | 7.698 7 | 8.599 4 | 9.596 4 | 10.699 3 | 11.918 2 | 13.264 1 | 14.749 1 | 16.386 3 |
| 14 | 9.007 5 | 10.147 2 | 11.419 8 | 12.839 2 | 14.421 0 | 16.182 2 | 18.141 4 | 20.319 1 |
| 15 | 10.538 7 | 11.973 7 | 13.589 5 | 15.407 0 | 17.449 4 | 19.742 3 | 22.314 0 | 25.195 6 |
| 16 | 12.330 3 | 14.129 0 | 16.171 5 | 18.488 4 | 21.113 8 | 24.085 6 | 27.446 2 | 31.242 6 |
| 17 | 14.426 5 | 16.672 2 | 19.244 1 | 22.186 1 | 25.547 7 | 29.384 4 | 33.758 8 | 38.740 8 |
| 18 | 16.879 0 | 19.673 3 | 22.900 5 | 26.623 3 | 30.912 7 | 35.849 0 | 41.523 3 | 48.038 6 |
| 19 | 19.748 4 | 23.214 4 | 27.251 6 | 31.948 0 | 37.404 3 | 43.735 8 | 51.073 7 | 59.567 9 |
| 20 | 23.105 6 | 27.393 0 | 32.429 4 | 38.337 6 | 45.259 3 | 53.357 6 | 62.820 6 | 73.864 1 |
| 21 | 27.033 6 | 32.323 8 | 38.591 0 | 46.005 1 | 54.763 7 | 65.096 3 | 77.269 4 | 91.591 5 |
| 22 | 31.629 3 | 38.142 1 | 45.923 3 | 55.206 1 | 66.264 1 | 79.417 5 | 95.041 3 | 113.573 5 |
| 23 | 37.006 2 | 45.007 6 | 54.648 7 | 66.247 4 | 80.179 5 | 96.889 4 | 116.900 8 | 140.831 2 |
| 24 | 43.297 3 | 53.109 0 | 65.032 0 | 79.496 8 | 97.017 2 | 118.205 0 | 143.788 0 | 174.630 6 |
| 25 | 50.657 8 | 62.668 6 | 77.388 1 | 95.396 2 | 117.390 9 | 144.210 1 | 176.859 3 | 216.542 0 |
| 26 | 59.269 7 | 73.949 0 | 92.091 8 | 114.475 5 | 142.042 9 | 175.936 4 | 217.536 9 | 268.512 1 |
| 27 | 69.345 5 | 87.259 8 | 109.589 3 | 137.370 6 | 171.871 9 | 214.642 4 | 267.570 4 | 332.955 0 |
| 28 | 81.134 2 | 102.966 6 | 130.411 2 | 164.844 7 | 207.965 1 | 261.863 7 | 329.111 5 | 412.864 2 |
| 29 | 94.927 1 | 121.500 5 | 155.189 3 | 197.813 6 | 251.637 7 | 319.473 7 | 404.807 2 | 511.951 6 |
| 30 | 111.064 7 | 143.370 6 | 184.675 3 | 237.376 3 | 304.481 6 | 389.757 9 | 497.912 9 | 634.819 9 |

(d)

| n \ i | 25% | 26% | 27% | 28% | 29% | 30% |
|---|---|---|---|---|---|---|
| 1 | 1.250 0 | 1.260 0 | 1.270 0 | 1.280 0 | 1.290 0 | 1.300 0 |
| 2 | 1.562 5 | 1.587 6 | 1.612 9 | 1.638 4 | 1.664 1 | 1.690 0 |
| 3 | 1.953 1 | 2.000 4 | 2.048 4 | 2.097 2 | 2.146 7 | 2.197 0 |
| 4 | 2.441 4 | 2.520 5 | 2.601 4 | 2.684 4 | 2.769 2 | 2.856 1 |
| 5 | 3.051 8 | 3.175 8 | 3.303 8 | 3.436 0 | 3.572 3 | 3.712 9 |
| 6 | 3.814 7 | 4.001 5 | 4.195 9 | 4.398 0 | 4.608 3 | 4.826 8 |
| 7 | 4.768 4 | 5.041 9 | 5.328 8 | 5.629 5 | 5.944 7 | 6.274 9 |
| 8 | 5.960 5 | 6.352 8 | 6.767 5 | 7.205 8 | 7.668 6 | 8.157 3 |
| 9 | 7.450 6 | 8.004 5 | 8.594 8 | 9.223 4 | 9.892 5 | 10.604 5 |
| 10 | 9.313 2 | 10.085 7 | 10.915 3 | 11.805 9 | 12.761 4 | 13.785 8 |
| 11 | 11.641 5 | 12.708 0 | 13.862 5 | 15.111 6 | 16.462 2 | 17.921 6 |
| 12 | 14.551 9 | 16.012 0 | 17.605 3 | 19.342 8 | 21.236 2 | 23.298 1 |
| 13 | 18.189 9 | 20.175 2 | 22.358 8 | 24.758 8 | 27.394 7 | 30.287 5 |
| 14 | 22.737 4 | 25.420 7 | 28.395 7 | 31.691 3 | 35.339 1 | 39.373 8 |
| 15 | 28.421 7 | 32.030 1 | 36.062 5 | 40.564 8 | 45.587 5 | 51.185 9 |
| 16 | 35.527 1 | 40.357 9 | 45.799 4 | 51.923 0 | 58.807 9 | 66.541 7 |
| 17 | 44.408 9 | 50.851 0 | 58.165 2 | 66.461 4 | 75.862 1 | 86.504 2 |
| 18 | 55.511 2 | 64.072 2 | 73.869 8 | 85.070 6 | 97.862 2 | 112.455 4 |
| 19 | 69.388 9 | 80.731 0 | 93.814 7 | 108.890 4 | 126.242 2 | 146.192 0 |
| 20 | 86.736 2 | 101.721 1 | 119.144 6 | 139.379 7 | 162.852 4 | 190.049 6 |
| 21 | 108.420 2 | 128.168 5 | 151.313 7 | 178.406 0 | 210.079 6 | 247.064 5 |
| 22 | 135.525 3 | 161.492 4 | 192.168 3 | 228.359 6 | 271.002 7 | 321.183 9 |
| 23 | 169.406 6 | 203.480 4 | 244.053 8 | 292.300 3 | 349.593 5 | 417.539 1 |
| 24 | 211.758 2 | 256.385 3 | 309.948 3 | 374.144 4 | 450.975 6 | 542.800 8 |
| 25 | 264.697 8 | 323.045 4 | 393.634 4 | 478.904 9 | 581.758 5 | 705.641 0 |
| 26 | 330.872 2 | 407.037 3 | 499.915 7 | 612.998 2 | 750.468 5 | 917.333 3 |
| 27 | 413.590 3 | 512.867 0 | 634.892 9 | 784.637 7 | 968.104 4 | 1 192.533 3 |
| 28 | 516.987 9 | 646.212 4 | 806.314 0 | 1 004.336 3 | 1 248.854 6 | 1 550.293 3 |
| 29 | 646.234 9 | 814.227 6 | 1 024.018 7 | 1 285.550 4 | 1 611.022 5 | 2 015.381 3 |
| 30 | 807.793 6 | 1 025.926 7 | 1 300.503 8 | 1 645.504 6 | 2 078.219 0 | 2 619.995 6 |

## 附表 2 复利现值系数表($P/F$, $i$, $n$)

（a）

| $n$＼$i$ | 1% | 2% | 3% | 4% | 5% | 6% | 7% | 8% |
|------|------|------|------|------|------|------|------|------|
| 1 | 0.990 1 | 0.980 4 | 0.970 9 | 0.961 5 | 0.952 4 | 0.943 4 | 0.934 6 | 0.925 9 |
| 2 | 0.980 3 | 0.961 2 | 0.942 6 | 0.924 6 | 0.907 0 | 0.890 0 | 0.873 4 | 0.857 3 |
| 3 | 0.970 6 | 0.942 3 | 0.915 1 | 0.889 0 | 0.863 8 | 0.839 6 | 0.816 3 | 0.793 8 |
| 4 | 0.961 0 | 0.923 8 | 0.888 5 | 0.854 8 | 0.822 7 | 0.792 1 | 0.762 9 | 0.735 0 |
| 5 | 0.951 5 | 0.905 7 | 0.862 6 | 0.821 9 | 0.783 5 | 0.747 3 | 0.713 0 | 0.680 6 |
| 6 | 0.942 0 | 0.888 0 | 0.837 5 | 0.790 3 | 0.746 2 | 0.705 0 | 0.666 3 | 0.630 2 |
| 7 | 0.932 7 | 0.870 6 | 0.813 1 | 0.759 9 | 0.710 7 | 0.665 1 | 0.622 7 | 0.583 5 |
| 8 | 0.923 5 | 0.853 5 | 0.789 4 | 0.730 7 | 0.676 8 | 0.627 4 | 0.582 0 | 0.540 3 |
| 9 | 0.914 3 | 0.836 8 | 0.766 4 | 0.702 6 | 0.644 6 | 0.591 9 | 0.543 9 | 0.500 2 |
| 10 | 0.905 3 | 0.820 3 | 0.744 1 | 0.675 6 | 0.613 9 | 0.558 4 | 0.508 3 | 0.463 2 |
| 11 | 0.896 3 | 0.804 3 | 0.722 4 | 0.649 6 | 0.584 7 | 0.526 8 | 0.475 1 | 0.428 9 |
| 12 | 0.887 4 | 0.788 5 | 0.701 4 | 0.624 6 | 0.556 8 | 0.497 0 | 0.444 0 | 0.397 1 |
| 13 | 0.878 7 | 0.773 0 | 0.681 0 | 0.600 6 | 0.530 3 | 0.468 8 | 0.415 0 | 0.367 7 |
| 14 | 0.870 0 | 0.757 9 | 0.661 1 | 0.577 5 | 0.505 1 | 0.442 3 | 0.387 8 | 0.340 5 |
| 15 | 0.861 3 | 0.743 0 | 0.641 9 | 0.555 3 | 0.481 0 | 0.417 3 | 0.362 4 | 0.315 2 |
| 16 | 0.852 8 | 0.728 4 | 0.623 2 | 0.533 9 | 0.458 1 | 0.393 6 | 0.338 7 | 0.291 9 |
| 17 | 0.844 4 | 0.714 2 | 0.605 0 | 0.513 4 | 0.436 3 | 0.371 4 | 0.316 6 | 0.270 3 |
| 18 | 0.836 0 | 0.700 2 | 0.587 4 | 0.493 6 | 0.415 5 | 0.350 3 | 0.295 9 | 0.250 2 |
| 19 | 0.827 7 | 0.686 4 | 0.570 3 | 0.474 6 | 0.395 7 | 0.330 5 | 0.276 5 | 0.231 7 |
| 20 | 0.819 5 | 0.673 0 | 0.553 7 | 0.456 4 | 0.376 9 | 0.311 8 | 0.258 4 | 0.214 5 |
| 21 | 0.811 4 | 0.659 8 | 0.537 5 | 0.438 8 | 0.358 9 | 0.294 2 | 0.241 5 | 0.198 7 |
| 22 | 0.803 4 | 0.646 8 | 0.521 9 | 0.422 0 | 0.341 8 | 0.277 5 | 0.225 7 | 0.183 9 |
| 23 | 0.795 4 | 0.634 2 | 0.506 7 | 0.405 7 | 0.325 6 | 0.261 8 | 0.210 9 | 0.170 3 |
| 24 | 0.787 6 | 0.621 7 | 0.491 9 | 0.390 1 | 0.310 1 | 0.247 0 | 0.197 1 | 0.157 7 |
| 25 | 0.779 8 | 0.609 5 | 0.477 6 | 0.375 1 | 0.295 3 | 0.233 0 | 0.184 2 | 0.146 0 |
| 26 | 0.772 0 | 0.597 6 | 0.463 7 | 0.360 7 | 0.281 2 | 0.219 8 | 0.172 2 | 0.135 2 |
| 27 | 0.764 4 | 0.585 9 | 0.450 2 | 0.346 8 | 0.267 8 | 0.207 4 | 0.160 9 | 0.125 2 |
| 28 | 0.756 8 | 0.574 4 | 0.437 1 | 0.333 5 | 0.255 1 | 0.195 6 | 0.150 4 | 0.115 9 |
| 29 | 0.749 3 | 0.563 1 | 0.424 3 | 0.320 7 | 0.242 9 | 0.184 6 | 0.140 6 | 0.107 3 |
| 30 | 0.741 9 | 0.552 1 | 0.412 0 | 0.308 3 | 0.231 4 | 0.174 1 | 0.131 4 | 0.099 4 |

(b)

| n \ i | 9% | 10% | 11% | 12% | 13% | 14% | 15% | 16% |
|---|---|---|---|---|---|---|---|---|
| 1 | 0.917 4 | 0.909 1 | 0.900 9 | 0.892 9 | 0.885 0 | 0.877 2 | 0.869 6 | 0.862 1 |
| 2 | 0.841 7 | 0.826 4 | 0.811 6 | 0.797 2 | 0.783 1 | 0.769 5 | 0.756 1 | 0.743 2 |
| 3 | 0.772 2 | 0.751 3 | 0.731 2 | 0.711 8 | 0.693 1 | 0.675 0 | 0.657 5 | 0.640 7 |
| 4 | 0.708 4 | 0.683 0 | 0.658 7 | 0.635 5 | 0.613 3 | 0.592 1 | 0.571 8 | 0.552 3 |
| 5 | 0.649 9 | 0.620 9 | 0.593 5 | 0.567 4 | 0.542 8 | 0.519 4 | 0.497 2 | 0.476 1 |
| 6 | 0.596 3 | 0.564 5 | 0.534 6 | 0.506 6 | 0.480 3 | 0.455 6 | 0.432 3 | 0.410 4 |
| 7 | 0.547 0 | 0.513 2 | 0.481 7 | 0.452 3 | 0.425 1 | 0.399 6 | 0.375 9 | 0.353 8 |
| 8 | 0.501 9 | 0.466 5 | 0.433 9 | 0.403 9 | 0.376 2 | 0.350 6 | 0.326 9 | 0.305 0 |
| 9 | 0.460 4 | 0.424 1 | 0.390 9 | 0.360 6 | 0.332 9 | 0.307 5 | 0.284 3 | 0.263 0 |
| 10 | 0.422 4 | 0.385 5 | 0.352 2 | 0.322 0 | 0.294 6 | 0.269 7 | 0.247 2 | 0.226 7 |
| 11 | 0.387 5 | 0.350 5 | 0.317 3 | 0.287 5 | 0.260 7 | 0.236 6 | 0.214 9 | 0.195 4 |
| 12 | 0.355 5 | 0.318 6 | 0.285 8 | 0.256 7 | 0.230 7 | 0.207 6 | 0.186 9 | 0.168 5 |
| 13 | 0.326 2 | 0.289 7 | 0.257 5 | 0.229 2 | 0.204 2 | 0.182 1 | 0.162 5 | 0.145 2 |
| 14 | 0.299 2 | 0.263 3 | 0.232 0 | 0.204 6 | 0.180 7 | 0.159 7 | 0.141 3 | 0.125 2 |
| 15 | 0.274 5 | 0.239 4 | 0.209 0 | 0.182 7 | 0.159 9 | 0.140 1 | 0.122 9 | 0.107 9 |
| 16 | 0.251 9 | 0.217 6 | 0.188 3 | 0.163 1 | 0.141 5 | 0.122 9 | 0.106 9 | 0.093 0 |
| 17 | 0.231 1 | 0.197 8 | 0.169 6 | 0.145 6 | 0.125 2 | 0.107 8 | 0.092 9 | 0.080 2 |
| 18 | 0.212 0 | 0.179 9 | 0.152 8 | 0.130 0 | 0.110 8 | 0.094 6 | 0.080 8 | 0.069 1 |
| 19 | 0.194 5 | 0.163 5 | 0.137 7 | 0.116 1 | 0.098 1 | 0.082 9 | 0.070 3 | 0.059 6 |
| 20 | 0.178 4 | 0.148 6 | 0.124 0 | 0.103 7 | 0.086 8 | 0.072 8 | 0.061 1 | 0.051 4 |
| 21 | 0.163 7 | 0.135 1 | 0.111 7 | 0.092 6 | 0.076 8 | 0.063 8 | 0.053 1 | 0.044 3 |
| 22 | 0.150 2 | 0.122 8 | 0.100 7 | 0.082 6 | 0.068 0 | 0.056 0 | 0.046 2 | 0.038 2 |
| 23 | 0.137 8 | 0.111 7 | 0.090 7 | 0.073 8 | 0.060 1 | 0.049 1 | 0.040 2 | 0.032 9 |
| 24 | 0.126 4 | 0.101 5 | 0.081 7 | 0.065 9 | 0.053 2 | 0.043 1 | 0.034 9 | 0.028 4 |
| 25 | 0.116 0 | 0.092 3 | 0.073 6 | 0.058 8 | 0.047 1 | 0.037 8 | 0.030 4 | 0.024 5 |
| 26 | 0.106 4 | 0.083 9 | 0.066 3 | 0.052 5 | 0.041 7 | 0.033 1 | 0.026 4 | 0.021 1 |
| 27 | 0.097 6 | 0.076 3 | 0.059 7 | 0.046 9 | 0.036 9 | 0.029 1 | 0.023 0 | 0.018 2 |
| 28 | 0.089 5 | 0.069 3 | 0.053 8 | 0.041 9 | 0.032 6 | 0.025 5 | 0.020 0 | 0.015 7 |
| 29 | 0.082 2 | 0.063 0 | 0.048 5 | 0.037 4 | 0.028 9 | 0.022 4 | 0.017 4 | 0.013 5 |
| 30 | 0.075 4 | 0.057 3 | 0.043 7 | 0.033 4 | 0.025 6 | 0.019 6 | 0.015 1 | 0.011 6 |

（c）

| n \ i | 17% | 18% | 19% | 20% | 21% | 22% | 23% | 24% |
|---|---|---|---|---|---|---|---|---|
| 1 | 0.854 7 | 0.847 5 | 0.840 3 | 0.833 3 | 0.826 4 | 0.819 7 | 0.813 0 | 0.806 5 |
| 2 | 0.730 5 | 0.718 2 | 0.706 2 | 0.694 4 | 0.683 0 | 0.671 9 | 0.661 0 | 0.650 4 |
| 3 | 0.624 4 | 0.608 6 | 0.593 4 | 0.578 7 | 0.564 5 | 0.550 7 | 0.537 4 | 0.524 5 |
| 4 | 0.533 7 | 0.515 8 | 0.498 7 | 0.482 3 | 0.466 5 | 0.451 4 | 0.436 9 | 0.423 0 |
| 5 | 0.456 1 | 0.437 1 | 0.419 0 | 0.401 9 | 0.385 5 | 0.370 0 | 0.355 2 | 0.341 1 |
| 6 | 0.389 8 | 0.370 4 | 0.352 1 | 0.334 9 | 0.318 6 | 0.303 3 | 0.288 8 | 0.275 1 |
| 7 | 0.333 2 | 0.313 9 | 0.295 9 | 0.279 1 | 0.263 3 | 0.248 6 | 0.234 8 | 0.221 8 |
| 8 | 0.284 8 | 0.266 0 | 0.248 7 | 0.232 6 | 0.217 6 | 0.203 8 | 0.190 9 | 0.178 9 |
| 9 | 0.243 4 | 0.225 5 | 0.209 0 | 0.193 8 | 0.179 9 | 0.167 0 | 0.155 2 | 0.144 3 |
| 10 | 0.208 0 | 0.191 1 | 0.175 6 | 0.161 5 | 0.148 6 | 0.136 9 | 0.126 2 | 0.116 4 |
| 11 | 0.177 8 | 0.161 9 | 0.147 6 | 0.134 6 | 0.122 8 | 0.112 2 | 0.102 6 | 0.093 8 |
| 12 | 0.152 0 | 0.137 2 | 0.124 0 | 0.112 2 | 0.101 5 | 0.092 0 | 0.083 4 | 0.075 7 |
| 13 | 0.129 9 | 0.116 3 | 0.104 2 | 0.093 5 | 0.083 9 | 0.075 4 | 0.067 8 | 0.061 0 |
| 14 | 0.111 0 | 0.098 5 | 0.087 6 | 0.077 9 | 0.069 3 | 0.061 8 | 0.055 1 | 0.049 2 |
| 15 | 0.094 9 | 0.083 5 | 0.073 6 | 0.064 9 | 0.057 3 | 0.050 7 | 0.044 8 | 0.039 7 |
| 16 | 0.081 1 | 0.070 8 | 0.061 8 | 0.054 1 | 0.047 4 | 0.041 5 | 0.036 4 | 0.032 0 |
| 17 | 0.069 3 | 0.060 0 | 0.052 0 | 0.045 1 | 0.039 1 | 0.034 0 | 0.029 6 | 0.025 8 |
| 18 | 0.059 2 | 0.050 8 | 0.043 7 | 0.037 6 | 0.032 3 | 0.027 9 | 0.024 1 | 0.020 8 |
| 19 | 0.050 6 | 0.043 1 | 0.036 7 | 0.031 3 | 0.026 7 | 0.022 9 | 0.019 6 | 0.016 8 |
| 20 | 0.043 3 | 0.036 5 | 0.030 8 | 0.026 1 | 0.022 1 | 0.018 7 | 0.015 9 | 0.013 5 |
| 21 | 0.037 0 | 0.030 9 | 0.025 9 | 0.021 7 | 0.018 3 | 0.015 4 | 0.012 9 | 0.010 9 |
| 22 | 0.031 6 | 0.026 2 | 0.021 8 | 0.018 1 | 0.015 1 | 0.012 6 | 0.010 5 | 0.008 8 |
| 23 | 0.027 0 | 0.022 2 | 0.018 3 | 0.015 1 | 0.012 5 | 0.010 3 | 0.008 6 | 0.007 1 |
| 24 | 0.023 1 | 0.018 8 | 0.015 4 | 0.012 6 | 0.010 3 | 0.008 5 | 0.007 0 | 0.005 7 |
| 25 | 0.019 7 | 0.016 0 | 0.012 9 | 0.010 5 | 0.008 5 | 0.006 9 | 0.005 7 | 0.004 6 |
| 26 | 0.016 9 | 0.013 5 | 0.010 9 | 0.008 7 | 0.007 0 | 0.005 7 | 0.004 6 | 0.003 7 |
| 27 | 0.014 4 | 0.011 5 | 0.009 1 | 0.007 3 | 0.005 8 | 0.004 7 | 0.003 7 | 0.003 0 |
| 28 | 0.012 3 | 0.009 7 | 0.007 7 | 0.006 1 | 0.004 8 | 0.003 8 | 0.003 0 | 0.002 4 |
| 29 | 0.010 5 | 0.008 2 | 0.006 4 | 0.005 1 | 0.004 0 | 0.003 1 | 0.002 5 | 0.002 0 |
| 30 | 0.009 0 | 0.007 0 | 0.005 4 | 0.004 2 | 0.003 3 | 0.002 6 | 0.002 0 | 0.001 6 |

(d)

| n \ i | 25% | 26% | 27% | 28% | 29% | 30% |
|---|---|---|---|---|---|---|
| 1 | 0.800 0 | 0.793 7 | 0.787 4 | 0.781 3 | 0.775 2 | 0.769 2 |
| 2 | 0.640 0 | 0.629 9 | 0.620 0 | 0.610 4 | 0.600 9 | 0.591 7 |
| 3 | 0.512 0 | 0.499 9 | 0.488 2 | 0.476 8 | 0.465 8 | 0.455 2 |
| 4 | 0.409 6 | 0.396 8 | 0.384 4 | 0.372 5 | 0.361 1 | 0.350 1 |
| 5 | 0.327 7 | 0.314 9 | 0.302 7 | 0.291 0 | 0.279 9 | 0.269 3 |
| 6 | 0.262 1 | 0.249 9 | 0.238 3 | 0.227 4 | 0.217 0 | 0.207 2 |
| 7 | 0.209 7 | 0.198 3 | 0.187 7 | 0.177 6 | 0.168 2 | 0.159 4 |
| 8 | 0.167 8 | 0.157 4 | 0.147 8 | 0.138 8 | 0.130 4 | 0.122 6 |
| 9 | 0.134 2 | 0.124 9 | 0.116 4 | 0.108 4 | 0.101 1 | 0.094 3 |
| 10 | 0.107 4 | 0.099 2 | 0.091 6 | 0.084 7 | 0.078 4 | 0.072 5 |
| 11 | 0.085 9 | 0.078 7 | 0.072 1 | 0.066 2 | 0.060 7 | 0.055 8 |
| 12 | 0.068 7 | 0.062 5 | 0.056 8 | 0.051 7 | 0.047 1 | 0.042 9 |
| 13 | 0.055 0 | 0.049 6 | 0.044 7 | 0.040 4 | 0.036 5 | 0.033 0 |
| 14 | 0.044 0 | 0.039 3 | 0.035 2 | 0.031 6 | 0.028 3 | 0.025 4 |
| 15 | 0.035 2 | 0.031 2 | 0.027 7 | 0.024 7 | 0.021 9 | 0.019 5 |
| 16 | 0.028 1 | 0.024 8 | 0.021 8 | 0.019 3 | 0.017 0 | 0.015 0 |
| 17 | 0.022 5 | 0.019 7 | 0.017 2 | 0.015 0 | 0.013 2 | 0.011 6 |
| 18 | 0.018 0 | 0.015 6 | 0.013 5 | 0.011 8 | 0.010 2 | 0.008 9 |
| 19 | 0.014 4 | 0.012 4 | 0.010 7 | 0.009 2 | 0.007 9 | 0.006 8 |
| 20 | 0.011 5 | 0.009 8 | 0.008 4 | 0.007 2 | 0.006 1 | 0.005 3 |
| 21 | 0.009 2 | 0.007 8 | 0.006 6 | 0.005 6 | 0.004 8 | 0.004 0 |
| 22 | 0.007 4 | 0.006 2 | 0.005 2 | 0.004 4 | 0.003 7 | 0.003 1 |
| 23 | 0.005 9 | 0.004 9 | 0.004 1 | 0.003 4 | 0.002 9 | 0.002 4 |
| 24 | 0.004 7 | 0.003 9 | 0.003 2 | 0.002 7 | 0.002 2 | 0.001 8 |
| 25 | 0.003 8 | 0.003 1 | 0.002 5 | 0.002 1 | 0.001 7 | 0.001 4 |
| 26 | 0.003 0 | 0.002 5 | 0.002 0 | 0.001 6 | 0.001 3 | 0.001 1 |
| 27 | 0.002 4 | 0.001 9 | 0.001 6 | 0.001 3 | 0.001 0 | 0.000 8 |
| 28 | 0.001 9 | 0.001 5 | 0.001 2 | 0.001 0 | 0.000 8 | 0.000 6 |
| 29 | 0.001 5 | 0.001 2 | 0.001 0 | 0.000 8 | 0.000 6 | 0.000 5 |
| 30 | 0.001 2 | 0.001 0 | 0.000 8 | 0.000 6 | 0.000 5 | 0.000 4 |

## 附表3 年金终值系数表($F/A$, $i$, $n$)

(a)

| $n$ \ $i$ | 1% | 2% | 3% | 4% | 5% | 6% | 7% | 8% |
|---|---|---|---|---|---|---|---|---|
| 1 | 1.000 0 | 1.000 0 | 1.000 0 | 1.000 0 | 1.000 0 | 1.000 0 | 1.000 0 | 1.000 0 |
| 2 | 2.010 0 | 2.020 0 | 2.030 0 | 2.040 0 | 2.050 0 | 2.060 0 | 2.070 0 | 2.080 0 |
| 3 | 3.030 1 | 3.060 4 | 3.090 9 | 3.121 6 | 3.152 5 | 3.183 6 | 3.214 9 | 3.246 4 |
| 4 | 4.060 4 | 4.121 6 | 4.183 6 | 4.246 5 | 4.310 1 | 4.374 6 | 4.439 9 | 4.506 1 |
| 5 | 5.101 0 | 5.204 0 | 5.309 1 | 5.416 3 | 5.525 6 | 5.637 1 | 5.750 7 | 5.866 6 |
| 6 | 6.152 0 | 6.308 1 | 6.468 4 | 6.633 0 | 6.801 9 | 6.975 3 | 7.153 3 | 7.335 9 |
| 7 | 7.213 5 | 7.434 3 | 7.662 5 | 7.898 3 | 8.142 0 | 8.393 8 | 8.654 0 | 8.922 8 |
| 8 | 8.285 7 | 8.583 0 | 8.892 3 | 9.214 2 | 9.549 1 | 9.897 5 | 10.259 8 | 10.636 6 |
| 9 | 9.368 5 | 9.754 6 | 10.159 1 | 10.582 8 | 11.026 6 | 11.491 3 | 11.978 0 | 12.487 6 |
| 10 | 10.462 2 | 10.949 7 | 11.463 9 | 12.006 1 | 12.577 9 | 13.180 8 | 13.816 4 | 14.486 6 |
| 11 | 11.566 8 | 12.168 7 | 12.807 8 | 13.486 4 | 14.206 8 | 14.971 6 | 15.783 6 | 16.645 5 |
| 12 | 12.682 5 | 13.412 1 | 14.192 0 | 15.025 8 | 15.917 1 | 16.869 9 | 17.888 5 | 18.977 1 |
| 13 | 13.809 3 | 14.680 3 | 15.617 8 | 16.626 8 | 17.713 0 | 18.882 1 | 20.140 6 | 21.495 3 |
| 14 | 14.947 4 | 15.973 9 | 17.086 3 | 18.291 9 | 19.598 6 | 21.015 1 | 22.550 5 | 24.214 9 |
| 15 | 16.096 9 | 17.293 4 | 18.598 9 | 20.023 6 | 21.578 6 | 23.276 0 | 25.129 0 | 27.152 1 |
| 16 | 17.257 9 | 18.639 3 | 20.156 9 | 21.824 5 | 23.657 5 | 25.672 5 | 27.888 1 | 30.324 3 |
| 17 | 18.430 4 | 20.012 1 | 21.761 6 | 23.697 5 | 25.840 4 | 28.212 9 | 30.840 2 | 33.750 2 |
| 18 | 19.614 7 | 21.412 3 | 23.414 4 | 25.645 4 | 28.132 4 | 30.905 7 | 33.999 0 | 37.450 2 |
| 19 | 20.810 9 | 22.840 6 | 25.116 9 | 27.671 2 | 30.539 0 | 33.760 0 | 37.379 0 | 41.446 3 |
| 20 | 22.019 0 | 24.297 4 | 26.870 4 | 29.778 1 | 33.066 0 | 36.785 6 | 40.995 5 | 45.762 0 |
| 21 | 23.239 2 | 25.783 3 | 28.676 5 | 31.969 2 | 35.719 3 | 39.992 7 | 44.865 2 | 50.422 9 |
| 22 | 24.471 6 | 27.299 0 | 30.536 8 | 34.248 0 | 38.505 2 | 43.392 3 | 49.005 7 | 55.456 8 |
| 23 | 25.716 3 | 28.845 0 | 32.452 9 | 36.617 9 | 41.430 5 | 46.995 8 | 53.436 1 | 60.893 3 |
| 24 | 26.973 5 | 30.421 9 | 34.426 5 | 39.082 6 | 44.502 0 | 50.815 6 | 58.176 7 | 66.764 8 |
| 25 | 28.243 2 | 32.030 3 | 36.459 3 | 41.645 9 | 47.727 1 | 54.864 5 | 63.249 0 | 73.105 9 |
| 26 | 29.525 6 | 33.670 9 | 38.553 0 | 44.311 7 | 51.113 5 | 59.156 4 | 68.676 5 | 79.954 4 |
| 27 | 30.820 9 | 35.344 3 | 40.709 6 | 47.084 2 | 54.669 1 | 63.705 8 | 74.483 8 | 87.350 8 |
| 28 | 32.129 1 | 37.051 2 | 42.930 9 | 49.967 6 | 58.402 6 | 68.528 1 | 80.697 7 | 95.338 8 |
| 29 | 33.450 4 | 38.792 2 | 45.218 9 | 52.966 3 | 62.322 7 | 73.639 8 | 87.346 5 | 103.965 9 |
| 30 | 34.784 9 | 40.568 1 | 47.575 4 | 56.084 9 | 66.438 8 | 79.058 2 | 94.460 8 | 113.283 2 |

(b)

| n \ i | 9% | 10% | 11% | 12% | 13% | 14% | 15% | 16% |
|---|---|---|---|---|---|---|---|---|
| 1 | 1.000 0 | 1.000 0 | 1.000 0 | 1.000 0 | 1.000 0 | 1.000 0 | 1.000 0 | 1.000 0 |
| 2 | 2.090 0 | 2.100 0 | 2.110 0 | 2.120 0 | 2.130 0 | 2.140 0 | 2.150 0 | 2.160 0 |
| 3 | 3.278 1 | 3.310 0 | 3.342 1 | 3.374 4 | 3.406 9 | 3.439 6 | 3.472 5 | 3.505 6 |
| 4 | 4.573 1 | 4.641 0 | 4.709 7 | 4.779 3 | 4.849 8 | 4.921 1 | 4.993 4 | 5.066 5 |
| 5 | 5.984 7 | 6.105 1 | 6.227 8 | 6.352 8 | 6.480 3 | 6.610 1 | 6.742 4 | 6.877 1 |
| 6 | 7.523 3 | 7.715 6 | 7.912 9 | 8.115 2 | 8.322 7 | 8.535 5 | 8.753 7 | 8.977 5 |
| 7 | 9.200 4 | 9.487 2 | 9.783 3 | 10.089 0 | 10.404 7 | 10.730 5 | 11.066 8 | 11.413 9 |
| 8 | 11.028 5 | 11.435 9 | 11.859 4 | 12.299 7 | 12.757 3 | 13.232 8 | 13.726 8 | 14.240 1 |
| 9 | 13.021 0 | 13.579 5 | 14.164 0 | 14.775 7 | 15.415 7 | 16.085 3 | 16.785 8 | 17.518 5 |
| 10 | 15.192 9 | 15.937 4 | 16.722 0 | 17.548 7 | 18.419 7 | 19.337 3 | 20.303 7 | 21.321 5 |
| 11 | 17.560 3 | 18.531 2 | 19.561 4 | 20.654 6 | 21.814 3 | 23.044 5 | 24.349 3 | 25.732 9 |
| 12 | 20.140 7 | 21.384 3 | 22.713 2 | 24.133 1 | 25.650 2 | 27.270 7 | 29.001 7 | 30.850 2 |
| 13 | 22.953 4 | 24.522 7 | 26.211 6 | 28.029 1 | 29.984 7 | 32.088 7 | 34.351 9 | 36.786 2 |
| 14 | 26.019 2 | 27.975 0 | 30.094 9 | 32.392 6 | 34.882 7 | 37.581 1 | 40.504 7 | 43.672 0 |
| 15 | 29.360 9 | 31.772 5 | 34.405 4 | 37.279 7 | 40.417 5 | 43.842 4 | 47.580 4 | 51.659 5 |
| 16 | 33.003 4 | 35.949 7 | 39.189 9 | 42.753 3 | 46.671 7 | 50.980 4 | 55.717 5 | 60.925 0 |
| 17 | 36.973 7 | 40.544 7 | 44.500 8 | 48.883 7 | 53.739 1 | 59.117 6 | 65.075 1 | 71.673 0 |
| 18 | 41.301 3 | 45.599 2 | 50.395 9 | 55.749 7 | 61.725 1 | 68.394 1 | 75.836 4 | 84.140 7 |
| 19 | 46.018 5 | 51.159 1 | 56.939 5 | 63.439 7 | 70.749 4 | 78.969 2 | 88.211 8 | 98.603 2 |
| 20 | 51.160 1 | 57.275 0 | 64.202 8 | 72.052 4 | 80.946 8 | 91.024 9 | 102.443 6 | 115.379 7 |
| 21 | 56.764 5 | 64.002 5 | 72.265 1 | 81.698 7 | 92.469 9 | 104.768 4 | 118.810 1 | 134.840 5 |
| 22 | 62.873 3 | 71.402 7 | 81.214 3 | 92.502 6 | 105.491 0 | 120.436 0 | 137.631 6 | 157.415 0 |
| 23 | 69.531 9 | 79.543 0 | 91.147 9 | 104.602 9 | 120.204 8 | 138.297 0 | 159.276 4 | 183.601 4 |
| 24 | 76.789 8 | 88.497 3 | 102.174 2 | 118.155 2 | 136.831 5 | 158.658 6 | 184.167 8 | 213.977 6 |
| 25 | 84.700 9 | 98.347 1 | 114.413 3 | 133.333 9 | 155.619 6 | 181.870 8 | 212.793 0 | 249.214 0 |
| 26 | 93.324 0 | 109.181 8 | 127.998 8 | 150.333 9 | 176.850 1 | 208.332 7 | 245.712 0 | 290.088 3 |
| 27 | 102.723 1 | 121.099 9 | 143.078 6 | 169.374 0 | 200.840 6 | 238.499 3 | 283.568 8 | 337.502 4 |
| 28 | 112.968 2 | 134.209 9 | 159.817 3 | 190.698 9 | 227.949 9 | 272.889 2 | 327.104 1 | 392.502 8 |
| 29 | 124.135 4 | 148.630 9 | 178.397 2 | 214.582 8 | 258.583 4 | 312.093 7 | 377.169 7 | 456.303 2 |
| 30 | 136.307 5 | 164.494 0 | 199.020 9 | 241.332 7 | 293.199 2 | 356.786 8 | 434.745 1 | 530.311 7 |

（c）

| n / i | 17% | 18% | 19% | 20% | 21% | 22% | 23% | 24% |
|---|---|---|---|---|---|---|---|---|
| 1 | 1.000 0 | 1.000 0 | 1.000 0 | 1.000 0 | 1.000 0 | 1.000 0 | 1.000 0 | 1.000 0 |
| 2 | 2.170 0 | 2.180 0 | 2.190 0 | 2.200 0 | 2.210 0 | 2.220 0 | 2.230 0 | 2.240 0 |
| 3 | 3.538 9 | 3.572 4 | 3.606 1 | 3.640 0 | 3.674 1 | 3.708 4 | 3.742 9 | 3.777 6 |
| 4 | 5.140 5 | 5.215 4 | 5.291 3 | 5.368 0 | 5.445 7 | 5.524 2 | 5.603 8 | 5.684 2 |
| 5 | 7.014 4 | 7.154 2 | 7.296 6 | 7.441 6 | 7.589 2 | 7.739 6 | 7.892 6 | 8.048 4 |
| 6 | 9.206 8 | 9.442 0 | 9.683 0 | 9.929 9 | 10.183 0 | 10.442 3 | 10.707 9 | 10.980 1 |
| 7 | 11.772 0 | 12.141 5 | 12.522 7 | 12.915 9 | 13.321 4 | 13.739 6 | 14.170 8 | 14.615 3 |
| 8 | 14.773 3 | 15.327 0 | 15.902 0 | 16.499 1 | 17.118 9 | 17.762 3 | 18.430 0 | 19.122 9 |
| 9 | 18.284 7 | 19.085 9 | 19.923 4 | 20.798 9 | 21.713 9 | 22.670 0 | 23.669 0 | 24.712 5 |
| 10 | 22.393 1 | 23.521 3 | 24.708 9 | 25.958 7 | 27.273 8 | 28.657 4 | 30.112 8 | 31.643 4 |
| 11 | 27.199 9 | 28.755 1 | 30.403 5 | 32.150 4 | 34.001 3 | 35.962 0 | 38.038 8 | 40.237 9 |
| 12 | 32.823 9 | 34.931 1 | 37.180 2 | 39.580 5 | 42.141 6 | 44.873 7 | 47.787 7 | 50.895 0 |
| 13 | 39.404 0 | 42.218 7 | 45.244 5 | 48.496 6 | 51.991 3 | 55.745 9 | 59.778 8 | 64.109 7 |
| 14 | 47.102 7 | 50.818 0 | 54.840 9 | 59.195 9 | 63.909 5 | 69.010 0 | 74.528 0 | 80.496 1 |
| 15 | 56.110 1 | 60.965 3 | 66.260 7 | 72.035 1 | 78.330 5 | 85.192 2 | 92.669 4 | 100.815 1 |
| 16 | 66.648 8 | 72.939 0 | 79.850 2 | 87.442 1 | 95.779 9 | 104.934 5 | 114.983 4 | 126.010 8 |
| 17 | 78.979 2 | 87.068 0 | 96.021 8 | 105.930 6 | 116.893 7 | 129.020 1 | 142.429 5 | 157.253 4 |
| 18 | 93.405 6 | 103.740 3 | 115.265 9 | 128.116 7 | 142.441 3 | 158.404 5 | 176.188 3 | 195.994 2 |
| 19 | 110.284 6 | 123.413 5 | 138.166 4 | 154.740 0 | 173.354 0 | 194.253 5 | 217.711 6 | 244.032 8 |
| 20 | 130.032 9 | 146.628 0 | 165.418 0 | 186.688 0 | 210.758 4 | 237.989 3 | 268.785 3 | 303.600 6 |
| 21 | 153.138 5 | 174.021 0 | 197.847 4 | 225.025 6 | 256.017 6 | 291.346 9 | 331.605 9 | 377.464 8 |
| 22 | 180.172 1 | 206.344 8 | 236.438 5 | 271.030 7 | 310.781 3 | 356.443 2 | 408.875 3 | 469.056 3 |
| 23 | 211.801 3 | 244.486 8 | 282.361 8 | 326.236 9 | 377.045 4 | 435.860 7 | 503.916 6 | 582.629 8 |
| 24 | 248.807 6 | 289.494 5 | 337.010 5 | 392.484 2 | 457.224 9 | 532.750 1 | 620.817 4 | 723.461 0 |
| 25 | 292.104 9 | 342.603 5 | 402.042 5 | 471.981 1 | 554.242 2 | 650.955 1 | 764.605 4 | 898.091 6 |
| 26 | 342.762 7 | 405.272 1 | 479.430 6 | 567.377 3 | 671.633 0 | 795.165 3 | 941.464 7 | 1 114.633 6 |
| 27 | 402.032 3 | 479.221 1 | 571.522 4 | 681.852 8 | 813.675 9 | 971.101 6 | 1 159.001 6 | 1 383.145 7 |
| 28 | 471.377 8 | 566.480 9 | 681.111 6 | 819.223 3 | 985.547 9 | 1 185.744 0 | 1 426.571 9 | 1 716.100 7 |
| 29 | 552.512 1 | 669.447 5 | 811.522 8 | 984.068 0 | 1 193.512 9 | 1 447.607 7 | 1 755.683 5 | 2 128.964 8 |
| 30 | 647.439 1 | 790.948 0 | 966.712 2 | 1 181.881 6 | 1 445.150 7 | 1 767.081 3 | 2 160.490 7 | 2 640.916 4 |

(d)

| n \ i | 25% | 26% | 27% | 28% | 29% | 30% |
|---|---|---|---|---|---|---|
| 1 | 1.000 0 | 1.000 0 | 1.000 0 | 1.000 0 | 1.000 0 | 1.000 0 |
| 2 | 2.250 0 | 2.260 0 | 2.270 0 | 2.280 0 | 2.290 0 | 2.300 0 |
| 3 | 3.812 5 | 3.847 6 | 3.882 9 | 3.918 4 | 3.954 1 | 3.990 0 |
| 4 | 5.765 6 | 5.848 0 | 5.931 3 | 6.015 6 | 6.100 8 | 6.187 0 |
| 5 | 8.207 0 | 8.368 4 | 8.532 7 | 8.699 9 | 8.870 0 | 9.043 1 |
| 6 | 11.258 8 | 11.544 2 | 11.836 6 | 12.135 9 | 12.442 3 | 12.756 0 |
| 7 | 15.073 5 | 15.545 8 | 16.032 4 | 16.533 9 | 17.050 6 | 17.582 8 |
| 8 | 19.841 9 | 20.587 6 | 21.361 2 | 22.163 4 | 22.995 3 | 23.857 7 |
| 9 | 25.802 3 | 26.940 4 | 28.128 7 | 29.369 2 | 30.663 9 | 32.015 0 |
| 10 | 33.252 9 | 34.944 9 | 36.723 5 | 38.592 6 | 40.556 4 | 42.619 5 |
| 11 | 42.566 1 | 45.030 6 | 47.638 8 | 50.398 5 | 53.317 8 | 56.405 3 |
| 12 | 54.207 7 | 57.738 6 | 61.501 3 | 65.510 0 | 69.780 0 | 74.327 0 |
| 13 | 68.759 6 | 73.750 6 | 79.106 6 | 84.852 9 | 91.016 1 | 97.625 0 |
| 14 | 86.949 5 | 93.925 8 | 101.465 4 | 109.611 7 | 118.410 8 | 127.912 5 |
| 15 | 109.686 8 | 119.346 5 | 129.861 1 | 141.302 9 | 153.750 0 | 167.286 3 |
| 16 | 138.108 5 | 151.376 6 | 165.923 6 | 181.867 7 | 199.337 4 | 218.472 2 |
| 17 | 173.635 7 | 191.734 5 | 211.723 0 | 233.790 7 | 258.145 3 | 285.013 9 |
| 18 | 218.044 6 | 242.585 5 | 269.888 2 | 300.252 1 | 334.007 4 | 371.518 0 |
| 19 | 273.555 8 | 306.657 7 | 343.758 0 | 385.322 7 | 431.869 6 | 483.973 4 |
| 20 | 342.944 7 | 387.388 7 | 437.572 6 | 494.213 1 | 558.111 8 | 630.165 5 |
| 21 | 429.680 9 | 489.109 8 | 556.717 3 | 633.592 7 | 720.964 2 | 820.215 1 |
| 22 | 538.101 1 | 617.278 3 | 708.030 9 | 811.998 7 | 931.043 8 | 1 067.279 6 |
| 23 | 673.626 4 | 778.770 7 | 900.199 3 | 1 040.358 3 | 1 202.046 5 | 1 388.463 5 |
| 24 | 843.032 9 | 982.251 1 | 1 144.253 1 | 1 332.658 6 | 1 551.640 0 | 1 806.002 6 |
| 25 | 1 054.791 2 | 1 238.636 3 | 1 454.201 4 | 1 706.803 1 | 2 002.615 6 | 2 348.803 3 |
| 26 | 1 319.489 0 | 1 561.681 8 | 1 847.835 8 | 2 185.707 9 | 2 584.374 1 | 3 054.444 3 |
| 27 | 1 650.361 2 | 1 968.719 1 | 2 347.751 5 | 2 798.706 1 | 3 334.842 6 | 3 971.777 6 |
| 28 | 2 063.951 5 | 2 481.586 0 | 2 982.644 4 | 3 583.343 8 | 4 302.947 0 | 5 164.310 9 |
| 29 | 2 580.939 4 | 3 127.798 4 | 3 788.958 3 | 4 587.680 1 | 5 551.801 6 | 6 714.604 2 |
| 30 | 3 227.174 3 | 3 942.026 0 | 4 812.977 1 | 5 873.230 6 | 7 162.824 1 | 8 729.985 5 |

## 附表4 年金现值系数表(P/A, i, n)

(a)

| i / n | 1% | 2% | 3% | 4% | 5% | 6% | 7% | 8% |
|---|---|---|---|---|---|---|---|---|
| 1 | 0.990 1 | 0.980 4 | 0.970 9 | 0.961 5 | 0.952 4 | 0.943 4 | 0.934 6 | 0.925 9 |
| 2 | 1.970 4 | 1.941 6 | 1.913 5 | 1.886 1 | 1.859 4 | 1.833 4 | 1.808 0 | 1.783 3 |
| 3 | 2.941 0 | 2.883 9 | 2.828 6 | 2.775 1 | 2.723 2 | 2.673 0 | 2.624 3 | 2.577 1 |
| 4 | 3.902 0 | 3.807 7 | 3.717 1 | 3.629 9 | 3.546 0 | 3.465 1 | 3.387 2 | 3.312 1 |
| 5 | 4.853 4 | 4.713 5 | 4.579 7 | 4.451 8 | 4.329 5 | 4.212 4 | 4.100 2 | 3.992 7 |
| 6 | 5.795 5 | 5.601 4 | 5.417 2 | 5.242 1 | 5.075 7 | 4.917 3 | 4.766 5 | 4.622 9 |
| 7 | 6.728 2 | 6.472 0 | 6.230 3 | 6.002 1 | 5.786 4 | 5.582 4 | 5.389 3 | 5.206 4 |
| 8 | 7.651 7 | 7.325 5 | 7.019 7 | 6.732 7 | 6.463 2 | 6.209 8 | 5.971 3 | 5.746 6 |
| 9 | 8.566 0 | 8.162 2 | 7.786 1 | 7.435 3 | 7.107 8 | 6.801 7 | 6.515 2 | 6.246 9 |
| 10 | 9.471 3 | 8.982 6 | 8.530 2 | 8.110 9 | 7.721 7 | 7.360 1 | 7.023 6 | 6.710 1 |
| 11 | 10.367 6 | 9.786 8 | 9.252 6 | 8.760 5 | 8.306 4 | 7.886 9 | 7.498 7 | 7.139 0 |
| 12 | 11.255 1 | 10.575 3 | 9.954 0 | 9.385 1 | 8.863 3 | 8.383 8 | 7.942 7 | 7.536 1 |
| 13 | 12.133 7 | 11.348 4 | 10.635 0 | 9.985 6 | 9.393 6 | 8.852 7 | 8.357 7 | 7.903 8 |
| 14 | 13.003 7 | 12.106 2 | 11.296 1 | 10.563 1 | 9.898 6 | 9.295 0 | 8.745 5 | 8.244 2 |
| 15 | 13.865 1 | 12.849 3 | 11.937 9 | 11.118 4 | 10.379 7 | 9.712 2 | 9.107 9 | 8.559 5 |
| 16 | 14.717 9 | 13.577 7 | 12.561 1 | 11.652 3 | 10.837 8 | 10.105 9 | 9.446 6 | 8.851 4 |
| 17 | 15.562 3 | 14.291 9 | 13.166 1 | 12.165 7 | 11.274 1 | 10.477 3 | 9.763 2 | 9.121 6 |
| 18 | 16.398 3 | 14.992 0 | 13.753 5 | 12.659 3 | 11.689 6 | 10.827 6 | 10.059 1 | 9.371 9 |
| 19 | 17.226 0 | 15.678 5 | 14.323 8 | 13.133 9 | 12.085 3 | 11.158 1 | 10.335 6 | 9.603 6 |
| 20 | 18.045 6 | 16.351 4 | 14.877 5 | 13.590 3 | 12.462 2 | 11.469 9 | 10.594 0 | 9.818 1 |
| 21 | 18.857 0 | 17.011 2 | 15.415 0 | 14.029 2 | 12.821 2 | 11.764 1 | 10.835 5 | 10.016 8 |
| 22 | 19.660 4 | 17.658 0 | 15.936 9 | 14.451 1 | 13.163 0 | 12.041 6 | 11.061 2 | 10.200 7 |
| 23 | 20.455 8 | 18.292 2 | 16.443 6 | 14.856 8 | 13.488 6 | 12.303 4 | 11.272 2 | 10.371 1 |
| 24 | 21.243 4 | 18.913 9 | 16.935 5 | 15.247 0 | 13.798 6 | 12.550 4 | 11.469 3 | 10.528 8 |
| 25 | 22.023 2 | 19.523 5 | 17.413 1 | 15.622 1 | 14.093 9 | 12.783 4 | 11.653 6 | 10.674 8 |
| 26 | 22.795 2 | 20.121 0 | 17.876 8 | 15.982 8 | 14.375 2 | 13.003 2 | 11.825 8 | 10.810 0 |
| 27 | 23.559 6 | 20.706 9 | 18.327 0 | 16.329 6 | 14.643 0 | 13.210 5 | 11.986 7 | 10.935 2 |
| 28 | 24.316 4 | 21.281 3 | 18.764 1 | 16.663 1 | 14.898 1 | 13.406 2 | 12.137 1 | 11.051 1 |
| 29 | 25.065 8 | 21.844 4 | 19.188 5 | 16.983 7 | 15.141 1 | 13.590 7 | 12.277 7 | 11.158 4 |
| 30 | 25.807 7 | 22.396 5 | 19.600 4 | 17.292 0 | 15.372 5 | 13.764 8 | 12.409 0 | 11.257 8 |

(b)

| i \ n | 9% | 10% | 11% | 12% | 13% | 14% | 15% | 16% |
|---|---|---|---|---|---|---|---|---|
| 1 | 0.917 4 | 0.909 1 | 0.900 9 | 0.892 9 | 0.885 0 | 0.877 2 | 0.869 6 | 0.862 1 |
| 2 | 1.759 1 | 1.735 5 | 1.712 5 | 1.690 1 | 1.668 1 | 1.646 7 | 1.625 7 | 1.605 2 |
| 3 | 2.531 3 | 2.486 9 | 2.443 7 | 2.401 8 | 2.361 2 | 2.321 6 | 2.283 2 | 2.245 9 |
| 4 | 3.239 7 | 3.169 9 | 3.102 4 | 3.037 3 | 2.974 5 | 2.913 7 | 2.855 0 | 2.798 2 |
| 5 | 3.889 7 | 3.790 8 | 3.695 9 | 3.604 8 | 3.517 2 | 3.433 1 | 3.352 2 | 3.274 3 |
| 6 | 4.485 9 | 4.355 3 | 4.230 5 | 4.111 4 | 3.997 5 | 3.888 7 | 3.784 5 | 3.684 7 |
| 7 | 5.033 0 | 4.868 4 | 4.712 2 | 4.563 8 | 4.422 6 | 4.288 3 | 4.160 4 | 4.038 6 |
| 8 | 5.534 8 | 5.334 9 | 5.146 1 | 4.967 6 | 4.798 8 | 4.638 9 | 4.487 3 | 4.343 6 |
| 9 | 5.995 2 | 5.759 0 | 5.537 0 | 5.328 2 | 5.131 7 | 4.946 4 | 4.771 6 | 4.606 5 |
| 10 | 6.417 7 | 6.144 6 | 5.889 2 | 5.650 2 | 5.426 2 | 5.216 1 | 5.018 8 | 4.833 2 |
| 11 | 6.805 2 | 6.495 1 | 6.206 5 | 5.937 7 | 5.686 9 | 5.452 7 | 5.233 7 | 5.028 6 |
| 12 | 7.160 7 | 6.813 7 | 6.492 4 | 6.194 4 | 5.917 6 | 5.660 3 | 5.420 6 | 5.197 1 |
| 13 | 7.486 9 | 7.103 4 | 6.749 9 | 6.423 5 | 6.121 8 | 5.842 4 | 5.583 1 | 5.342 3 |
| 14 | 7.786 2 | 7.366 7 | 6.981 9 | 6.628 2 | 6.302 5 | 6.002 1 | 5.724 5 | 5.467 5 |
| 15 | 8.060 7 | 7.606 1 | 7.190 9 | 6.810 9 | 6.462 4 | 6.142 2 | 5.847 4 | 5.575 5 |
| 16 | 8.312 6 | 7.823 7 | 7.379 2 | 6.974 0 | 6.603 9 | 6.265 1 | 5.954 2 | 5.668 5 |
| 17 | 8.543 6 | 8.021 6 | 7.548 8 | 7.119 6 | 6.729 1 | 6.372 9 | 6.047 2 | 5.748 7 |
| 18 | 8.755 6 | 8.201 4 | 7.701 6 | 7.249 7 | 6.839 9 | 6.467 4 | 6.128 0 | 5.817 8 |
| 19 | 8.950 1 | 8.364 9 | 7.839 3 | 7.365 8 | 6.938 0 | 6.550 4 | 6.198 2 | 5.877 5 |
| 20 | 9.128 5 | 8.513 6 | 7.963 3 | 7.469 4 | 7.024 8 | 6.623 1 | 6.259 3 | 5.928 8 |
| 21 | 9.292 2 | 8.648 7 | 8.075 1 | 7.562 0 | 7.101 6 | 6.687 0 | 6.312 5 | 5.973 1 |
| 22 | 9.442 4 | 8.771 5 | 8.175 7 | 7.644 6 | 7.169 5 | 6.742 9 | 6.358 7 | 6.011 3 |
| 23 | 9.580 2 | 8.883 2 | 8.266 4 | 7.718 4 | 7.229 7 | 6.792 1 | 6.398 8 | 6.044 2 |
| 24 | 9.706 6 | 8.984 7 | 8.348 1 | 7.784 3 | 7.282 9 | 6.835 1 | 6.433 8 | 6.072 6 |
| 25 | 9.822 6 | 9.077 0 | 8.421 7 | 7.843 1 | 7.330 0 | 6.872 9 | 6.464 1 | 6.097 1 |
| 26 | 9.929 0 | 9.160 9 | 8.488 1 | 7.895 7 | 7.371 7 | 6.906 1 | 6.490 6 | 6.118 2 |
| 27 | 10.026 6 | 9.237 2 | 8.547 8 | 7.942 6 | 7.408 6 | 6.935 2 | 6.513 5 | 6.136 4 |
| 28 | 10.116 1 | 9.306 6 | 8.601 6 | 7.984 4 | 7.441 2 | 6.960 7 | 6.533 5 | 6.152 0 |
| 29 | 10.198 3 | 9.369 6 | 8.650 1 | 8.021 8 | 7.470 1 | 6.983 0 | 6.550 9 | 6.165 6 |
| 30 | 10.273 7 | 9.426 9 | 8.693 8 | 8.055 2 | 7.495 7 | 7.002 7 | 6.566 0 | 6.177 2 |

(c)

| n \ i | 17% | 18% | 19% | 20% | 21% | 22% | 23% | 24% |
|---|---|---|---|---|---|---|---|---|
| 1 | 0.854 7 | 0.847 5 | 0.840 3 | 0.833 3 | 0.826 4 | 0.819 7 | 0.813 0 | 0.806 5 |
| 2 | 1.585 2 | 1.565 6 | 1.546 5 | 1.527 8 | 1.509 5 | 1.491 5 | 1.474 0 | 1.456 8 |
| 3 | 2.209 6 | 2.174 3 | 2.139 9 | 2.106 5 | 2.073 9 | 2.042 2 | 2.011 4 | 1.981 3 |
| 4 | 2.743 2 | 2.690 1 | 2.638 6 | 2.588 7 | 2.540 4 | 2.493 6 | 2.448 3 | 2.404 3 |
| 5 | 3.199 3 | 3.127 2 | 3.057 6 | 2.990 6 | 2.926 0 | 2.863 6 | 2.803 5 | 2.745 4 |
| 6 | 3.589 2 | 3.497 6 | 3.409 8 | 3.325 5 | 3.244 6 | 3.166 9 | 3.092 3 | 3.020 5 |
| 7 | 3.922 4 | 3.811 5 | 3.705 7 | 3.604 6 | 3.507 9 | 3.415 5 | 3.327 0 | 3.242 3 |
| 8 | 4.207 2 | 4.077 6 | 3.954 4 | 3.837 2 | 3.725 6 | 3.619 3 | 3.517 9 | 3.421 2 |
| 9 | 4.450 6 | 4.303 0 | 4.163 3 | 4.031 0 | 3.905 4 | 3.786 3 | 3.673 1 | 3.565 5 |
| 10 | 4.658 6 | 4.494 1 | 4.338 9 | 4.192 5 | 4.054 1 | 3.923 2 | 3.799 3 | 3.681 9 |
| 11 | 4.836 4 | 4.656 0 | 4.486 5 | 4.327 1 | 4.176 9 | 4.035 4 | 3.901 8 | 3.775 7 |
| 12 | 4.988 4 | 4.793 2 | 4.610 5 | 4.439 2 | 4.278 4 | 4.127 4 | 3.985 2 | 3.851 4 |
| 13 | 5.118 3 | 4.909 5 | 4.714 7 | 4.532 7 | 4.362 4 | 4.202 8 | 4.053 0 | 3.912 4 |
| 14 | 5.229 3 | 5.008 1 | 4.802 3 | 4.610 6 | 4.431 7 | 4.264 6 | 4.108 2 | 3.961 6 |
| 15 | 5.324 2 | 5.091 6 | 4.875 9 | 4.675 5 | 4.489 0 | 4.315 2 | 4.153 0 | 4.001 3 |
| 16 | 5.405 3 | 5.162 4 | 4.937 7 | 4.729 6 | 4.536 4 | 4.356 7 | 4.189 4 | 4.033 3 |
| 17 | 5.474 6 | 5.222 3 | 4.989 7 | 4.774 6 | 4.575 5 | 4.390 8 | 4.219 0 | 4.059 1 |
| 18 | 5.533 9 | 5.273 2 | 5.033 3 | 4.812 2 | 4.607 9 | 4.418 7 | 4.243 1 | 4.079 9 |
| 19 | 5.584 5 | 5.316 2 | 5.070 0 | 4.843 5 | 4.634 6 | 4.441 5 | 4.262 7 | 4.096 7 |
| 20 | 5.627 8 | 5.352 7 | 5.100 9 | 4.869 6 | 4.656 7 | 4.460 3 | 4.278 6 | 4.110 3 |
| 21 | 5.664 8 | 5.383 7 | 5.126 8 | 4.891 3 | 4.675 0 | 4.475 6 | 4.291 6 | 4.121 2 |
| 22 | 5.696 4 | 5.409 9 | 5.148 6 | 4.909 4 | 4.690 0 | 4.488 2 | 4.302 1 | 4.130 0 |
| 23 | 5.723 4 | 5.432 1 | 5.166 8 | 4.924 5 | 4.702 5 | 4.498 5 | 4.310 6 | 4.137 1 |
| 24 | 5.746 5 | 5.450 9 | 5.182 2 | 4.937 1 | 4.712 8 | 4.507 0 | 4.317 6 | 4.142 8 |
| 25 | 5.766 2 | 5.466 9 | 5.195 1 | 4.947 6 | 4.721 3 | 4.513 9 | 4.323 2 | 4.147 4 |
| 26 | 5.783 1 | 5.480 4 | 5.206 0 | 4.956 3 | 4.728 4 | 4.519 6 | 4.327 8 | 4.151 1 |
| 27 | 5.797 5 | 5.491 9 | 5.215 1 | 4.963 6 | 4.734 2 | 4.524 3 | 4.331 6 | 4.154 2 |
| 28 | 5.809 9 | 5.501 6 | 5.222 8 | 4.969 7 | 4.739 0 | 4.528 1 | 4.334 6 | 4.156 6 |
| 29 | 5.820 4 | 5.509 8 | 5.229 2 | 4.974 7 | 4.743 0 | 4.531 2 | 4.337 1 | 4.158 5 |
| 30 | 5.829 4 | 5.516 8 | 5.234 7 | 4.978 9 | 4.746 3 | 4.533 8 | 4.339 1 | 4.160 1 |

（d）

| n＼i | 25% | 26% | 27% | 28% | 29% | 30% |
|---|---|---|---|---|---|---|
| 1 | 0.800 0 | 0.793 7 | 0.787 4 | 0.781 3 | 0.775 2 | 0.769 2 |
| 2 | 1.440 0 | 1.423 5 | 1.407 4 | 1.391 6 | 1.376 1 | 1.360 9 |
| 3 | 1.952 0 | 1.923 4 | 1.895 6 | 1.868 4 | 1.842 0 | 1.816 1 |
| 4 | 2.361 6 | 2.320 2 | 2.280 0 | 2.241 0 | 2.203 1 | 2.166 2 |
| 5 | 2.689 3 | 2.635 1 | 2.582 7 | 2.532 0 | 2.483 0 | 2.435 6 |
| 6 | 2.951 4 | 2.885 0 | 2.821 0 | 2.759 4 | 2.700 0 | 2.642 7 |
| 7 | 3.161 1 | 3.083 3 | 3.008 7 | 2.937 0 | 2.868 2 | 2.802 1 |
| 8 | 3.328 9 | 3.240 7 | 3.156 4 | 3.075 8 | 2.998 6 | 2.924 7 |
| 9 | 3.463 1 | 3.365 7 | 3.272 8 | 3.184 2 | 3.099 7 | 3.019 0 |
| 10 | 3.570 5 | 3.464 8 | 3.364 4 | 3.268 9 | 3.178 1 | 3.091 5 |
| 11 | 3.656 4 | 3.543 5 | 3.436 5 | 3.335 1 | 3.238 8 | 3.147 3 |
| 12 | 3.725 1 | 3.605 9 | 3.493 3 | 3.386 8 | 3.285 9 | 3.190 3 |
| 13 | 3.780 1 | 3.655 5 | 3.538 1 | 3.427 2 | 3.322 4 | 3.223 3 |
| 14 | 3.824 1 | 3.694 9 | 3.573 3 | 3.458 7 | 3.350 7 | 3.248 7 |
| 15 | 3.859 3 | 3.726 1 | 3.601 0 | 3.483 4 | 3.372 6 | 3.268 2 |
| 16 | 3.887 4 | 3.750 9 | 3.622 8 | 3.502 6 | 3.389 6 | 3.283 2 |
| 17 | 3.909 9 | 3.770 5 | 3.640 0 | 3.517 7 | 3.402 8 | 3.294 8 |
| 18 | 3.927 9 | 3.786 1 | 3.653 6 | 3.529 4 | 3.413 0 | 3.303 7 |
| 19 | 3.942 4 | 3.798 5 | 3.664 2 | 3.538 6 | 3.421 0 | 3.310 5 |
| 20 | 3.953 9 | 3.808 3 | 3.672 6 | 3.545 8 | 3.427 1 | 3.315 8 |
| 21 | 3.963 1 | 3.816 1 | 3.679 2 | 3.551 4 | 3.431 9 | 3.319 8 |
| 22 | 3.970 5 | 3.822 3 | 3.684 4 | 3.555 8 | 3.435 6 | 3.323 0 |
| 23 | 3.976 4 | 3.827 3 | 3.688 5 | 3.559 2 | 3.438 4 | 3.325 4 |
| 24 | 3.981 1 | 3.831 2 | 3.691 8 | 3.561 9 | 3.440 6 | 3.327 2 |
| 25 | 3.984 9 | 3.834 2 | 3.694 3 | 3.564 0 | 3.442 3 | 3.328 6 |
| 26 | 3.987 9 | 3.836 7 | 3.696 3 | 3.565 6 | 3.443 7 | 3.329 7 |
| 27 | 3.990 3 | 3.838 7 | 3.697 9 | 3.566 9 | 3.444 7 | 3.330 5 |
| 28 | 3.992 3 | 3.840 2 | 3.699 1 | 3.567 9 | 3.445 5 | 3.331 2 |
| 29 | 3.993 8 | 3.841 4 | 3.700 1 | 3.568 7 | 3.446 1 | 3.331 7 |
| 30 | 3.995 0 | 3.842 4 | 3.700 9 | 3.569 3 | 3.446 6 | 3.332 1 |

# 参考文献 REFERENCES

[1] 中国注册会计师协会.财务管理[M].北京:经济科学出版社,2017.

[2] 杨欣.企业财务管理[M].上海:立信会计出版社,2016.

[3] 耿菲.财务管理[M].上海:立信会计出版社,2016.

[4] 财政部.企业会计准则[M].北京:经济科学出版社,2006.

[5] 王化成.财务管理[M].北京:中国人民大学出版社,2013.

[6] 刘淑莲.财务管理[M].大连:东北财经大学出版社,2012.

[7] 财政部会计资格评价中心.财务管理[M].北京:中国财政经济出版社,2014.

[8] 张学功,王士伟,贾振奇.财务管理[M].成都:西南财经大学出版社,2012.